神は、脳がつくった

200万年の人類史と脳科学で解読する神と宗教の起源

EVOLVING BRAINS, EMERGING GODS

E.フラー・トリー 著

寺町朋子 訳

ダイヤモンド社

Evolving Brains, Emerging Gods
by
E. Fuller Torrey

This Japanese edition is a complete translation of the U. S. edition,
specially authorized by the original publisher, Columbia University Press, New York
through Tuttle-Mori Agency, Inc., Tokyo.

バーバラへ、
きみがいなければ、この本が書かれることはなかった。五〇年にわたるすばらしい年月に感謝をこめて。

俺も死と闘ってきた。こんな面白くない闘いはほかにないだろう。それは灰色のもやもやした場所で行なわれ、足の下にも、周囲にも何もなく、観客はおらず、歓声を浴びることも、栄光に輝くこともないばかりか、そもそも勝利への大いなる欲望も、敗北への烈しい怖れもなく、生ぬるい懐疑が立ちこめる胸の悪くなるような空気の中で、自分が正しいという信念も、敵が間違っているという信念もない。

――ジョゼフ・コンラッド、『闇の奥』［『闇の奥』（黒原敏行訳、光文社）より引用］、一九〇三年

文明、経済体制、人の移住、戦争と平和は移ろいゆく。しかし、死という問題はどうしても消えない。そして、それは何千もの世代のすべて、あまたの部族、民族、国家のすべて、さまざまな集団や種類や階級の人間のすべてを、一つの共通する人間性――戸惑い憂える人間性――に結びつける。

――コーリス・ラモント、『不死の幻想（The Illusion of Immortality）』、一九三五年

EVOLVING BRAINS, EMERGING GODS ― EARLY HUMANS and the ORIGINS of RELIGION

神は、脳がつくった――200万年の人類史と脳科学で解読する神と宗教の起源

第1部　神々の創造

第1章　ホモ・ハビリス——より賢くなった自己

第2章　ホモ・エレクトス——自分がわかる自己

第3章 古代型ホモ・サピエンス(ネアンデルタール人)——思いやりのある自己

第4章 初期ホモ・サピエンス——自分の心を見つめる自己

第5章 現代ホモ・サピエンス――時間を意識する自己

第2部 神々の出現

第6章 祖先たちと農業――霊魂を信じる自己

第7章 政府と神々——神を信じる自己

第8章 神々の起源を説明するほかの理論

本文中、かっこで番号があるものは、原注があります。付録A、Bや索引と併せて、https://www.diamond.co.jp/go/pb/evolving_brains.pdf よりダウンロードいただけますのでご活用ください。

はしがき

私は子どものころから、**キリスト教**の神を探してきた。いやはっきり言えば、どの神でもいいから探し求めてきた。当時、私は地元のカトリック教会で司祭に付き添う侍者(じしゃ)を務めており、聖体拝領の儀式を手助けした。そして、神様はそこにおられると聞かされた。大学に入ってからは宗教学を専攻し、神々が目に見える姿で人の前に現れるときのさまざまな形について学んだ。それから人類学を専攻した大学院生のとき、似ても似つかない文化で驚くほどよく似た神々が祀られていることを知った。医師および精神医学者になってからは、脳の研究に携わりながら、脳のどこに神々がいるのだろうかと問い続けてきた。脳を初めて体系的に研究した一七世紀のイギリス人医師トマス・ウィリスが、脳の研究は「人間の心に潜む秘密の場所を解き明かす」という言葉を残したが、そのとおりだ。私はまた、神々を崇めるために築かれた世界の神殿なども数多く訪れ、それらすべてに満ちている厳かな霊気を胸に吸いこんできた。ひときわ心惹かれるのはゴシック様式の大聖堂だ。聖歌隊の歌声が響きわたると、そこは現実を超えた空間にならないとも限らない。[1]

イギリスの**エイヴベリー**にある、このような聖なる場所の一つを訪れたとき、この本を書こうという思いが固まった。「レッドライオン」というパブのテラス席に腰を下ろしていると、四五〇〇年前に造られたシルベリーヒルが見えた。それは、高さが四〇メートル近くあるヨーロッパ一高い人工の塚だ。シルベリーヒルは、骨や木でできた道具を用い、卓越した工学的創意を凝らして造られた。放射状に延びる壁で区切られた石組みの小区画を重ねた構造で、今日でもほとんど風化の跡が見られない。シルベリーヒルが築かれていたころ、エジプト人はサッカラで、高さが六〇メートルほどある世界初の階段ピラミッドを建てていた。ペルー人はカラルで、高さが三〇メートルほどの基壇状構築物を造っていた。そして、中国人は城子山で、巨大な基壇の上に神殿を築いていた。土の塚やピラミッドはその後、インドネシア、スーダン、メキシコ、グアテマラ、ホンジュラスなど、世界のさまざまな場所で造られる。そして、アメリカでもセントルイス近郊のカホキアで、「モンクス・マウンド」と呼ばれる高さ約三〇メートルの塚が造られた。きっとそれらはみな、神々が住まう世界に達して神々を拝むために築かれたのだろう。それは、脳の進化から生じた、人間ならではの欲求に応えるための理にかなった反応だった。

神々の起源をめぐっては、さまざまな理論が出されている。しかし、現在の理論が不完全な情報に基づいていることを心に留めておくことが大切だ。人類の脳がどのように進化したのかや脳がどのように働くのかについては、学ぶべきことがまだたくさんある。また、**ホモ・サピエンス**の進化や宗教観念の発展に関する知識もまだ切れ切れだ。ことのほか重要な考古学的発見の多くは、思いがけずもたらされてきた。たとえば、ロシアのスンギール遺跡で発掘された二万八〇〇〇年前の墓は、穴から粘土を取り除く工事の最中に見つかった。ブルガリアのヴァルナやヨルダンのアイン・ガザル、トルコのネヴァル・チョリ、中国の武漢市、ペルーのガラガイで見つかったすばらしい品々は、いずれも建設工事中にひょっこり出土した。トルコの**ギョベクリ・テペ**遺跡やスコットランドのネス・オブ・ブロッガー遺跡は、農家が畑を耕しているときに見つかった。まだ見つかっていない同様の遺跡は、たぶん何百もあるだろう。それらが見つかれば、ホモ・サピエンスの進化や神々の出現について、さらに細かなところまでわかるに違いない。したがって、本書でこれから語ることは、現在わかっている事実に基づいた一応の考察ということだ。

私は人類の進化について述べるとき、時代については、地質時代区分や考古学的時代区分を表す名称ではなく、現在から連続的にさかのぼる年の尺度、つまり「年前」をたいてい用いてきた。正確な年代が必要なときには、「紀元前」や「紀元」を添えている。古代の場所についてはほとんどの場合、それがどこなのかがわかりやすいように現在の地名で表してきた。人類については、現在使われている専門用語に従って、人類を含むすべての大型類人猿を指すときにはホミニド（ヒト科）という言葉を使い、ホモ・サピエンスや私たちの直接の祖先たちすべてを含む、およそ六〇〇万年前に大型類人猿から分かれた人類の系統を指すときにはホミニン（ヒト族）を使っている。なお本書では、脳のくわしい情報は読み飛ばしたいという方々にわかりやすいように、脳に関するセクションを小見出しではっきりと区切っている。そして参考文献については、まとめて一つないしいくつかの段落の最後に注番号を振っている。[2]

「神（神々）」や「宗教」という言葉は、どちらも問題をはらんでいる。というのは、それらの言葉は、さまざまな学者によって、じつにいろいろな意味で使われてきたからだ。超自然的な力を持つものは何でも神だと主張している学者もおり、その場合には、祖先も動物も自然界の精霊も神の括りに入る。だが、私は「神（神々）」という言葉をもっと限られた意味で用いており、本書の「神（神々）」は、不死で、人間の命や自然に対して特別な力を持つ男性や女性の神聖な存在を指している。もっとも、この定義にも幅広い神々が含まれる。そのような神々は、全知かどうか、全能かどうか、あまねく存在するかどうかの程度もさまざまだし、地球や人類を創造したかどうか、人間の物事を気にかけるかどうかもさまざまだ。人間のもろもろのことからすっかり切り離されている神々は、「高神」と呼ばれることがある。神々のなかでも、英語で頭文字が大文字で書かれる「唯一神（God）」は、**ユダヤ教**やキリスト教、**イスラム教**といった一神教の神を指す。「宗教」もきわめて広くあやふやな言葉で、霊的な感情から一連の信念や儀式まで何もかもを指すために用いられる。本書では、「宗教」の正確な定義を示そうと試みるのではなく、むしろ、神々の出現がどのようにして、多彩な現れ方をしている宗教の発展につながったのかを示したい。本書で「宗教」という言葉を用いるときは、哲学者・心理学者のウィリアム・ジェームズが定義したように、「個々の人が何にせよ神聖と見なすものとの関連で生じる……感情や行為、経験」を意味しており、この場合の「神聖」とは、要するに「神のような」を意味するものとする。[3]

私たちに神々や儀礼的な宗教をもたらしたホモ・サピエンスの進化の旅は、まさに驚くべきものである。なにしろ私たちの脳は、ただ進化しただけでなく、私たちが脳の進化プロセスを理解し、進化プロセスについて書き、その進化が人生に与える意味合いについて考えることができるように進化したのだ。

謝辞

コロンビア大学出版会の編集者ウェンディ・ロホナーには最もお世話になった。本書はいろいろな分野にまたがっていてカテゴリー化が容易でなかったにもかかわらず、ウェンディは本書の価値を信じてくれた。本書の出版をサポートしてくれたキャロリン・ウェイザー、リサ・ハム、ロバート・デムケは専門性の高いスタッフで、一緒に仕事をするのが楽しかった。脳の線画に必要な神経解剖学の専門知識を惜しみなく与えてくれたマリー・ウェブスターにも感謝したい。同じく、アンドルー・ドワークとジェフリー・リーバーマンには、神経解剖学に関する多くの勘違いを正してくれたことに深く感謝している。

イェール大学の貴重な「世界の民族研究資料集成」本部のクリスティアン・カナー、ティム・ベーレンス、トッド・プロイス、トム・シェーネマン、サラ・ウォーカーなど、多くの人びとが私の質問に忍耐強く答えてくれた。それに、多くの人びとがさまざまな執筆段階の原稿を読んでくれた。とりわけ感謝したいのが、ハルシー・ビーマー、ジョン・デーヴィス、フェイス・ディカーソン、ジョナサン・ミラー、ロバート・サポルスキー、ロバート・テイラー、メイナード・トール、シド・ウルフだ。出版社のフェイバー&フェイバー社には、T・S・エリオットの『四つの四重奏』（邦訳は岩崎宗治訳、岩波書店など）の引用を許可してくれたことにお礼を申しあげる。最後に、研究助手のジュディ・ミラー、ウェンディ・シモンズ、そして管理上の支援をしてくれたシャキーラ・バトラー、シェン・ツォンに心から感謝したい。

序章
神々の住まい、脳

われわれを取り囲む、この広大で複雑な宇宙における私たちの立ち位置を正しく評価したければ、人間の脳をかなりくわしく理解することが不可欠だ。

——フランシス・クリック、『熱き探究の日々』（邦訳は中村桂子訳、TBSブリタニカ）、一九八八年

人間は神々を求めている

神々はどこから来たのか？　そして、いつ来たのか？　これらの疑問が、この本を書くきっかけとなった。精神分析学者のカール・ユングは、「われわれ以前の人びとはみな、何らかの神々を信じた」と述べた。しかし、これははたして正しいのだろうか？　古代のホミニン（ヒト族）も神々を信じていたのだろうか？

一方、宗教研究者のパトリック・マクナマラは、神々がいたり神々に付随する宗教があったりすることは、現代ホモ・サピエンスをホミニンの祖先たちと区別するはっきりした特徴の一つであり、「クモにとってのクモの巣、ビーバーにとってのダム、鳥にとっての歌のように、その特徴の担い手を象徴するようなものだ」と主張した。[1]

神々がいつどの地にやって来たにせよ、一人ないし複数の神を信じることが、人間が心の底から求めることであるのは明らかだ。二〇一二年にアメリカでおこなわれた世論調査によれば、「普遍的な霊（ユニヴァーサル・スピリット）」を信じていると答えた人が九一パーセント、そのような神がいるのは「絶対に間違いない」と答えた人が四分の三にのぼった。そのような信念は、ジャン＝ジャック・ルソーが人間について述べた、「聖なるものに引きつけられがちな生き物で、われわれのありふれた生活を、超越したものに何とかして結びつけたいと強く願う」という描写を後押しする。

それどころか、人間が神のようなものを求める気持ちはあまりにも強いので、著名な科学者にして敬虔なキリスト教徒でもあるフランシス・コリンズは、「神に対する万人に共通の憧れ」そのものが、意図を持った神なる創造主がいるという証しだと主張してきた。およそ三〇〇〇年前には、ギリシアの詩人ホメロスも同じように、「人間はみな、神々を必要としている」と述べている。[2]

ユダヤ教、キリスト教、イスラム教では、たった一人の神（唯一神）がいると教えるが、ほとんどの宗教では、神は数多くいると唱える。それもそうで、神は山ほどおり、試しに英語名をアルファベット順にAからZまであげてみると、次のとおりだ。アフラ・マズダー（Ahura Mazda）、ビエマ（Biema）、チュウェジ（Chwezi）、ダクギパ（Dakgipa）、エニュナップ（Enuunap）、フンドングシング（Fundongthing）、グレイト・スピリット（Great Spirit）、ホクシ・トガブ（Hokshi Togab）、イジュワラ（Ijwala）、エホバ（Jehovah）、カー・シュー・グーン・ヤー（Kah-shu-goon-yah）、ラタ（Lata）、ムボリ（Mbori）、ンカイ（Nkai）、オスンドゥ（Osunduw）、パブ・ドゥマット（Pab Dummat）、ケツァルコアトル（Quetzalcoatl）、ラー（Ra）、センガラング・ブロング（Sengalang Burong）、ティラワ（Tirawa）、ウガタメ（Ugatame）、ヴォドゥ（Vodu）、ウィラコチャ（Wiraqocha）、羲和（Xi-He）、ユルパリ（Yurupari）、そしてゼウス（Zeus）。

一六世紀に活躍したフランスの随筆家ミシェル・ド・モンテーニュは、人間が神々を作り出す性向に気づいてこう書き立てた。「人間はまったくいかれている。虫けら一匹さえ作れないくせに、神を何十も創り出す[3]」

神はたくさんいるだけでなく、どこにでもいて、地球上のあちこちで見出されるばかりか、天国で、さらには地下のあちこちでも見出される。なかには、特定の場所と結びつけられてきた神々もいる。たとえば、古代ギリシアの女神アテナはアテネとつながりがある。自然の力と結びつけられてきた神々もいる。たとえば、ポセイドンは海の神だ。人間の営みと結びつけられてきた神々もいる。たとえば、アフロディテは愛の女神だ。一神教ではたいてい、一人の神が人間のあらゆる活動を司るが、多神教では神々の専門化が極端に進んでいることがある。たとえば古代ローマでは、三人の神（ヴェルヴェカトル、レパラトル、インポルチトル）が、畑を耕す三回の時期に結びつけられていた。そして、ある神（インシトル）が種蒔きに、ある神（ステルクリニウス）が肥料やりに、ある神（サリトル）が畑の雑草取りに、ある神（メソル）が穀物の刈り入れに、また別のある神（コンディトル）が穀物の貯蔵に結びつけられていた。おそらく、神々の専門化をこれ以上ないほど突き詰めたのがトンガのポリネシア人で、彼らは「盗人が泥棒稼業をするときに手を貸してくれる専門の神」がいると信じていた。

人類の歴史を通じて、新しい神々が現れては古い神々が滅びてきた。生きている神々は祈りの場で見つかるが、多くの死んだ神々は博物館や美術館で見られ、神々の姿は芸術作品と見なされる。(4)

進化理論

神々がどこから来たのかについて、本書では、人間の脳からだと主張する。神々がいつやって来たのかについては、脳が五つの特定の認知発達を遂げたあとだと主張する。そのような発達は、人間が神々を思い描けるようになるために必要だった。

まず、ホミニンは**ホモ・ハビリス**として、およそ二〇〇万年前、脳の著しい大型化や知能全般の大幅な向上を経た（第1章）。次に**ホモ・エレクトス**として、およそ一八〇万年前以降、自分を認識できる能力を身につけた（第2章）。それから、古代型ホモ・サピエンスとして、およそ二〇万年前以降、他者の考えを認識できる能力を手に入れた。これは一般に、**心の理論**を持った、と言われる（第3章）。そして、ホミニンは初期ホモ・サピエンスとして、およそ一〇万年前以降、自分自身の考えについてじっくり考える内省能力を発達させた。こうしてホミニンは、他者が何を考えているのかについて考えることができるようになっただけでなく、自分が他者からどう思われているかについて考えたり、そのような考えに対する自分の反応について考えたりすることができるようになった（第4章）。

そしてついに、私たちは現代ホモ・サピエンスとして、およそ四万年前以降、一般に**自伝的記憶**と言われる能力をものにした。自伝的記憶とは、自分を過去だけでなく将来にも投影する能力だ。こうして私たちは、将来を予測して将来の計画をよりうまく立てられるようになった。それにホミニンの歴史で初めて、死は自分という存在の終わりなのだということがよくわかるようになった。そして初めて、死に代わるものを思い描けるようになり、亡くなった祖先たちがまだ生きているかもしれない場所についても想像できるようになったのだ（第5章）。

特定の認知能力が、ホミニンの進化における特定の段階に結びつけられると主張したからといって、もちろん、この能力がその時期にだけ発達したということではない。どの認知能力も、ホミニンが進化してきた流れの一端として進化したのであって、おそらく今も進化し続けている。

特定の認知能力をホミニンの進化における特定の段階と結びつけることは、単に、進化のその段階で、私たちが認識している何らかの目新しい振る舞いをホミニンが示したということを意味しており、新しい行動の出現は、ほかならぬこの認知能力が成熟してホミニンの振る舞いに影響を及ぼせるまでになったということを暗に示している。たとえば、およそ一〇万年前、装飾用の首飾りを作るために用いられたとおぼしき貝殻が初めて現れた。これは、自分がほかのホミニンからどう思われているかについて考える認知能力が十分に成熟し、ホミニンたちの行動を左右していたことを物語っている。この認知能力の原型となった能力は、その一〇万年前からあったかもしれないし、この認知能力は、その五万年後にはもっと発達したかもしれないが、装飾品として用いられた貝殻は、認知進化の一つの目印だと見なされる。


自伝的記憶などの認知能力を得たことは、およそ一万二〇〇〇年前に始まる**農業革命**につながった。これにより、初めて人びとが集まって町や村に住みつくようになり、人口が劇的に増えた。

多くの人が一つの場所で暮らすことによって、亡くなった人が生きた人びとのそばに葬られる状況が生じた。その成り行きとして祖先崇拝がだんだん重要になり、それは次第に手の込んだものになっていった。人口が増えるにつれて、どうしても祖先たちに序列ができた。そして、おそらく一万年前から七〇〇〇年前までのある時点で、ほんの一握りのたいそう重要な祖先たちが目に見えない一線を越え、概念的に神々と見なされるようになった（第6章）。

文書記録が初めて残されるようになった六五〇〇年前には、神々はおびただしい数にのぼっていた。当初、神々の責務は、生や死に関わる神聖な事柄に絞られていた。だが、政治指導者たちがほどなく神々の利用価値に気づき、人を裁いたり戦争を仕掛けたりといった世俗の務めを神々にどんどん割り振るようになった。二五〇〇年前には、おもな宗教や文明が組織されるに従い、宗教と政治が持ちつ持たれつの関係になっていた（第7章）。最終章では、脳の進化に基づく神々の進化理論の妥当性について、これまでに提唱されてきたほかの説と比較する（第8章）。どの説の妥当性も、知られている事実をどれほどうまく説明できるかによって評価されるべきだ。

ダーウィンが無神論者になった理由

本書で掲げる神々の進化理論は、独創的な説ではない。というより、それは進化論の父こと**チャールズ・ダーウィン**が初めていみじくも提示した説を最新版にしたものだ。ダーウィンは、若いころには伝統的なキリスト教を信仰しており、牧師になることまで考えていた。ビーグル号で五年に及ぶ航海をしていたさなか、「聖書を引用したことで……数人の士官に腹の底から笑われた」と、彼はのちに振り返っている。ダーウィンがイギリスに戻ってから**自然選択**に関する自らの理論を構想し始めると、宗教的信仰も脳の進化がなせる業かもしれないという考えが彼の頭に浮かんだ。

ダーウィンは個人的なノートに、「宗教についてかなり考えた」と書き、彼らしい電文のような飾り気のない文体で、「遺伝する思考（より正確には欲求）」は「脳の分泌物」かもしれないと推測した。彼は続けて、これが正しければ「それ［神への信仰］が、脳の遺伝する構造ではない……つまり神への愛が脳組織の影響ではない、とは想像しがたい」と記している。こうして、思考や欲求、それに「神への愛」はすべて人間の脳組織が生み出したものだとダーウィンは見当をつけた[5]。

当時、まだ二九歳だったダーウィンは、そのような考えを人前で披露する気にはなれなかった。自分のなかで生まれつつある自然選択説が、人間は神の似姿として創られたとするキリスト教の信念とまるで食い違っているとわかっていたのだ。信仰心の篤い妻だけでなく宗教界の機嫌も損ねたくなかったというのが、ダーウィンが自然選択説の発表をそれから二〇年にわたって控えたおもな理由だった。

自然選択に対するダーウィンの考え方が、世界一周航海のあいだに彼が遭遇した動物によって形作られたように、神々に対するダーウィンの考え方は、彼が出会った人びとによって形作られた。ダーウィンは南アメリカ、ニュージーランド、タスマニア、それに大西洋や太平洋の数知れぬ島々で先住民に出会い、彼らが信仰する多くの神々に感じ入った。著書の『人間の由来』（邦訳は長谷川眞理子訳、講談社など）には、次のような指摘がある。「すべてのものに満ちている霊的な働き（力）を信じることは、広くおこなわれているようだ」、そしてこの「霊的な力を信じることは、一人ないし複数の神がいると信じることに難なくつながる」

脳の発達に関する理論を予見するように、ダーウィンは次のように言葉を続けた。そのような信仰は「人間の推論力がかなり進歩した」あとに初めて起こり、信仰は「人間の想像力や好奇心、驚異の念がさらに大きく進歩したことによって生まれた」。ダーウィンは、人間が抱く「信仰心の感覚」を「イヌが主人に対して抱く深い愛情」になぞらえ、ある文筆家による「イヌは主人を神だと見なしている」という言葉を例に引いている。[6]

後年、ダーウィンは自分が打ち立てた理論によって、神をまったく信じなくなった。自伝には次のように書いている。「不信感は至ってゆっくりと忍びこんできたが、最後には心をすべて覆い尽くした。その速さはごく緩やかだったので、私は何ら心痛を覚えなかったし、それ以来、自分の結論が正しいことを一秒たりとも疑ったことはない」

ダーウィンに信仰をとうとう捨てることを促したのは、多くの人と同じく、「悪の問題」――神がいるのなら、なぜこの世に悪があるのか――だった。ダーウィンにとって特に辛かったのが、愛娘が結核と思われる病気により一〇歳で短い生涯を閉じたことだ。ダーウィンはまた、どうして全知全能とされている神が、「何百万という下等動物が、ほとんど尽きることなく苦痛を受けること」を見過ごすのか、とも問うた。友人に宛てた手紙には、こう書かれている。「私には、ほかの人びとと同じように、神の意図や恩恵を示す証拠がどこにも見当たりません。この世界には、あまりにも苦悩が多いように思えます」

最終的にダーウィンは、世界創造のプロセスに対する神の関与も認めることができず、次のような結論にたどり着いた。「風がどの方向に吹くのかに意図がないのと同じように、生物の多様性や自然選択の働きに意図はないようだ[7]」

人間の脳

神々の出現について説明する進化理論を評価するためには、人間（ヒト）の脳について多少なりとも理解する必要がある。これについては、本章で手短にまとめ、さらにくわしい情報は、原注や付録でお伝えしよう。脳はすばらしい器官で、一〇〇〇億個の**神経細胞**（ニューロン）と、神経細胞を支持する一兆個の細胞（**グリア細胞**）からなると考えられている。もしも、あなたが脳細胞を手放すことにしたら、地球上のすべての人に神経細胞を一六個ずつ、グリア細胞を一六〇個ずつ余裕で配れるだろう。それぞれの神経細胞は、神経線維を介して少なくとも五〇〇個のほかの神経細胞とつながっているので、一人ひとりの脳において、神経線維の総延長は一六万キロメートルあまりにもなる。端から端まで延ばせば、地球を四周できるほどだ。

神経線維は、**ミエリン**という淡い色の物質で覆われている。ミエリンの色が白っぽいことから、神経線維でできた連絡路は白質と呼ばれる。神経細胞とグリア細胞と連絡路が組み合わさって果てしなく複雑な脳のネットワークが作り出されており、そのおかげでヒトの脳は、宇宙で知られているなかで最も入り組んだ物体なのだ。イギリスの神経学者マクドナルド・クリチュリーは、脳を次のように描写している。「脳という最高にすてきな宴……組み合わせ方が謎のままのさまざまな料理と、材料が今なお秘密に包まれたさまざまなソースの饗宴(8)」

解剖学的には、ヒトの脳（大脳）は左右二つの半球に分けられ、どちらの半球にも四つのおもな**葉**（よう）、すなわち**前頭葉**、**側頭葉**、**頭頂葉**、**後頭葉**がある（**図0・1**）。脳は、顕微鏡下で見える脳細胞

本文中、かっこで番号があるものは、原注があります。付録A、Bや索引と併せて、https://www.diamond.co.jp/go/pb/evolving_brains.pdf よりダウンロードいただけますのでご活用ください。

図0·1　脳の4つの葉

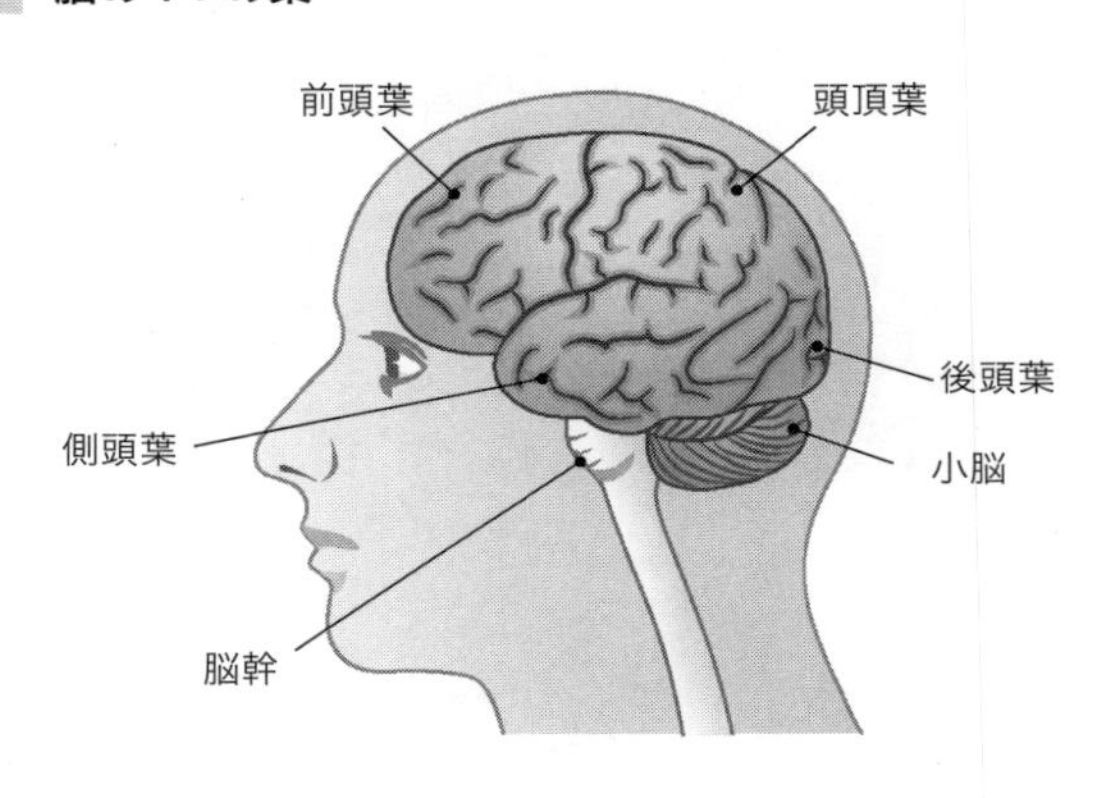

の構成に基づいて、さらに五二の区画に分けられる。脳領域の区分は、一九〇九年にドイツの解剖学者**コルビニアン・ブロードマン**によって初めてなされたのち、これまでに何度か修正されてきたが、その区分図は今でも**ブロードマンの脳地図**と呼ばれ、脳の領域（領野）はたいていはアルファベットのBAと数字の組み合わせで略される。たとえば「ブロードマンの脳地図の4野」は「BA4」というように。脳機能の局在に興味がある読者のために、本書でもブロードマンの付番方式を用いることにする。**図0·2**には、ブロードマンの脳地図を示している。[9]

神経画像研究や死後脳の研究から、ヒトのどの脳領域が最初に進化し、どの領域が最近になって進化したのかが示されてきた。くわしくは、付録Aをお読みいただければ幸いだ。

一番最近になって進化した脳領域は、**最終ゾーン**と呼ばれることがある。そう名づけたのは、ドイツの神経科学者パウル・エミール・フレクシッヒだ。重要な

図0·2　ブロードマンの脳地図

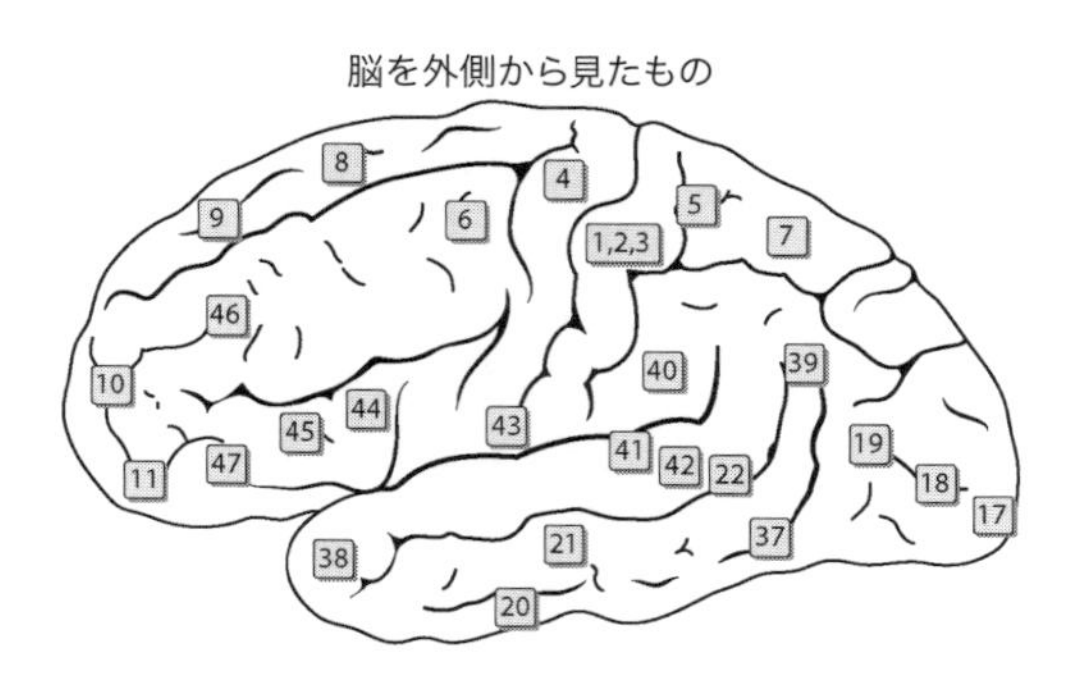

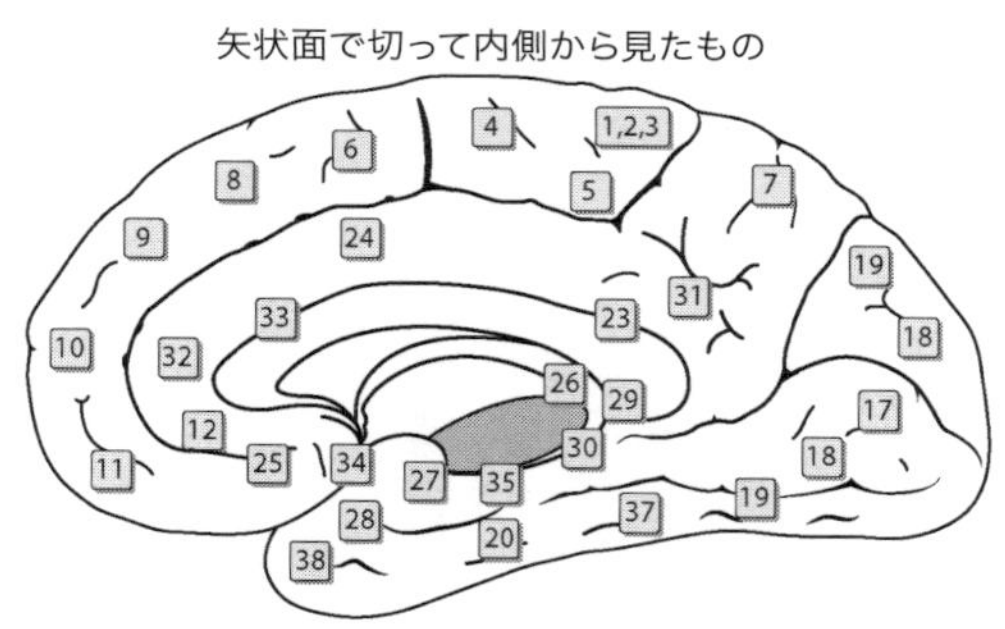

ことだが、これらの最も新しく進化した脳領域は、私たちをヒトたらしめる認知能力のほとんどと関連づけられる領域でもある。

神経画像研究によって、脳の各領域をつなぐ白質の連絡路が進化した順序も突き止められている。最も新しく進化した四つの連絡路は、最も新しく進化した脳の領域同士、すなわち本書で論じる認知能力と関連づけられている領域同士をつないでいる。以降の章でくわしく述べるように、脳の進化についてわかっていることと特定の認知能力の獲得についてわかっていることは、じつによく噛み合う。

ヒトらしさを形作るのに脳の連絡線維が大事だということは、脳にたった一つの「神なる部分」などないということも暗に示している。ヒトに備わっているほぼすべての高度な認知機能と同じように、神々に関する思考は、いくつもの脳領域にまたがるネットワークの産物だ。そのようなネットワークは「特定の認知プロセスに関連した膨大な数の計算オプションを与える」「神経細胞の結合網」だと言われている。

また、これらのネットワークは「モジュール」や「認知ドメイン」とも呼ばれている。それ故、以前には二つの脳領域（**ブローカ野とウェルニッケ野**）に局在すると考えられてきた言語中枢さえ、今では、少なくともほかの五つの領域に関わるネットワークの一部であることが知られている。ということで、「脳の神なる部分」はないわけだが、神や宗教的信仰についての思考を制御するネットワークはある。これが神々の宿るネットワークであり、それはヒトらしさを生む認知能力を制御するネットワークでもあるのだ。[10]

根拠の性質

本書で提案する神々の進化理論は、脳がどのように進化したかについての知識を拠りどころとしている。ならば、その知識をどうやって得るのかと問いかけるのはもっともなことだ。知識の根拠となるのはどのようなものか？　ホミニンの脳の進化に関する情報は、次にあげる五つのおもな研究領域から得られる。それらは、ホミニンの頭蓋骨の研究、古代の遺物の研究、ヒトや霊長類の死後脳の研究、生きているヒトや霊長類の脳画像研究、そして子どもの発達に関する研究だ。

ホミニンの頭蓋骨は、人類の脳の進化に関する重要な情報源であり続けてきた。もちろん、脳そのものがあるほうが望ましいが、死後、脳は人体の器官のなかでもいち早く劣化し、気温が高ければ数時間以内に溶ける。そのため、調べたくても古代ホミニンの脳はない。もしも、保存されたホモ・ハビリスやホモ・エレクトス、ホモ・ネアンデルターレンシス、初期ホモ・サピエンスの脳があり、それらを並べて現代ホモ・サピエンスの脳と比較し、それからそれぞれの脳を隅々まで解剖できたらどれほど多くのことがわかるかを思い浮かべてみてほしい。

しかし残念ながら、脳は残されていない。代わりにあるのが、脳を収める頭蓋骨だ。教会の墓地で「哀れな道化ヨリック」のしゃれこうべを手にして立つハムレットのように、私たちは頭蓋骨を用いて、その中身である脳が生み出した人類の過去の行動を推測することができる。脳が胎児期や乳幼児期に成長するあいだ、頭蓋骨の柔軟な骨は脳の形に合わせて形作られていく。つまり頭蓋骨は、火山灰の上につけられたのちに固まった古代の足跡のようなものだ。もはや足そのものは調べられないが、足の形は確かにわかるし、つま先の細かな部分までそこそこつかめる。

保存状態のよい頭蓋骨からは、少なからぬデータが得られる。言うまでもなく、脳の容量はわりと計算しやすい。脳の全体的な形も明らかで、左右の半球が対称的かどうかも見て取れる。ちなみに左右の脳半球は、ホミニンの進化における初期には対称的だったが、のちに対称的でなくなった。また、脳の形を調べることによって、前頭葉、頭頂葉、側頭葉、後頭葉の相対的なサイズ、さらにはそれらの重要性について、確かな情報に基づいた推測をすることもできる。たとえば、初期ホミニンの脳では後頭葉が目立っていたが、もっとあとの時代の脳では、ほかの葉がより発達している。頭蓋骨の内側にはおもな動脈や静脈が通る溝があり、頭蓋骨の底は小脳が載るくぼみで、そこは前頭葉の下面でもある。特に保存状態のよい頭蓋骨では、脳のしわが盛り上がった部分である脳回（のうかい）の跡までわかる。総じて、頭蓋骨があることは、調査できる脳があることには遠く及ばないものの、それに次ぐというところで、祖先たちの行動に関するほかの証拠と組み合わせることによって、ともかく頭蓋骨から役に立つ情報がかなり得られる。

古代の遺物は、初期ホミニンの認知能力や行動、ひいては脳の進化に関する手がかりを与えてくれる第二の重要な情報源だ。ホモ・ハビリスが二〇〇万年前に作った改良型の道具が発見されたことは、先行人類に比べて知能が高くなり、認知機能が全体的に高まったことをほのめかす。前述のように、およそ一〇万年前に初期ホモ・サピエンスが自分の身を飾るためにこしらえて用いた貝殻が発見されたことは、自分が他者からどう思われているかについて考える能力を彼らが手にしていたことをうかがわせる。現代ホモ・サピエンスがおよそ二万七〇〇〇年前に死者とともに埋めた食物や道具、武器、装身具などの品々が発見されたことは、来世がありうることについて考える能力を彼らが得ていたことを匂わせる。

脳の進化の過程がわかってきた

脳の進化について知るための第三の主たる研究対象は、ヒトや霊長類の死後脳だ。一般に、ホモ・サピエンスの進化で早々と進化した脳領域は、個体が成長するときにも早く成熟し、同じく、進化したのが遅い領域は個体でも成熟するのが遅いということが受け入れられている。この現象を取り上げたある研究で要約されているように、「系統発生的に古い皮質領域は、新しい皮質領域より早く成熟する」ということだ。たとえば、腕や唇、舌を動かすといった特定の筋肉機能に関わる脳領域は、進化したのが特に早く、成熟するのも特に早い。そのおかげで、生まれたばかりの赤ん坊が、母親の胸にしがみついて乳を吸えるのだ。[11] 付録Aには、脳領域の相対的な成熟について評価する三つの方法をまとめてある。

ヒトの死後脳は、進化の過程でより最近に発達した脳領域に関する情報を与えてくれるだけでなく、チンパンジーをはじめとする霊長類の死後脳との比較にも使える。そのような比較研究から、進化の過程で大きくなった脳領域や小さくなった脳領域、さまざまな脳領域の相対的な結合度、ホミニンにしかない珍しい細胞型の有無、細胞の解剖学的な間隔、神経伝達物質やタンパク質などの化学組成の違いがわかる。

脳領域のサイズについて言えば、脳の発達において、特定の脳領域のサイズはその領域が果たす機能の重要性に対応するとおおむね考えられている。この原則は、次のようにまとめられている。「特定の機能を制御する神経組織の量は、その機能を実行するのに関わる情報処理量に見合っている」

したがって、音に頼るコウモリでは聴覚野が大きく、視覚に頼るサルでは視覚野が大きく、匂いに頼るネズミでは嗅覚野が大きく、種子の隠し場所を思い出すため記憶に頼るサバクニセマウスでは、記憶領域（海馬）がよく発達している。そのようなことから、ヒトにおける特定の脳領域の相対的サイズを、チンパンジーで対応する領域の相対的サイズと比較する研究は、ヒトにとってどの領域が重要なのか、どの領域がより最近に進化したのかを突き止める助けになる。[12]

ホミニンの頭蓋骨、人工遺物、ヒトの死後脳を調べることに加えて、脳がどのように進化したのかを探るための第四のアプローチは、近年に開発された画像技術で生きている脳を調べることだ。そのような技術には、**核磁気共鳴画像法**（ＭＲＩ）や、脳が機能している部位を画像化する**機能的核磁気共鳴画像法**（ｆＭＲＩ）、**拡散テンソル画像法**（ＤＴＩ）などがある。ＤＴＩは、脳領域のつながりを評価するのにとりわけ威力を発揮する。生きているヒトやチンパンジーのＭＲＩ研究によって、ヒトとチンパンジーの脳構造の違いが浮き彫りになり、その成果は死後脳の研究を補うものとなっている。子どものＭＲＩ研究は、脳のどの領域が早く成熟し、どの領域が遅く成熟するかの評価にも利用されている。そのような研究から得られた結果はものの見事に一致しており、「系統発生的に古い脳の領域は、新しい領域より早く成熟する」ことを示している。死後脳の研究とＭＲＩ研究の組み合わせから、どの脳領域がホミニンの脳の進化過程で最も新しく進化したのかがわかる。[13]

機能的核磁気共鳴画像法（ｆＭＲＩ）研究は、特定の脳機能を特定の脳領域やネットワークに結

図0・3　私たちをヒトたらしめる能力にとって重要な白質連絡路

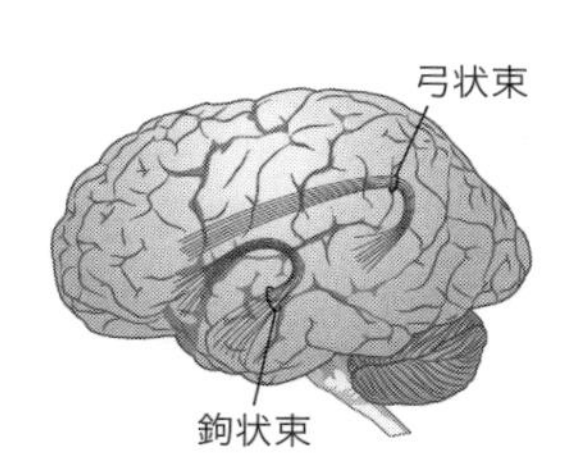

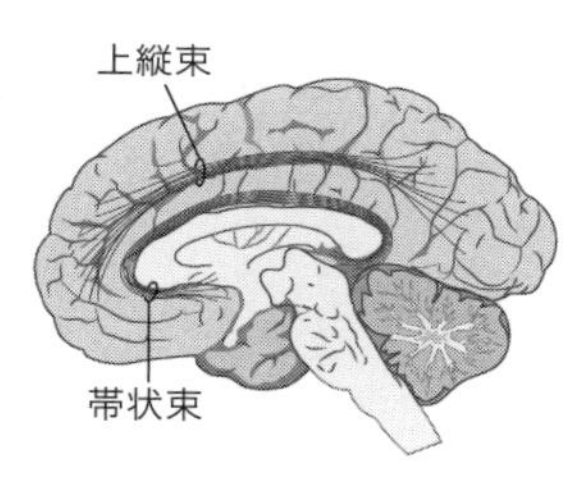

びつけることにも活かせる。たとえば、他者が何を考えているのかについて考えてほしいと人に尋ね、その間にその人のｆＭＲＩを測定してどの脳領域が活性化しているかを調べるという研究がある。これにより、他者について考えるプロセスと特定の脳領域の活動が結びつけられる。進化しつつあるホミニンの脳で、どの脳領域が最近になって進化したのかはわかっているので、ｆＭＲＩ研究によって、より最近に発達した脳領域の機能に関する情報が得られる。

近年になって利用できるようになった拡散テンソル画像法（ＤＴＩ）により、生きている人の脳の**白質連絡路**を初めて視覚化できるようになった。これまでに、一五を超える別々の連絡路が確認されている。そして、子どもや若者でＤＴＩ研究をおこなえば、それぞれの連絡路が、どの年齢でどれほど成熟しているのかを評価できる。一部の連絡路は生後まもなく成熟する。

その一例が、左右の半球をつなぐ太い連絡路の**脳梁**（のうりょう）だ。脳梁は知能とも関連づけられており、死後に調べられた**アルバート・アインシュタイン**の脳でとりわけ大きかったことが見出されている。

生後まもなく成熟する白質連絡路には、**下縦束**（かじゅうそく）もある。下縦束は、側頭葉前端と、後頭葉および後頭葉後端の視覚野をつないでいる。それに対し、最後に成熟する白質連絡路が四つあり、それらは現代ホモ・サピエンスになるために欠かせない脳の部分をつないでいる。これら四つとは、**上縦束**（じょうじゅうそく）、**弓状束**（きゅうじょうそく）、**鉤状束**（こうじょうそく）、**帯状束**（たいじょうそく）で、**図0・3**に示している。これらについては、あとの章でまた取り上げよう。(14)

人類の脳の進化を探るのに役立つ第五のおもな研究領域は、子どもの認知発達だ。ヒトの胎児の身体的発達は、人類の進化的発達をそのまま映し出すと長らく考えられていた。だから、ヒトの胎児には、哺乳類が進化するもとになった古代の脊椎動物の尾や鰓裂（さいれつ）（えらのスリット）に似た尾や咽頭嚢（いんとうのう）があると言われていた。そのような観察結果に基づいて、生物学分野の学生たちは何世代にもわたり、「**個体発生**［身体的発達］は**系統発生**［進化的発達］を繰り返す」と教わってきた。

この一般原則の堅い解釈は、ハーヴァード大学の生物学者スティーヴン・ジェイ・グールドらによって覆されている。個体の身体的発達は、種の進化的発達をそっくり繰り返すわけではない。とはいえ、両者にはおおまかに言えば似ているところもあり、ヒトの認知発達にはそれがよく当てはまるようだ。

哺乳類の脳の研究に人生を捧げたイギリスの神経科学者でノーベル生理学・医学賞を受賞した

サー・ジョン・エックルスは、「赤ん坊の意識から子どもの自己意識へと順を追って発達していく様子は、ホミニド（ヒト科）における自己意識の創発的進化［訳注：先行状態の延長線では予測するのが難しい飛躍的な進化］の優れたモデルになる」と考えていた。子どもの成長の専門家である心理学者ジャン・ピアジェも、「子どもにおける思考の発達は、人類における意識の進化によく似ている」と思っていた。より最近では、サウスウエスタン・ルイジアナ大学（現ルイジアナ大学ラファイエット校）の心理学者でチンパンジーとヒトの認知プロセスの比較にくわしいダニエル・ポヴィネリが、「［ヒトの］心理的能力の個体発生を比較することで、進化心理学者は、心的帰属［訳注：欲求や意図（心的状態）が他者にあるとすること］に関わる特定の特性が進化した順序を再現できるはずだ」と述べている。

このテーマを扱ったあるシンポジウムでは、「ヒトにおける認知発達の順序は、ヒトの祖先型における認知発達の進化の順序とおおむね似ている」と結論づけられた。というわけで、子どもの認知発達は、ホモ・サピエンスを含むホミニンの認知能力が発達した進化の過程を再構築する手がかりとして利用できる[15]。

人類の脳の進化については多くのことがわかってきたが、まだ解明されていないことも多い。この分野については最近、次のような評価がなされている。「脳の構造や機能に関する私たちの理解は、今なお初歩的なものにとどまっており、特に、ほかの器官に比べると理解が遅れている」

脳の進化のあらましはわりと明らかにされているが、細かな部分の解明は道なかばだ。しかし、脳の神経画像技術がますます進んでいるので、今後の一〇年でさらに解明が進むと期待される。そうすれば、特定の脳内ネットワークの機能や白質連絡路の進化に関する理解ははるかに深まるだろう。それによって、神々の出現についても、もっとよく理解できるようになるはずだ。[16]

平行進化

本書の主張を支える重要な概念が、もう一つある。神経細胞、グリア細胞、脳内の結合は何百万年もかけて進化したと言われるが、それはいったい何を意味するのだろう？　遺伝子はＤＮＡの連なりであり、細胞分裂時のエラーや放射線、ウイルス、一部の化学物質などのさまざまな要因によって変化する可能性がある。脳の進化は、脳に関連する遺伝子の分子構造が、その生物に繁殖上の強みを与えるように変化すると起こる。たとえば、ホモ・サピエンスは、第５章で説明する「自伝的記憶」という能力を得たことで、当時生きていたほかのホミニンより将来の計画をうまく立てられるようになった。

変化した遺伝子のなかには生物に害をもたらすものもあり、そのような遺伝子はやがて消える。逆に、変化した遺伝子のなかには繁殖を有利にするものもあり、そのような遺伝子は次世代に受け継がれやすい。したがって進化とは、たとえて言えば、遺伝子が生命で成功しようとする試みだ。ダーウィンはこのプロセスを「自然選択」と呼び、次のように述べた。

比喩を使うなら、自然選択は世界中で毎日毎時欠かさず、ほんのわずかな変異まで点検していると言えるかもしれない。そして悪い変異を排除し、よい変異を保存して蓄えていく。それぞれの生物を、ほかの生物や物理的環境を含めた生活条件に照らして改良するため、折あらばいつでもどこでも、その務めを粛々と気づかないほど少しずつこなしている。長い年月が過ぎるまで、このゆっくりとした変化は、私たちにはまったく見えない。

というわけで、私たちの脳は、哺乳類の誕生から二億年に及ぶそのような自然実験の試行錯誤で生まれた改造品なのだ。だから、私たちの脳に、愚かなデザインがもたらした多くの特性が含まれているとわかっても、驚くべきではない。そのような特性は、今となっては無駄なものだが、きっと祖先の哺乳類たちが巨大恐竜のオードブルになってしまわないように進化したものだろう。[17]

平行進化という不思議

本書で提示する説にとって忘れてはならない進化の特別な一面は、**平行進化**だ。平行進化とは、共通の遺伝的起源を持つ別々の生物が、互いに何千年、いやときには何百万年も隔てられてきたにもかかわらず、似たような方向で進化を続ける現象を指す。別の道を歩むことになった生物同士が似通った方向で進化するのは、気候や食料供給などの面でほぼ同じ外的な選択圧にさらされるから、あるいは、進化しうる道の選択肢を制限する共通の解剖学的構造といった内的な制約があるからだ。

平行進化は、「生物学的組織が同じ『解決策』にたどり着くことが繰り返し起こる傾向」と定義されている。平行進化が生み出したものは、観察者の興味をそそるとともに観察者を悩ませてきた。

ハーヴァード大学の歴史学者ダニエル・スメイルはそれらを「後期石器時代（新石器時代）の人間社会のはなはだ不気味な特徴にあげられる」と呼び、こう続けた。「……農耕がいろいろな大陸で別々に発明されたし、筆記、陶器製造、聖職者階級、遺体衛生保全、天文学、耳飾り、硬貨鋳造、神に捧げる純潔もそうだった。……私たちは人類文明の多様性を称えるが、何より驚くべきなのは、人類文明の類似性だ」。そのような出来事は、脳のたゆみない進化によるものだと解釈すれば納得しやすくなる。[18]

本書では、さまざまな人類集団における明らかによく似た認知発達の歩みを紹介するが、その多くは脳の発達の平行進化によって説明できる。たとえば、自分を過去や将来にきちんと位置づけられるようにする能力（自伝的記憶）をもたらした脳の初期の遺伝子変化は、ホモ・サピエンスがアフリカを出る前に起きたようだ。このような脳の発達がすでに進んでいたので、ホモ・サピエンスはその後、ポルトガル、パキスタン、ペルー、パプアニューギニアのどこにたどり着こうとも、何万年にもわたって認知的に似たような方向で進化し続けた。互いに遠く離れている集団でも、動物の家畜化や植物の栽培化による人口圧力の増加のように、似たような選択圧を受けた限り、地理的にかけ離れた集団同士が似たような結果に行き着いたことが見出されても驚くにはあたらない。以下に、そのような例をあげておこう。

- およそ四万年前、最初の視覚芸術の例が、現在のスペインやインドネシアの洞窟壁画、ドイツで出土した象牙彫りの小像に現れた。

- 一万二〇〇〇年前から七〇〇〇年前にかけて、南西アジア、中国、パプアニューギニア、ペルー、そしておそらくメソアメリカ（メキシコ中部や中央アメリカなど）で、動物の家畜化や植物の栽培化が別々に起こった。
- およそ九〇〇〇年前には、祖先崇拝が南西アジアと中国の両方で広まっていたようだ。
- 六五〇〇年前から五〇〇〇年前にかけて、南西アジア、中国、そしておそらくペルーで、祖先たちより高位の神々が別々に現れた。

心理学者のマーク・リアリーとニコル・バターモアも同じく、次のような意見を述べている。「自己概念を作る能力の神経学的な下地は、ホモ・サピエンスがアフリカを出て散らばり始める前に整っていた……これは、アフリカからの分散の前に起きた認知変化が進化の弾みをつけた平行進化の例を表している可能性がある[19]」

こうして、人類における脳の認知進化が神々や文明の誕生を可能にした。これは人類の発展著しい時代の起点となる。わずか六〇〇〇年間で私たちは、脳研究者マルセル・メスラムの言葉を借りれば、「牛車から宇宙探査機ボイジャー号へ、スフィンクスからロダンの『接吻』へ、『**ギルガメシュ叙事詩**』から（『オデュッセイア』を経由して）『神曲』」へと至る。それはまさに想像を絶する旅だった。しかし、このすべてがどのようにして起こったのかをしっかりと理解するためには、ことの起こりから見ていかなくてはならない。そう、五つのおもな認知的進歩の一つ目からだ[20]。

頭蓋骨や人工遺物の年代決定

古代の頭蓋骨や人工遺物は人類の進化を理解するのに役立つが、それは年代がかなり正確に突き止められたときのみだ。およそ四万年前までの年代については、放射性炭素年代測定法がよく用いられている。炭素はあらゆる生物に含まれており、放射性同位体である炭素14は予測可能な速度で崩壊する。髪や骨、木、炭といった有機物のサンプルに残存している炭素14の量を測定することによって、だいたい一〇パーセントの誤差で推定年代を計算できる。したがって、たとえば放射性炭素年代測定法によって三万年前のものとされた墓では、三万三〇〇〇年前から二万七〇〇〇年前に埋葬がおこなわれたと考えられる。

ただし、放射性炭素年代測定法には、大気に含まれる炭素14の量が、太陽活動や地球の磁場によってときとともに変化してきたことによる限界がある。そこで、このような原因による誤差を補正するため、さまざまな方法が開発されてきた。今では、代わりの年代測定法として、放射性トリウムや放射性ウランを利用する方法が増えつつある。

四万年以上前の時代については、年代測定の精度ははるかに落ちる。用いられている年代測定法はいろいろある。たとえば、放射性カリウムから放射性アルゴンへの崩壊を測定する方法（カリウム - アルゴン年代測定法）、物質が放射線損傷を受けることで生じる電子の蓄積量を測定する方法（電子スピン共鳴年代測定法）、ＤＮＡの変異を利用する方法などだ。

しかし、これら三つの方法はどれも誤差がずいぶん大きく、測定対象が古い時代になるほど、誤差はますます大きくなる。たとえば、ＤＮＡの変異は、チンパンジーの祖先と最初期のホミニンが分岐した時期など、種と種が分岐した時期を推測するのに用いられてきた。だが最近になって、ＤＮＡの変異は従来の想定よりゆっくりと起こるということが見出された。そのため、チンパンジーとホミニンの分岐は、以前には七〇〇万年前から四〇〇万年前に起こったと考えられていたが、実際には一〇〇〇万年前から八〇〇万年前に起こったかもしれない。それに、初期ホモ・サピエンスがアフリカを出たのは、一般にはおよそ六万年前とされてきたが、一二万年前だった可能性もある。そのようなことで、本書で取り上げている四万年以上前のすべての年代には大きな誤差があるということを踏まえておいていただきたい。

J. Hellstrom, "Absolute Dating of Cave Art", Science 336 (2012): 1387-1388; A. Gibbon, "Turning Back the Clock: Slowing the Pace of Prehistory", Science 338 (2012): 189-191.

平行進化の例

平行進化の例として最もよく引用されるのは、オーストラリア大陸での哺乳類の進化だ。一億年以上前に大陸がだんだん分裂していき、オーストラリア大陸はほかの大陸から分離された。しかし、オーストラリア大陸の哺乳類と、ほかの大陸にいた哺乳類には、大陸が離ればなれになる前に共通の祖先がいたので、子孫たちの一部はよく似た方向で進化を続けた。

そのような平行進化の例が、たとえばオーストラリアのネズミクイとヨーロッパのモグラ、オーストラリアのフクロモモンガと北米のモモンガ、タスマニアのフクロオオカミと北米のハイイロオオカミだ。もちろん、遺伝子変異によって、また気候や食料供給、捕食者といった外部選択圧が異なったことによって、異なる方向に進化した哺乳類もいる。

オーストラリア大陸の有袋類の脳とほかの大陸に棲む有胎盤類の脳との比較研究によって、平行進化の解剖学的な基盤が明らかにされている。視覚、聴覚、感覚刺激を司る脳の領域は、両方の哺乳類でそっくりだと言われている。ある研究論文の著者たちは、次のように結論づけた。「有袋類は、似たような生息地を占める有胎盤類で認められるのと驚くほどよく似た数々の形態的特性や行動的特性、大脳皮質の特殊機能を進化させてきた。それは、進化しつつある神経系に課せられた制約があるせいで、同じような環境課題に対して同じ解決策が繰り返しもたらされることを示している」

脳の発達における平行進化の例は、旧世界ザルと新世界ザルの脳を比較した研究からも得られる。両者は、三〇〇〇万年前に分かれて進化してきた。新世界ザルのオマキザル属は、物体を指先でつまむ精密把握をおこない、「親指と人差し指を互いに接触させて、小さな物体を操作したり目標指向型の道具の利用をしたりする」。また、旧世界ザルのマカク属も精密把握をおこなう。

両方のサルの脳が調べられた結果、手の使用を支配する頭頂葉の部分が、構造的に驚くほど似ていることが見出された。この研究論文の著者たちは、次のような結論をくだした。「進化のなかで骨格や筋肉や神経の特徴に関わる変化が並行して進み、そのおかげで体と脳のさまざまな特徴が結びついている……手を使う能力がよく似たオマキザル属と遠縁のマカク属で、これらの［解剖学的］領域に類似点があることは、霊長類で出現しうる大脳皮質構造の範囲に制限があることを示している。すなわち出現する構造は、皮質領域の境界や局所構造を形成する高度に保存された発達メカニズムがもたらしたものだ」

J. Karlen and L. Krubitzer, "The Functional and Anatomical Organization of Marsupial Neocortex: Evidence for Parallel Evolution Across Mammals", Progress in Neurobiology 82 (2007): 122-141; J. Padberg, J. G. Franca, D. F. Cooke et al., "Parallel Evolution of Cortical Areas Involved in Skilled Hand Use", Journal of Neuroscience 27 (2007): 10106-10115.

第1部　神々の創造

第1章

ホモ・ハビリス
――より賢くなった自己

宗教的信仰の歴史が、文明や人類の進化の壮大な物語で脚光を浴びることはまずないにもかかわらず、人間のありようを理解したいという願い――魂の糧の探求――は、食料の獲得や繁殖上の成功を求める願いに勝るとも劣らないほど強いかもしれない。

――マイク・パーカー・ピアソン、『死と埋葬の考古学（The Archeology of Death and Burial）』、一九九九年

新皮質は哺乳類の脳の要となるイノベーションだった

神々は、およそ二〇〇万年に及ぶ懐妊期間を経て生まれ出た。ホミニン(ヒト族)の脳が、構造や機能の面で霊長類らしい脳から現代ホモ・サピエンスの認知能力を持つ脳に進化するまでに、それほど長い歳月がかかったのだ。神々には進化上の起源があるという説が正しい限り、およそ四万年前より早くには、神の概念はホミニンの頭に芽生えていなかっただろうし、およそ一万年前より早くには、おそらく神々の姿はホミニンの心にくっきりと浮かばなかっただろう。それまでの時代には、人類の脳、したがって**自己認識**を伴う人類の世界では、神々を迎える受け皿が整っていなかったと思われる。

むろん哺乳類の脳は、その前に二億年にわたって進化してきた。哺乳類は、この世界に登場してから一億四〇〇〇万年間は取るに足らない存在で、「恐竜が支配する世界の片隅や隙間で生きている小さな生き物」だった。しかし、その長い年月のあいだに進化は、あらゆる哺乳類にとって中枢神経系の基本的な構造である三つの部分——前脳、中脳、後脳——からなる脳を発達させる試みを続けていた(1)。

およそ六五〇〇万年前に小惑星が地球に衝突したらしく、それで引き起こされた天変地異によって、恐竜を含む多くの生物が死に絶えた。だが哺乳類は、この大異変を生き延びただけでなく、今や恐竜時代の天敵がいなくなった世界で我が世の春を謳歌した。生物学者のスティーヴン・ジェイ・グールドは、それについてこう述べた。「もし天体による厄災が恐竜の命を奪わなかったら、地球上で意識が誕生することはなかっただろうと思わざるを得ない。まさに文字どおりの意味で、私たちが理性ある大型哺乳類として存在することは、僥倖を運んできた星のおかげなのだ」

さらに、グールドは次のような言葉を添えている。人類の起源からすれば、ホモ・サピエンスは「いわば宇宙の思わぬ巡り合わせの産物で、進化というクリスマスツリーに下がる安っぽい一つの飾りにすぎない[2]」

恐竜が消えたのち、哺乳類は急速に多様化するとともに大型化し、地球の新たな主になった。哺乳類の前脳は、中脳や後脳に比べて不釣り合いなほど大きくなり、最終的に頭蓋骨内のほとんどの空間を占めるようになった。前脳は発達するにつれて、四つの葉(前頭葉、側頭葉、頭頂葉、後頭葉)、大脳基底核、海馬、扁桃体、視床、視床下部に分化した。

脳の発達で最も意味深いのは、**新皮質**という薄い層ができたことだ。この新皮質は、脳の四つの葉を覆う直径三〇センチのピザのようなものだと言われている。神経科学者のゲオルク・シュトリーターが著した『脳の進化の原則(Principles of Brain Evolution)』によれば、「新皮質は哺乳類の脳の要となるイノベーションだった」。その理由は、それまでの動物の大脳皮質では神経細胞が三層だったのに対して、哺乳類の新皮質には神経細胞が六層含まれていたからだ。神経細胞は、水平方向にも垂直方向にも三次元的にほかの神経細胞とつながっているので、三層が加わったことで神経細胞の接続が指数関数的に増え、はるかに複雑な情報や思考を処理できるようになった[3]。

哺乳類が多様化するなか、最初の**霊長類**がおよそ六〇〇〇万年前に現れた。霊長類はみるみる増えて数百種に分かれた。そのうち二三五種が、今も生存している。およそ三〇〇〇万年前、新世界ザルというグループ（オマキザルやマーモセットなど）が進化で独自の道を歩み始め、二五〇〇万年前には旧世界ザル（ヒヒやマカクなど）も別の道をたどり始めた。ヒトに最も近い大型類人猿は、およそ一八〇〇万年前に分かれ始め、まずオランウータンが、続いてゴリラが進化的に独自の道を踏み出した。そしておよそ六〇〇万年前、ホミニンとチンパンジーが、私たちに最も近いホミニド（ヒト科）の祖先から分かれた。

ホミニンが、私たちが知っているチンパンジーから進化したのではないことに気をつけなくてはならない。ホミニンもチンパンジーも、およそ六〇〇万年前に生きていた共通祖先から進化した。そしてこれまでのあいだ、ホミニンの系統もチンパンジーの系統も進化し続けた。たとえば、チンパンジーのなかで一つのグループがおよそ二〇〇万年前、地理的に西アフリカに孤立し、そのグループはボノボに進化した。ボノボは、以前にはピグミーチンパンジーと呼ばれた種だ。

六〇〇万年のあいだに、進化しつつあるチンパンジーの系統が、進化しつつあるホミニンの系統と同じような進化圧にさらされた限り、平行進化の原則から考えて、ホミニンが発達させた認知能力と似た認知能力がチンパンジーでいくつか認められても不思議ではない。第2章で取り上げる自己認識は、そのような平行発達の一例だ。

初期のホミニンたち

一つの種が別々の種に進化するプロセスは、緩やかに起こることが多い。そのため、二〇〇一年にチャドで発見された化石が少なくとも六〇〇万年前のものと考えられているサヘラントロプス・チャデンシスは、学者によって、二足歩行をした最初のホミニンに分類されていることもあれば、チンパンジーに分類されていることもある。サヘラントロプス・チャデンシスの脳容量は四〇〇ccに満たず、現代のチンパンジーの脳容量と変わらなかった。[4]

それからの四〇〇万年間に、サヘラントロプス・チャデンシスに続いて、アルディピテクス・カダバやアルディピテクス・ラミドゥス、そして**アウストラロピテクス**に分類されるいくつかの種が現れた。アウストラロピテクス属としては、属名のあとの種小名（しゅしょうめい）だけあげれば、アナメンシス、アファレンシス、アフリカヌス、ガルヒ、ボイセイ、ロブストス、エチオピクスのほか、二〇一〇年に化石が発見されたセディバがいた。どのホミニンがどのホミニンの子孫なのかについては多くの議論があるが、じつのところ、それを判定するには化石標本の数が足りない。初期ホミニンの化石に関する研究は、まだ「ほとんどの科学分野の始まりとなる切手収集の段階」だと言われている。[5]

明らかなのは、これら初期ホミニンの脳容量がおよそ四〇〇～四七五ccだったことだ。それはチンパンジーの脳容量をわずかに上回る程度であり、ホミニンの行動もチンパンジーの行動とよく似ていた。ホミニンは果実や木の実、根、塊茎などの食べ物を漁（あさ）って日々を過ごし、捕食者から逃れたり眠ったりするため木の上に逃げこんだ。アウストラロピテクスの一部の種は石器を用いたと主張している研究者もいるが、それに首をかしげる研究者もいる。

アウストラロピテクスで特に有名な例は、一九七四年に化石がエチオピアで発見された「ルーシー」と、タンザニアの火山灰に残された三組の足跡だ。私たちはときおりアウストラロピテクスのことをロマンティックに解釈し、彼らは現生人類とあまり変わらなかったと自らに言い聞かせたりするが、直立歩行を除けば、アウストラロピテクスは私たちとは大違いだったと言ってもいい。

脳の発達が未熟だったので、彼らは自分について考えることもできなかったし、自分の手柄を自慢することも、ほかのアウストラロピテクスたちについて噂をすることもできなかった。それに、自分が死んだらどうなるかについて思い悩むこともなければ、神々を崇めることもなかった。したがって、個々のアウストラロピテクスは、「ほかのアフリカ類人猿（ゴリラ、チンパンジー、ボノボ）とは違っていたが（ほかのアフリカ類人猿たちが互いに違っていたように）、体は類人猿ではなかったにせよ、心はまだ類人猿だった」と広く考えられている。[6]

道具を使ったホモ・ハビリス

およそ二〇〇万年前にホモ・ハビリスが出現すると、初期ホミニンの世界は段違いにおもしろくなった。それは、ホモ・ハビリスの脳のサイズと行動の両面のおかげだ。ホモ・ハビリスは、霊長類の祖先たちから大きく分岐した最初のホミニンだと一般に見なされている。もっとも、ホモ・ハビリスと初期ホモ属（ヒト属）のほかの種――ホモ・ルドルフエンシス、ホモ・エルガステル、最近発見されたホモ・ナレディなど――との正確な関係は、定まっているとはとても言えないが。

ホモ・ハビリスの化石は、エチオピアやケニア北部、そして特にタンザニアのオルドヴァイ渓谷で発見されている。オルドヴァイ渓谷は、古人類学者のルイス・リーキーと妻のメアリーの業績によって広く知られるようになった場所だ。

ホモ・ハビリスは、二三〇万年前から一四〇万年前にかけて生きていたと考えられているが、エチオピアで最近見つかった化石から、早くも二八〇万年前には生きていた可能性がうかがえる。ホモ・ハビリスの脳容量は平均で約六三〇ccだったと推定されており、アウストラロピテクスの脳より三分の一大きかった。

ホモ・ハビリスは、脳が大きくなったことでアウストラロピテクスより利口になった。賢さは、打製石器の製作によって示されている。石器はほとんどの場合、石を打ち砕いて縁を鋭くするやり方で作られた。打製石器は、三三〇万年前に作られたとされるものも見つかっているが、ホモ・ハビリスが作った石器のほうが技術的に進んでいた。打製石器は、ホモ・ハビリスの化石とともに数多く発見されている。そのような石器は、石を砕いただけだとしても、死んだ獣の皮や腱を切るのに役立ち、石器の使い手は肉をそぎ取ることができただろう。

石器は、動物の長骨を打ち砕いて、豊富なタンパク質源である髄を取り出すためにも使えた。動物の骨が石器のそばで見つかっていることは、石器が今述べたような使われ方をしたことを匂わせる。動物の骨はまた、おそらくホモ・ハビリスが、初期ホミニンの種とは違って肉を食べていたことも意味している。ホモ・ハビリスが動物の狩りをした形跡はないので、きっと彼らは、ほかの動物に殺されたり老いや病気で死んだりした動物の肉を漁っていたのだろう。

むろん、道具の利用はホミニンにしかできないことではない。多くの鳥で、道具を使う様子が観察されてきた。たとえば、カラスは木の枝や注意深く切った葉を使って木の穴から虫をほじくり出すし、エジプトハゲワシは石を落としてダチョウの卵を割る。哺乳類ではたとえば、ラッコは石で貝やカニの殻を割る。サルは、枝でヘビを殺したり岩でカキの殻を割って開けたりする姿が観察されているし、チンパンジーが枝を使うことはよく知られている。チンパンジーは、枝から葉をむしり取ってアリ塚に差しこんでシロアリを釣ったり、石で木の実を割ったりする。

だが、ホモ・ハビリスが用いた石器は、その複雑さで動物たちの道具と一線を画している。ケンブリッジ大学の考古学者スティーヴン・ミズンによれば、「オルドヴァイ渓谷の遺跡で見つかるような石片を剥離するためには、[石の]塊で鋭角をなす部分を見分け、いわゆる打面を選び、手と目をうまく協調させ、正確な角度でしかるべき力をかけて、適切な位置で石塊を打ち砕く必要がある」[7]

チンパンジーやボノボを指導して、ホモ・ハビリスがこしらえたのと同じような石器を作らせる試みがおこなわれてきた。一頭の特に賢いボノボが、おいしい食べ物をご褒美としてもらうことで石器作りに成功したが、ボノボの石器はホモ・ハビリスの石器には遠く及ばなかった。ミズンによれば、そのボノボは「鋭角の部分を探すという考えをいっこうに生み出さなかったし……石を打ち砕くときに力を加減することもなかった」

ミズンは、ホモ・ハビリスが現代のチンパンジーを凌ぐ認知能力をすでに発達させていたと見ており、「心には直観的な物理学……さらには技術的知能さえあったかもしれない」と述べている。ホモ・ハビリスの認知能力がチンパンジーより優れていたことは、ホモ・ハビリスがちょくちょく一つの道具を用いて別の道具を作ったという証拠によって裏づけられる。たとえば、ホモ・ハビリスは石片を用いて枝を尖らせたりしたが、道具で道具を作る行動は、チンパンジーでは知られていない。[8]

ホモ・ハビリスの知能を示す証拠としてはほかにも、道具として使うのによりふさわしい特定のタイプの石を手に入れるため、彼らが何キロも離れたところまで出かけたことなどがある。ホモ・ハビリスは、石器を別の場所に運んでいくこともした。それは、彼らが計画を立て、将来の使用を見込んだことを示す証拠だ。セントラルコネティカット州立大学の考古学者ケネス・フェーダーは、この手の行動は「高いレベルの計画性や知能」をほのめかすと述べた。

もっとも、そのような計画性や将来に向けた道具の保管は、チンパンジーでもときに認められる。たとえば、スウェーデンのある動物園で飼育されていた一頭の雄の成獣は、動物園の開園前に石を集めて取っておくことがよくあった。開園すると、その雄は、飼育場のまわりにめぐらせた堀の向こうにいる来園者をめがけて石を投げつけたのだ。[9]

賢い脳は持っていたが心は空白

それで、ホモ・ハビリスは実際にどのような種だったのだろう？　彼らは高度な身体技能やいくらかの計画能力を備えており、ホミニンの祖先たちより明らかに賢かった。しかし、祖先たちより知能が高かったとしても、ホモ・ハビリスが、自己認識能力をはじめ、のちに登場するホミニンたちを特徴づけるとともに神々の出現を導くことになるほかの高度な認知機能のいずれかを持っていたという証拠はない。イギリスの心理学者ニコラス・ハンフリーは、ホモ・ハビリスがどのような生き物だったかについて、次のような仮想の描写をおこなった。

昔々、人間の祖先となる動物がいた。彼らには意識がなかった。それは、これらの動物が脳を持っていなかったということではない。彼らが物事を知覚し、賢く、複雑な動機によって突き動かされたのは確かで、彼らの内部を調節するメカニズムは多くの点で私たちのものと変わらなかった。だが彼らには、そのメカニズムを覗きこむすべがなかったと言われている。彼らは賢い脳を持っていたが、心は空白だった。彼らの脳は感覚器官から情報を受け取って処理しただろうが、彼らの心は、それに伴う感覚をまったく意識しておらず、彼らの脳は空腹感や恐怖などに駆られただろうが、彼らの心は、それに伴う感情をまったく意識しておらず、彼らの脳は自発的な活動を企てただろうが、彼らの心は、それに伴う意志をまったく意識していなかっただろう……。ということで、人間の祖先となる動物たちはそんな風に暮らし、自分自身の行動に対する内なる説明にまるで気づいていなかった[10]。

「賢い脳を持っていたが、心は空白」は、ホモ・ハビリスの本質を捉えているようだ。

ホモ・ハビリスの脳

なぜ、ホモ・ハビリスは祖先たちより賢かったのだろう？　第一の理由は、まったく単純に、脳が祖先たちより五〇パーセント以上大きかったからだ。最初期のホミニンとチンパンジーが共通祖先から分かれて四〇〇万年が過ぎていたが、その間（かん）、ホミニンの脳はチンパンジーの脳よりわずかに大きくなっただけだった。だが二〇〇万年前、突如としてホミニンの脳はずっと速いペースで発達し始め、最終的にホモ・サピエンスの特大の脳に至る発達パターンを引き起こした。そんなホモ・サピエンスの脳は、「私たちと同じ体のサイズの哺乳類に比べて恐ろしく大きい」と見なされている。具体的には、「ヒトの脳は、体のサイズが同じくらいの類人猿から予測されるサイズの三・五倍ある」とのことだ。

ホモ・ハビリスの頭蓋骨に関する独創的な研究の多くをおこない、この種に「ホモ・ハビリス」と名づけた南アフリカの古人類学者フィリップ・トバイアスは、こう指摘している。「人類のトレードマークの一つである脳のやけに不釣り合いな大型化が始まったのは、ホモ・ハビリスにおいてだ」。同じく、カリフォルニア大学の進化生物学者マイケル・ローズは、「過去二〇〇万年に起こった人類の脳の大型化は、化石記録で知られているそのような形態的な発達のなかでも特にすみやかかつ持続的なものだ」と主張した[11]。

脳について言えば、原則として大きいほどよい。たとえば、トバイアスは、ホモ・ハビリスの脳が大型化したことによって、神経細胞がアウストラロピテクスの脳と比べて一〇億個増えたと推測した。だが、大きさがすべてではない。というのは、たいそう聡明で才芸に秀でた人びとの脳のサイズに個人差がかなりあることが知られているからだ。たとえば、イギリスの風刺作家ジョナサン・スウィフトやロシアの小説家イワン・ツルゲーネフの脳は、それぞれ二〇〇〇グラムを超えていたが、フランスの小説家アナトール・フランスの脳はきっかり一〇〇〇グラムしかなかった。第

3章で触れるように、ネアンデルタール人の脳は大きく、現代ホモ・サピエンスの脳を上回っていることもあった。また、付録Aで述べるように、ゾウの脳はヒトの脳の四倍、クジラは五倍ある。

ただし、脳のサイズを体のサイズに合わせて補正すると、ヒトの脳は知られている限り最大だ。たとえば、チンパンジーの体重はヒトと同じくらいだが、チンパンジーの脳はヒトの三分の一もない。この点は、心臓や肺、肝臓、腎臓といったほかの器官が、チンパンジーとヒトでほぼ同じサイズなのとは対照的だ。というわけで、大きな脳はヒトをほかの霊長類から区別する目印だが、脳のサイズだけがヒトらしさを決定づけるのではない[12]。

ヒトの脳のほかに類を見ない特徴は、むしろ拡大した特定の脳領域と、そのような領域間での結合の強さにある。トバイアスによれば、ホモ・ハビリスの頭蓋骨から、「大脳の中身が増えたことが……おもに前頭葉と頭頂葉で明らか」で、側頭葉と後頭葉では「見たところあまり目立たない」ことがうかがえる。とりわけ、前頭葉では「前頭葉の外側部で著しい再構築がなされた」らしく、頭頂葉では上頭頂小葉と下頭頂小葉の両方が「ひときわ発達した」。それでトバイアスは、ホモ・ハビリスの脳によって、「ホミニド（ヒト科）の進化で、新たなレベルの組織が獲得された」と結論づけた[13]。

以上から、次にあげる二つの事実は揺るぎないと思われる。一つ目は、ホモ・ハビリスはおそらく先行人類より賢かったということで、二つ目は、ホモ・ハビリスの脳では前頭葉と頭頂葉がはなはだしく拡大していたということだ。これら二つの事実に因果関係があるかもしれないと思うのは理にかなっているが、裏づけとなるデータはあるだろうか？

じつは、ある。近年、ヒトの脳で知能の構成要素がどこにあるのかを探り出そうとする神経画像研究が目立って増えている。そのような三七件の研究をまとめた論文では、知能の源が、前頭葉や頭頂葉にある複数の領域を含むネットワークや、これらの領域間の結合にあることがわかったという点で「驚くべき意見の一致」が見られると報告された。したがって、神経画像研究によって現代ホモ・サピエンスの脳で突き止められた知能の場所は、ホモ・ハビリスの知能が向上しつつあった二〇〇万年前に、ホモ・ハビリスの脳で不釣り合いに大きく発達した領域とぴったり一致している。[14]

知能と関係がある基本的な脳領域

知能の神経画像研究で活性化される特定の脳領域は、どんな検査が用いられるかによってやや異なる。これは予想されるとおりだろう。たとえば、多くの研究では**ウェクスラー成人知能検査**が用いられてきた。この検査では、言語理解、知覚統合、処理速度、そして問題をすぐに解くために必要な短期記憶として定義される作業記憶（ワーキングメモリ）が測定される。この知能検査によって活性化される脳領域には、前頭葉では前頭極（BA10）、外側前頭前野（BA9、46）、前帯状皮質（BA24、32）などがある。下頭頂小葉（BA39、40）も、ウェクスラー成人知能検査によって活性化される。チェスをしているときの脳血流量の測定など、ほかの知能検査法が用いられたときには、前頭葉の別の領域（運動前野、BA6）や頭頂葉の別の領域（上頭頂小葉、BA7）の活性化も見られた（**図1・1**）。これらの研究論文の著者たちは、次のように結論づけている。「さまざ

図 1・1　知能と関係がある基本的な脳領域

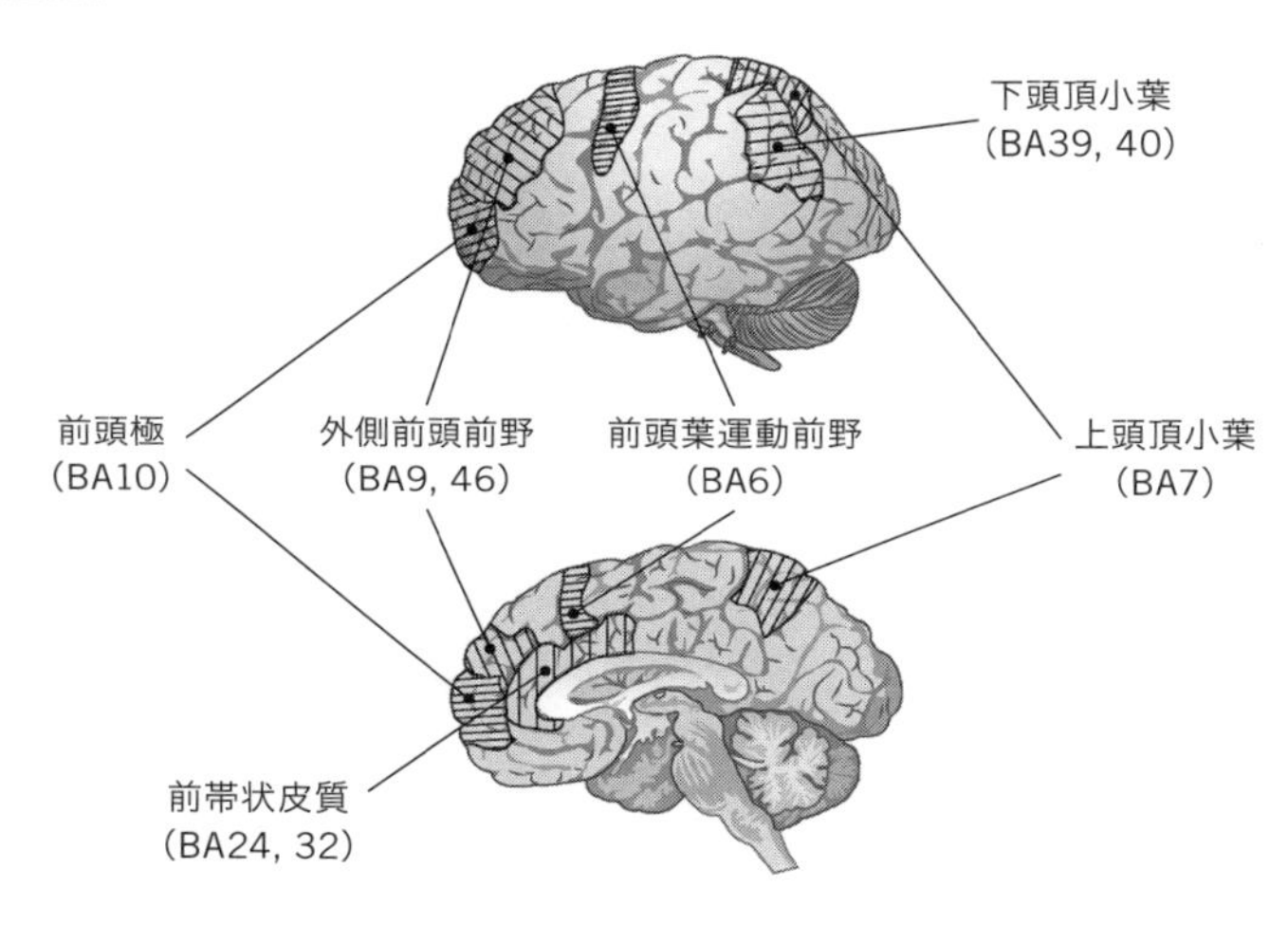

まな研究の結果に神経解剖学上の一貫性が認められる。それは、特定の前頭-後［頭頂］ネットワークを定めると私たちが述べてきた領域だ[15]」

知能と関連しているとおぼしきこれらの脳領域については、どのようなことがわかっているだろうか？

一つ目は、それらが、神経科学者のフレクシッヒが「最終ゾーン」と呼んだ部分のほぼすべてであり、進化の過程でかなり最近になって発達したと考えられていることだ。実際のところ、前頭極（ＢＡ10）や外側前頭前野（ＢＡ9、46）はフレクシッヒによって、最後に進化した脳領域に分類されている。二つ目は、最も拡大した脳領域のほとんどが、**連合野**として知られることだ。そのような領域は、わりと単純な筋肉機能や感覚機能に関わるのではなく、脳のさまざまなほかの領域からの入力情報を評価したり、適切な応答方法を調整したりするといった複雑な脳機能に関与する。

たとえば、もしホモ・ハビリスが岩の後ろに手を置いたとたんに「シューッ」という音が聞こえてぬるぬるした生き物に触れたら、ホモ・ハビリスの連合野はこれらの感覚入力を統合し、「すぐさま手を引っこめろ」という指示を出しただろう。

最も新しく進化してホモ・サピエンス特有の認知能力を生み出したのは脳の連合野であって、わりあいに単純な機能を受け持つ一次野ではない。この原則は、エモリー大学の神経科学者・霊長類学者で、霊長類とヒトの脳の比較を手広くおこなってきたトッド・プロイスによって鮮やかに示された。プロイスは、「一次野は、人類の進化過程で類人猿とほぼ同じサイズのままだったが、連合野ははるかに拡大した」と結論づけた。たとえば、プロイスが、ヒトの一次運動野や一次視覚野のサイズを霊長類の脳でそれらに相当する領域と比較したところ、ヒトの一次野は予想を超えるほど大きくはなかった。一方、ヒトの連合野のサイズを霊長類の脳でそれに相当する領域と比較すると、ヒトの連合野は予想の何倍もあった[16]。

ほかの研究からも、前頭葉や頭頂葉の特定の部分が知能にとって重要だということが裏づけられている。たとえば、前頭極（BA10）は、「私たちの祖先たちと比べたときに、ヒトの脳でほかの部分より拡大した」と言われている。前頭極は情報処理、ワーキングメモリ、社会的認知、感情の処理、将来の行動計画において決定的な役割を果たす。ヒトと大型類人猿で前頭極の神経細胞の間隔を比較した最近の研究から、ヒトのほうが神経細胞の間隔があり、神経細胞の相互接続がよりできると報告された。

ヒトの前頭極の相対的な重要性は、その部分にチンパンジーの同様の脳領域と比べて四倍以上の神経細胞が含まれていることからも確かめられる。前頭葉の運動前野（ＢＡ６）には多くの機能があり、そこは、規則の抽象化に関わる課題や連合学習に関連する課題によって活性化される。外側前頭前野（ＢＡ９、46）は、計画立案や推論などの実行機能で中心的な役割を演じる。外側前頭前野の話題は、第４章と第６章で改めて取り上げよう。[17]

アインシュタインの脳

上頭頂小葉（ＢＡ７）は「楔前部（けつぜんぶ）」としても知られ、いろいろな認知機能や感覚機能を果たし、空間認識に関与する。上頭頂小葉（ＢＡ７）と下頭頂小葉（ＢＡ39、40）は両方とも知能において重要な役割を担い、演繹的推論といったほかの知的機能とも関連がある。そして、アルバート・アインシュタインの脳が死後に調べられ、下頭頂小葉が「ふつうの人びとより一五パーセント大きかった」ことが見出されたのは、おそらく偶然ではないだろう。下頭頂小葉は、視覚イメージを数学的思考などの認知能力と統合する領域だ。前章で、アインシュタインの脳では左右半球をつなぐ線維の脳梁も大きかったことに触れたが、脳梁で最も大きかったのは、両半球の下頭頂小葉をつなぐ部分だった。したがって、アインシュタインが優れた知的能力を持っていた一つの理由は、下頭頂小葉やその結合線維が大きかったことかもしれない。[18]

脳の前頭葉や頭頂葉がホモ・ハビリスで大きくなっていくにつれて、これら二つの領域をつなぐ白質連絡路も発達していった。おもな連絡路は、上縦束（じょうじゅうそく）を構成する三つの経路だ。三つはそれぞれ、前頭前野と上頭頂小葉（ＢＡ７）、前頭前野と下頭頂小葉の角回（かくかい）（ＢＡ39）、前頭前野と下頭頂小葉の縁上回（えんじょうかい）（BA40）をつなぐ。上縦束の成熟に関する研究から、上縦束は「成熟が特に遅い白質連絡路の一つだ」と報告されており、これは過去四〇〇万年にわたりホミニンの知能が高度に発達した流れと一致している。そのほかもろもろの研究によれば、上縦束は「高度に発達した種のみで明らかに認められる……このことから、上縦束が高レベルの脳機能に関与していることが強くほのめかされる」ということだ。

また、前述したように、白質連絡線維があることだけが重要なのではなく、それらが情報を伝えるスピードも重要だ。情報の伝導速度は、知能にとっては特に大切である。たとえば、霊長類とほかの動物で知能を比較した研究から、知能について予測する二つの重要な因子は、脳にある神経細胞の数と連絡路の伝導速度だと報告された[19]。

なぜ脳は大型化したのか？

ホミニンの脳がおよそ二〇〇万年前から急速に大型化したことから、次のような二つの疑問が浮かび上がる。この大型化がどうやって起きたのか？　そして、それまでの四〇〇万年間で脳のサイズがあまり変わらなかったのに、なぜその時期に大型化が始まったのか？　第一の疑問に関しては、ホミニンの脳がすでにある脳領域をただ改造することで大きくなったのか、新しい脳領域を作り出すことで大きくなったのかをめぐり科学者のあいだで議論が続いている。たとえて言えば、こんなところだ。通りの先にある家が大きくなったのは、所有者がもとからある部屋を大きくしたからか、それとも新しい部屋を増やしたからだろうか？

この疑問はまだ解決されていないが、脳の進化のほとんどは既存領域の拡大によって起こるということで、意見の一致が見られている。要するに、「進化はご都合主義で、脳の古くからある部分を強引に動員し、ややぞんざいなやり方で新しい機能を割り当ててきた」ということだ。海馬や小脳、視床、前帯状皮質といったかなり古い特定の脳領域が、脳の進化に伴って新しい機能をあてがわれたのは明らかに思える。しかし、一部の研究者は、進化の過程で新しい脳領域も作り出されたと考えている。たとえばフィリップ・トバイアスは、下頭頂小葉を「ヒトの脳で最も独特な領域であり……人類の脳が進化するなかで現れた唯一の『まったく新しい構造』」と呼んだ。

下頭頂小葉が「まったく新しい」という点を疑問視している研究者もいるが、彼らも、この領域が「ヒト以外の霊長類では事実上認められず」、そこが「類人猿からヒトの状態へと移行する過程で……とてつもない拡大と分化」を経たことを認めている。[20]

社会脳仮説

ホモ・ハビリスの脳が、その時期になぜ大型化したのかという第二の疑問については、広く受け入れられた答えはない。気候などの環境条件の変化、肉食の増加といった食生活の変化、社会的変化はすべて、大型化の要因として提唱されている。よく引き合いに出される仮説として、オックスフォード大学の人類学者ロビン・ダンバーが唱えた**社会脳仮説**がある。

社会脳仮説は、大型の脳を持つ霊長類が大きな社会集団で暮らすという観察結果に基づいており、そこからダンバーは、「霊長類はあまりにも複雑な社会システムを管理するために大型の脳を進化させた」と主張した。言い換えれば、最初期のホミニンは二〇〇万年前、以前より大きな集団で一緒に暮らすようになり、集団の大型化によって当然のごとく複雑さが増した社会的関係に対応するため、脳が大型化したということだ。

ただし、ダンバーの説における因果関係については、議論の余地が残されている。大型の脳は、社会の複雑さへの対処に加えて、さまざまな進化上の利点をもたらすはずだ。たとえば、視覚系や嗅覚系が大きくなれば、ホミニンは危険を嗅ぎつけやすくなるだろうし、記憶システムが大きくなれば、ホモ・ハビリスは食物のありかを覚えやすくなるだろう。もしかしたら、ホミニンの脳が社会の複雑さとは関係ない理由で大型化し、その後、大きな脳のおかげでホミニンたちは社会の複雑さをやりくりできるようになり、大きな集団で暮らすようになったのかもしれない。こうした脳のサイズにまつわる難問について、科学系ライターのマイケル・ボルターが次のように的を射たことを述べている。「今のところ、どうやってヒトの脳がそんなに大きくなったのかは謎のままである。だが幸いにも、自然選択によって脳はもう十分に大きくなっているので、これはいつの日か解けるかもしれない一つの謎だ[21]」

本章を要約すれば、およそ二〇〇万年前、アフリカ東部で暮らしていた一部のホミニンの脳が大きく発達し始め、彼らははるかに賢くなり始めた。それまでの四〇〇万年間にホミニンの脳がほとんど大きくならなかった事実を考えれば、この発達は思いがけない出来事だったし、その背景についてはいまだに説明がついていない。不釣り合いに大きくなった脳領域には、前頭葉と頭頂葉の特定の部分が含まれており、現代の神経画像技術を用いた研究から、これらの領域は知能と関係があるとされている。

脳の大型化は、最終的に現代ホモ・サピエンスを、それから神々を生み出すことになる五つのおもな認知発達の第一歩だった。ホモ・ハビリスは当時生きていたほかのホミニンたちより賢くなったが、彼らは、自分たちのほうが賢いということに気づかなかった。それは次の段階だ。

第2章

ホモ・エレクトス
——自分がわかる自己

生命の歴史における重大な出来事として、意識の進化に引けを取らないものはほとんどない。

——スティーヴン・ジェイ・グールド、『個体発生と系統発生』（邦訳は仁木帝都・渡辺政隆訳、工作舎）、一九七七年

ホモ・ハビリスとホモ・エレクトス

ホモ・ハビリスは人類の始まりにとって、スタートを告げる合図のピストルに過ぎなかった。脳容量がほどほどに増えたおかげで、ホモ・ハビリスは祖先たちより賢くなり、道具を作ったり、道具で別の道具を作ったり、道具をのちに使うためにしまっておいたりすることができた。知能に関連した前頭葉・頭頂葉のネットワークはそのころ発達しつつあったが、それからの二〇〇万年でも発達を続け、ホモ・ハビリスの子孫はますます賢くなっていく。ホミニン（ヒト族）は、何よりも神々への信仰へと彼らをやがて導くことになる道をたどり始めていた。

ホミニンにとって二番目となる認知能力の大きな飛躍は、ホモ・エレクトスによって示された。ホモ・エレクトスはおよそ一八〇万年前に現れ、三〇万年前まで生きていた。つまり、一五〇万年にわたって生存していたということだ。かつては、ホモ・エレクトスはホモ・ハビリスの子孫だと考えられていたが、最近の考古学研究から、ホモ・ハビリスとホモ・エレクトスが現在のケニア北部で「およそ五〇万年」にわたり隣り合って暮らしていたことがほのめかされており、ホモ・ハビリスからホモ・エレクトスへという順序で人類が進化したとは考えにくくなっている。

二〇一二年、アフリカの同じ地域でほぼ同じころに生きていた第三のホミニンの種が発見された。まだ発見されていない初期の種は、ほかにもいたに違いない。そのような種が発見されたら、最初期に生きていたホミニンの種間の関係を明らかにするのに役立つだろう。[1]

ホモ・エレクトスはホモ・ハビリスより背が高く、脳ははるかに大きかった。大人は、平均で身長が一五〇センチ少々、体重が五七キロほどあった。ミシガン大学の人類学者アンドリュー・シュライオックとハーヴァード大学の歴史学者ダニエル・スメイルによれば、ホモ・エレクトスの体には、「このホミニンが木に登ることを事実上あきらめたことを示し、もっぱら地上で暮らしていたことを匂わせる」特徴が、とりわけ腕やつま先にあったという。

ホモ・エレクトスの脳容量は七五〇ccから一二五〇ccで、平均では約一〇〇〇ccだった。つまり、彼らの脳は、ホモ・ハビリスより六〇パーセントほど大きかったということだ。現代ホモ・サピエンスの平均的な脳容量は一三五〇ccほどなので、ホモ・エレクトスのなかで最大級の脳は、現代ホモ・サピエンスの最小級の脳とサイズが重なる。ということで、ある程度もっともな理由により、ホモ・エレクトスは「解剖学的構造や行動から『人間』に分類しても差し支えないホミニド（ヒト科）［よりはっきり言えばホミニン］の最初の種」だと言われてきた。[2]

ホモ・エレクトスが祖先たちより大きな脳を持ったことは、予想されるように、行動面の新たな地平を開くことにつながった。ホモ・エレクトスの石器は、古いものでは一七〇万年前より昔にさかのぼるものもあるが、ホモ・ハビリスが作ったような、石の片面をおおざっぱに打ち砕いて作ったものから、石の両面を手際よく打ち砕いて作ったものへと進んだ。このような新しい道具は、はっきり言えばきれいに尖らせた石に過ぎなかったが、一般に「両面石器」や「握斧（あくふ）」と呼ばれる。それらは重さが一キロを超えるものもあり、それまでの石器よりかなり鋭かった。考古学者のケネス・フェーダーによれば、まともな握斧を作るには「優れたスキル、正確さ、力が要る……。私の学生のなかで、握斧作りの腕が上達した者はほとんどいない」ということだ。[3]

握斧に加えて、ホモ・エレクトスは、動物を狩る目的で加工した最初の武器らしき道具も作った。これらは、長いもので全長が一八〇センチほどあった木製の槍で、両端を尖らせてあった。ドイツの遺跡で見つかった一一本のそのような槍は、野生のウマを仕留めるために使われたようだ。イギリス南部やスペインのさまざまな場所でも、ホモ・エレクトスはバイソンやシカ、クマ、ゾウといったほかの大型哺乳類を狩ったらしい。そのような狩りをするためには、大人数の協力が必要だっただろう。また、尖らせた木製の槍のほか、先端に石をつけた四六万年前の槍が南アフリカで近ごろ発見されている。[4]

火を使ったホモ・エレクトス

ホモ・エレクトスは、火を手なずけて使った最初のホミニンだったらしい。火が正確にいつ、どこで使われ始めたのかについては議論の余地があるが、七九万年前には火が制御された形で使われた確かな跡があり、およそ四〇万年前には、そのような火の使用が広まっていた。火は、暖を取るためや灯りを得るため、捕食者から身を守るため、それに火を放って崖から動物を落として捕らえるために使えた。

特に重要な火の使い途の一つが、料理に使うことだ。火を通すことで、食物に潜んでいないとも限らない細菌や寄生虫を殺すことができ、食物も消化されやすくなる。それに、チンパンジーが生肉より焼いた肉を好むことからわかるように、肉は焼くとよりおいしくなる。火は肉をいぶすためにも使うことができ、燻製にすれば肉の保存がきく。ある実験では、生肉で育てられたネズミより調理済みの肉で育てられたネズミのほうが、体重が二九パーセント多かった。このことから、ホモ・エレクトスは料理によって栄養面の恩恵を得たことがうかがえる。料理した食物による栄養上の利点は、ホモ・エレクトスの脳が祖先たちよりはるかに大きくなった理由の一つだったかもしれない。それに料理は、初期ホミニンがたき火のまわりに集まって食物を分け合ったときに社交も促しただろう[5]。

大型化した脳のおかげで、ホモ・エレクトスは行動の面だけでなく地理の面でも地平を広げることができた。一七〇万年前より古い時代については、ホミニンがアフリカ大陸を離れたという証拠はない。だが、一七〇万年前から七〇万年前にかけてホモ・エレクトスは驚くべき移動をやってのけ、現在のスペインやフランス、ドイツ、イタリア、イギリス、イスラエル、ジョージアから、ベトナムや中国、インドネシアへと地球の半周先にまで広がった。

中国とインドネシアでは、ホモ・エレクトスの化石は当初、それぞれ「北京原人」、「ジャワ原人」と呼ばれた。ホモ・エレクトスがそれほど変化に富む気候のなかで何千キロも移動して生き延びられたという事実は、大移動という集団での試みに適応し、協力できる能力がホモ・エレクトスにあったことを物語っている。ホモ・エレクトスが移り住んだ地域の多くはアフリカより寒かったので、動物の皮を衣服として用いたり火を操ったりすることは、ぜひとも必要だっただろう。自然のシェルターである洞窟や人工のシェルターである小屋などに残された考古学的遺物からも、ホモ・エレクトスが助け合って集団生活をしていたことがわかる。共同での狩りや共同での生活をするためには何らかのコミュニケーションが必要とされただろうが、当時、言語がどれほど発達していたのかをめぐっては活発な議論が続いている。[6]

自己認識

認知能力の上でも行動の上でも、ホモ・エレクトスはすばらしいことを成し遂げた。初期ホミニンは、ほかの霊長類から分かれてから最初の四〇〇万年間には、打製石器を作るのが精一杯だった。しかし次の一〇〇万年間に、高度な握斧や、大型動物を狩るための木を削った槍を作り、火を制御し、アフリカを出てイギリスからインドネシアに住みついた。

共同生活や共同狩猟の痕跡から、ホミニン同士の関係が根本的に変わったこともうかがえる。カナダの心理学者マーリン・ドナルドが指摘したように、「この種で、人類の進化における一つの大きな敷居がまたがれた」のだ。[7]

行動でこれほど驚くべき変化が起きたことについて、どんな説明が考えられるだろう？　ホミニンの脳は、このような行動の変化が起きつつあるのと同じころにかなり大型化しつつあったので、二つの発達が結びついていると考えるのは筋が通っている。ホモ・エレクトスの知能がホモ・ハビリスよりはるかに高かったのは明らかだ。しかし、それだけで行動の変化を説明できるだろうか？　ホモ・エレクトスは、共同狩猟や共同生活など、それまでにない対人関係を示した。こうした人間関係の変化から、さらなる何かが起きたことが暗示される。

何が起きたのかについての証拠を探すには、子どもの成長に目を向けるのが理にかなっている。

前述したように、子どもが認知能力を身につける順序は、おおまかに言って、これらの能力が人類の進化過程で発達した順序と同じだということが一般に受け入れられている。ヒトの子どもは生まれてから二年間で運動技能や知能をだんだん獲得していき、その時期に、おもな認知能力の一つである「自己認識」をものにする。二歳になる前の子どもは、自分をどうにか認識するというくらいで、鏡に映った自分の姿を見て、それが別の子どもであるかのように反応することもよくあり、その姿にさわろうとしたり、鏡の向こう側に這っていって別の子どもを見つけようとしたりする。[8]

子どもにおける自己認識の発達を示す古典的な実験が、ノースカロライナ大学のベウラ・アムステルダムによって、一九六〇年代なかばに博士論文研究の一環としておこなわれた。アムステルダムは、生後三カ月から二四カ月の八八人の子ども一人ひとりを鏡の前に連れていき、鏡を指差して、「ほら、あれは何かな?」と声をかけた。それぞれの子どもには、自己認識を促すため、あらかじめ鼻に赤い色の印をつけてあり、子どもが自分の鼻にさわったり鏡に映った鼻を調べたりしたら自己認識が生じていると判断された。

実験の結果、生後一八カ月未満の子どもで自己認識を示した子どもは一人もおらず、生後一八カ月から二〇カ月の子どもでもほとんどいなかった。しかし、生後二〇カ月から二四カ月の子どもでは、三分の二が自己認識を示した。この時期は、子どもが「わたし(ぼく)」や「わたしの(ぼくの)」といった人称代名詞を使い始め、「わたし(ぼく)はボールを投げる」のように、自分について話し始める発達段階でもある。これらは自己認識の芽生えを知るための目安だ。[9]

ただし、子どもにおける自己認識の発達が緩やかに進むプロセスだということは強調しておかなくてはならない。自己認識は一続きの段階を経ながら発達し、その最初期段階では、週ごとに揺らぐこともある。自己認識の発達は、特定の実年齢に達したら起こるのではなく、脳の発達がある重要なレベルに達したら起こるもので、脳の発達は子どもによって大きく異なることがある。

自己認識の年齢に差があることは、自閉症やダウン症候群の子どものほとんどが、鏡に映った自分を自分と認識する**鏡像認知**をおこなえるようになるものの、その発達がほかの子どもより遅いという事実によって示される。同じように、ホモ・エレクトスの自己認識はゆっくりと発達し、初期段階では揺れ動いただろうと想像される。[10]

自分を認識するとは、いったいどういうことなのだろう？　アリゾナ州立大学の神経解剖学者バッド・クレイグは、自己認識を「私が存在していることがわかること」や「『私がいる』と感じること」と定義した。自己認識は学者によって、「自己の存在についての感覚」「自分自身の注目の対象になる能力」「物質的な私」「知覚力のある自己」などと呼ばれている。クレイグはまた、「生物は、環境中の自分以外のものの存在や特徴に気づくことができるより前に、知覚のある生命としての自分自身の存在に気づくことができなくてはならない」とも述べている。

進化の観点では、自己認識は「脳が生命を制御するのに欠かせない……身体状態の最新地図」を与えるために発達したと考えられ、自己認識によってホミニンが自分の身体状態と心理状態を統合できるようになったという点で、自己認識は利益をもたらしただろう。自己認識があることは、ほとんどの高度な思考プロセスにとっての前提条件でもある。要するに、まず「私」がいなければ

「あなた」の存在はありえないわけだ。ニューヨーク州立大学オールバニ校の心理学者ゴードン・ギャラップは、デカルトの言明を「我思う、故に我あり」から「我あり、故に我思う」に改めるべきだと、核心を突いた指摘をしている。[11]

サルとチンパンジーの決定的な違い

自己認識は、ホモ・エレクトスにどんな利益をもたらしたのだろう？　自己認識が発達したことによって、ホモ・エレクトスは他者の存在がおぼろげながらわかるようになり、単純な共同作業を始めることができたと考えられる。おそらく、そのような**他者認識**は、次章の「心の理論」で取り上げるような、他者の考えがくわしくわかるというものではまだなかっただろう。むしろ、ホモ・エレクトスの他者認識は、オオカミやライオン、ヒヒ、チンパンジーのように共同で狩りをする動物や、砂箱で遊ぶ三歳の子どもで認められる程度だったと思われる。それらの動物や幼い子どもは、他者が何を考えているのかを必ずしも理解していなくても、他者がいることに気づいている。だから子どもたちは、砂をすべて砂箱から芝生に出すといった単純な共同作業で力を合わせることができる。

ホモ・エレクトスも自己認識を用いて、火を一晩中燃やし続けることや一緒に狩りをすることなど、共同でおこなう取り組みのいくつかを同じように実行できただろう。ありていに言って、ホモ・エレクトスが自己認識能力を持たずに、ともすると寒い気候のなかを世界の遠くまで移動して一〇〇万年以上も生き延びたとは想像しがたい。

自分を認識することは私たちにとってあまりにも当たり前のことなので、自己認識がなかったホミニンを想像するのは難しい。だが、脳機能に障害がある人びとでは、自己認識がいつまでも発達しなかったり、自己認識が発達してものちに失われたりすることがある。自己認識がまったく発達しない人びとには、先天性風疹症候群などによって重い知的障害を負った子どもの一部が含まれる。ある研究では、重い知的障害を持つ子どもの多くが、何歳になっても鏡に映った自分を認識できず、繰り返し訓練を受けても自己認識が発達しなかった[12]。

大人では、脳の病気によって自己認識が損なわれることがある。たとえば、統合失調症患者のなかには自己認識に障害のある人がおり、その症状は**離人症**と呼ばれる。離人症の患者は、次のような発言をするということだ。「私はここにいますが、ここにいません」「私はほとんど存在しません」「私には意識がありません」「私の意識の感覚はばらばらです」

アルツハイマー病や認知症を伴う病気の患者では、自己認識がすっかり失われることもある。ある研究では、中程度のアルツハイマー病を患っている二二人の内七人、そしてきわめて重度のアルツハイマー病を患っている六人の内全員が、鏡像認知能力を失っていた。そのような患者は、「鏡のなかの人に話をしたり、その人を招き入れようとして、鏡が取りつけられているドアを開けようとしたりする」こともある。ある研究では、脳萎縮が認められるある女性が、「外見や年齢、経歴、受けた教育などが自分と同じ」別の女性が自分の家に住んでいると思っていた。女性は、鏡に映ったその別の女性にしょっちゅう話しかけた。

またあるケースでは、やはり脳萎縮を伴った女性が、別の女性が自宅に住んでいると思っており、その女性は「ときどき、別の女性が家を出ていくように仕向けるため、鏡に映った自分の姿にバケツの水をかけたり硬い物体を投げつけたりした」。こうした症例は、この重要な認知能力にとって脳の正常な機能がいかに大事かということを示している。[13]

チンパンジーは自己認識ができる

自己認識はヒトの認知発達において重要だが、この能力がヒトにしかないというわけではない。ベウラ・アムステルダムが鏡を用いて子どもの自己認識を評価していたのとほぼ同じころ、ゴードン・ギャラップは、さまざまな霊長類で自己認識を評価していた。霊長類が自己認識を持つかどうかを調べるという考えはチャールズ・ダーウィンの頭にも浮かび、ダーウィンは「動物園を訪れたときに……オランウータンに鏡を掲げて反応を注意深く観察したところ、オランウータンは一連の表情を見せた」とのことだ。

ギャラップが調べたチンパンジーのほとんどは鏡を使うことを学び、鏡がないと見えない歯や耳、肛門や性器などを調べることができた。また、ギャラップが口紅やサインペンでチンパンジーの顔や耳に赤い色の印をつけると、一部のチンパンジーは印のついたところに触れて応じた。一方、実験をおこなったサルの内少なくとも一三種は、自分を認識した様子を見せなかった。ギャラップはこの「サルとチンパンジーの決定的な違い」に気づき、「自己認識能力は、ヒトや大型類人猿以外には広まっていない可能性がある」と結論づけた。[14]

ギャラップによる初期の実験以降、チンパンジーには自己認識があることが複数の機会で示された。それに、ボノボやオランウータンでも示されたほか、ゴリラでもきわめてまれに示されている。これらの動物では、鏡像認知能力以外からも自己認識がある気配が確かめられている。たとえば、人間に育てられて手話を教えられたオランウータンは、自発的に自分のことを「私」と呼ぶ。チンパンジーは、写真のなかの自分を認識することも学んだ。

人間に育てられたあるチンパンジーは、自分の写真をヒトのカテゴリーに割り当て、自分も人間だと信じていることを示した。そのチンパンジーはその後、生きている別のチンパンジーたちに出会ったとき、それらのチンパンジーを手話で「黒い虫たち」と呼んだ[15]。

チンパンジーや高等霊長類で鏡像認知が示されたことから、ほかの動物にその能力があるのかという疑問が生まれる。さまざまな魚や鳥の種で鏡像認知能力の有無が調べられてきたが、カラス科のカササギを調べた一つの実験以外では鏡像認知が認められていない。哺乳類では、ネコやイヌは鏡像認知ができないようだが、ゾウやイルカ、一部のクジラは鏡像認知ができる。三頭のアジアゾウを対象とした研究では、明らかに自己認識能力があることが示された。一頭は、額につけられた白い印を鼻で調べさえした。アジアゾウは並外れて知能が高いことが知られており、一〇〇種類以上の命令に反応するように訓練することができる。イルカも、水中に設置した鏡を使って、印をつけられた体の部分を調べることが観察されている。

この研究をおこなった研究者たちは、「自己認識の出現は、大型類人猿とヒトに特異的な要因の副産物ではなく」、脳の大きな動物すべてに認められる「高度な大脳化［脳の発達］や認知能力のような、もっと一般的な特性の産物かもしれない」という結論を出した[16]。

鏡像認知の実験からわかること

霊長類をはじめとするほかの動物を対象とした鏡像認知の実験から、いくつかのことがわかる。第一に、ヒト以外の動物はみな、鏡像認知への興味をすぐに失う。たとえば、バンドウイルカは当初、鏡像認知に大きな興味を示すと言われていた。「だが、ヒトの若者（それにもっと年上の人間）とは違い、バンドウイルカはチンパンジーのように、鏡で自分を見る行為への興味を早々となくした」。それにゾウも「関心をさっさと失った」

第二に、鏡像認知の実験によって自己認識が年齢に強く依存することや自己認識に大きな個人差があるという、ヒトの子どもでの観察結果が裏づけられる。たとえば、チンパンジーの成獣のなかには、鏡に興味を示さなかった個体もいた。

第三に、鏡像認知の実験から、自己認識には時期によってむらがあることが示されている。たとえば、あるオランウータンは生後一八カ月から二四カ月には鏡像認知を示したが、生後二八カ月から四二カ月には示さなかった。

第四に、これらの実験によって霊長類の鏡像認知能力がヒトにごく近い種に限られることが確かめられる。これまでにサルのさまざまな種でその能力があることを示そうとする試みが数多くおこなわれたが、いずれも失敗に終わっている。サルのなかには、鏡に映った姿を親しい相手と見なす個体もいるようだが、それを自分とは受け止めない。

そして第五に、自己認識が大型類人猿やホミニンにはあってサルにはないことから、この能力が大型類人猿とホミニンで別々に進化したのではなく、より昔に生存した大型類人猿とホミニンの共通の祖先から受け継がれた可能性がうかがえる。[17]

最後に、鏡像認知の実験から、ヒト以外の霊長類に存在する自己認識能力が、発達のわりと初期段階にあることが示される。研究者によれば、それは「ヒトの二、三歳児の能力にあたる初期段階」の域を出ないと言われている。アメリカ自然史博物館の進化生物学者イアン・タッタソールが指摘したように、「類人猿が鏡に映った自分の姿を利用するやり方は、ヒトの子どものような徹底ぶりには遠く及ばない……類人猿は自分の姿に手を加えようとしない。もっと社会的に成功しそうな方向に修正することすら試みない」

この点を、イギリスの医師で哲学者でもあるレイモンド・タリスが、ウィットたっぷりに伝えている。タリスは、チンパンジーが示す自己認識の重要性が、「はなはだ誇張されてきた」と思っている。それでタリスは、口紅でチンパンジーの顔に印をつけることに関して、次のように述べた。「チンパンジーは、口紅を買ったり、口紅の色について思い悩んだり、自分の服装に似合っているか、流行のファッションに合っているかと考えたり、口紅がパートナーを刺激するなり驚かせるなりすることを期待したり、口紅の色についてアドバイスを求めて友人やカラーコンサルタントに電話したりしなかった[18]」

ホモ・エレクトスの脳

ホモ・エレクトスの脳は、祖先たちよりかなり大型化した。ということで、自己認識がホミニンの進化におけるこの段階で出現したのは、この能力が類人猿やゾウやイルカで認められるのと同じように、ホモ・エレクトスが大きな脳を持っていたからだろうか？ それはもっともな推測と言える。特に、そのような自己認識は、ホモ・エレクトスによる行動の多くを促進したと考えられるからだ。自己認識は、自分の欲求はもとより自分のことを本能以上のレベルで考えたり、他者に対する自分の反応について考えたりする能力を与えてくれる。

では、ホモ・エレクトスの脳について、先行人類の脳よりはるかに大きかったこと以外にどんなことがわかっているだろう？ ホモ・エレクトスの頭蓋骨を調べた研究者によれば、彼らの脳には「現生人類の脳との興味深い類似点」があったという。特に、「脳の外面の目を引く解剖学的構造、すなわち大脳のおもな溝である中心溝（ローランド裂）や外側溝（シルヴィウス溝）、大きな側頭葉と前頭葉、拡大した頭頂葉、大きくなった小脳がすべてそろっている」とのことだ。さらに、右脳と左脳が等しくない。それは、やがてヒトの脳の特徴となる左右の機能分化を示すものだ。ホモ・エレクトスが作った石器の研究に基づけば、「石器の作り手たちが右利きだったこと」もわかる。[19]

自己認識に脳のさまざまな領域が関与することは間違いないが、最近おこなわれたヒトの神経画像研究によって、脳の自己認識ネットワークに欠かせないと見られる三つの領域が突き止められた。それらは、前帯状皮質、島の前部（前島）、下頭頂小葉で、**図2・1**に示している。前帯状皮質（BA24、32）は内側前頭前野にある。前帯状皮質は、解剖学的には古い脳領域に属するが、進化の過程で改造され、機能的にはずっと新しい前頭前野の一部になったようだ。前帯状皮質は多くの機能を果たす。島（ブロードマンの脳地図番号はない）は前頭前野下面のすぐ後ろにあり、最も新しく

図2・1　脳の自己認識ネットワークに欠かせないと見られる領域

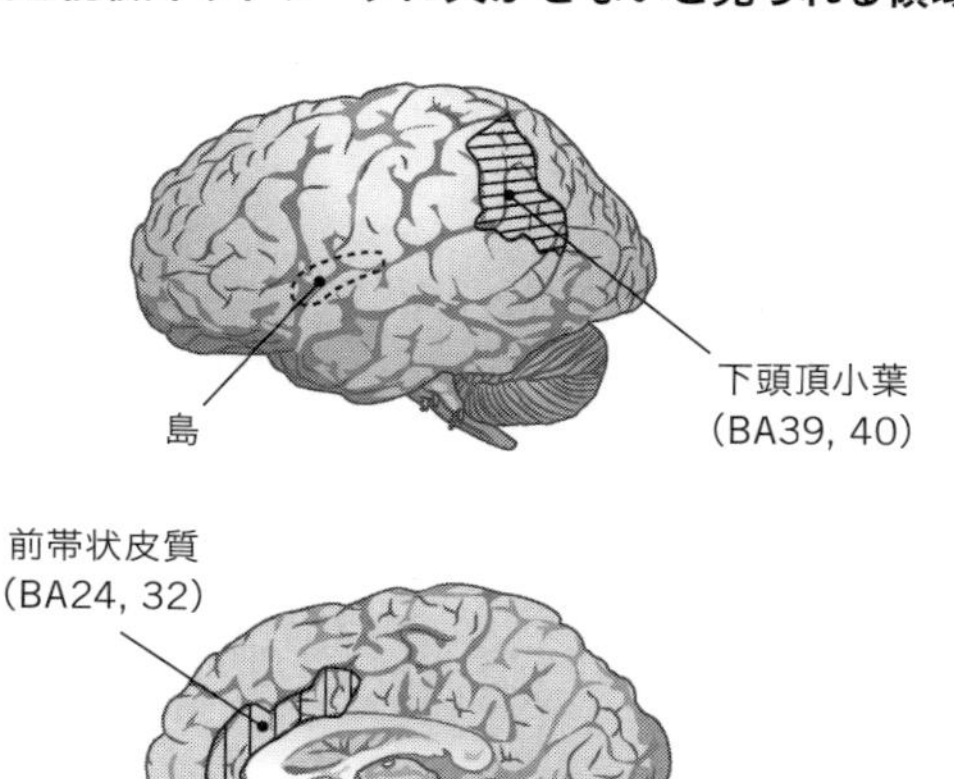

進化した脳領域の一つだ。サルには島に相当する領域がないと主張している研究者もいる。下頭頂小葉（BA39、40）も、前章で触れたとおり、最も新しく進化した脳領域の一つだ。[20]

ホモ・エレクトスの脳が著しく大きくなったことから判断して、白質連絡路の複雑さも増したと考えられる。前章で取り上げた上縦束は、前帯状皮質、島、下頭頂小葉へも接続しており、自己認識で重要な役割を果たす。この時期に以前より目立ってきた可能性のある連絡路として、鉤状束もある。鉤状束は、島とほかの前頭葉領域、島と扁桃体などの側頭葉領域をつなぐ。扁桃体は、感情の表現にとって重要な部位だ。白質連絡路の進化に関する研究から、最も新しく進化した二つの白質連絡路の一つとして鉤状束が特定された。この知見は、鉤状束に自己認識を促す役割があることと一致している。[21]

前帯状皮質、島、下頭頂小葉は複数の機能を果たすことが知られているが、それらに共通する一つの機能が自己認識だ。前帯状皮質が自己認識ネットワークの一部だというのは、驚くべきことではない。なにしろ、今から一〇〇年以上前に、「前頭前野の基本的な役割は、自己認識、つまり自分を意識することだ」という指摘がなされている。同じく、島は「内受容感覚、つまり身体内部の状態に気づくこと」や「自己認識」に「特に関与している」と言われている。人が自分の写真を見ているときの脳をモニターした神経画像研究から、前帯状皮質、そして前島の特に右側が活性化することが示されている。

このような研究のある要約では、これらの脳領域に「自分に気づくように進化したヒトの能力の解剖学的基質」が含まれていることがほのめかされた。認知症ではこれら二つの領域が損傷することがあるが、そうなると「自分を意識した行動が選択的に失われたり、自分や他者の感情を認識できなくなったりする[22]」

下頭頂小葉は、自己認識を監督する上で前帯状皮質や前島の補完的な役割を担うが、人間の身体部分を監視したり、部分同士の関係を監視したりする役割も果たす。ホモ・エレクトスはこの能力のおかげで、たとえば、より優れた道具や武器を作る作業で、手をより正確に操作できただろう。解剖学者のカール・ジルスは、次のように説明している。「目標に向けた動作のために、空間におけるさまざまな位置関係の認識（空間参照）を維持することは、後下頭頂小葉のおもな機能らしい。この機能は、ヒトの重要な活動（道具の利用や活動の概念化など）の前提条件だ[23]」

ヒトでおこなわれた複数の神経画像研究から、下頭頂小葉が、身体的な自己認識を司る脳のネットワークに寄与することが確かめられている。下頭頂小葉は、自分の性格を説明したり、自分の写真を認識したり、自分があれこれの活動をしているのを想像したりすることを求められたときにも、しばしば前頭前野とともに活性化する。たとえば、実験に参加した健常人ボランティアたちが自分の写真を見せられると、「内側前頭葉と下頭頂小葉」が脳領域のなかで特に活性化した。

同じく、人格喪失感（「身体的自己から切り離された感覚」）を覚えている八人の人を対象とした神経画像研究では、下頭頂小葉がとりわけ活性化していることが報告された。また、ほかの研究から、同様のケースで前帯状皮質が活性化することが報告されている。[24]

自己認識を担う神経細胞？

ひょっとすると、ホミニンにおける自己認識の発達で最も好奇心をそそるのは、進化の過程で最近生じた特殊な脳細胞によって自己認識が生み出されたという可能性かもしれない。その脳細胞は、一九二六年にそれらについて報告したオーストリアの神経学者フォン・エコノモの名にちなんで**フォン・エコノモ神経細胞**（ＶＥＮ）と一般に呼ばれている。

ＶＥＮはふつうの神経細胞と比べてサイズが四倍ほどあり、独特の紡錘形をしているので、「紡錘神経細胞」と呼ばれることもある。ヒトのＶＥＮは、赤ん坊が誕生する少し前に現れ、生まれてから四年間で数がゆっくりと安定し、しまいには、それらが見出される脳領域で神経細胞全体の一〜二パーセントを占めるようになる。そのようなことから、ＶＥＮは「人類の進化で系統発生的に最近になって特殊化した」と考えられている。[25]

ヒトやほかの動物の脳におけるVENの分布は、自己認識に関連する脳領域とじつによく一致する。VENは、「私たちを人間にする神経細胞」とまで呼ばれてきた。それでヒトでは、VENはおもに前帯状皮質や前島で見出されている。そのほか、数ははるかに少ないながら外側前頭前野にもあるという報告もなされているが、これまでに調べられたほかの五つの脳領域では見つかっていない。霊長類では、ボノボ、チンパンジー、ゴリラ、オランウータンの脳で、ヒトより数は少ないもののVENが見つかっている。これらの動物はみな、鏡像認知能力を示した。

VENはマカクでも見つかっている。マカクは自己認識を示していないが、ほかの二三種のサルではVENは見つかっておらず、それらのサルは自己認識も示していない。霊長類以外では、ゾウやイルカの脳にVENがあることが報告されており、どちらの種も鏡像認知能力を示している。クジラでもVENは見つかっているが、クジラに自己認識能力があるかどうかは調べられていない。ほかの三〇種の非霊長類種では、VENは見つかっていない。[26]

VENが自己認識の促進に重要だという証拠は、五〇代から六〇代で発症する前頭側頭型認知症の研究からも得られている。前頭側頭型認知症のおもな症状は、「自己監視や自己認識、自分を社会的状況のなかに位置づける能力の低下」だ。そのため、前頭側頭型認知症の初期段階の患者は、「不適切で社会的規則を無視した振る舞いをし……他者の視点がなかなかわからず……自己認識がうまくいかず、自分の性格の劇的な変化にも気づけない」

なお、前頭側頭型認知症の患者では、アルツハイマー病の初期段階の患者とは対照的に、記憶はさほど影響を受けない。前頭側頭型認知症で亡くなった患者の脳を調べた研究では、「VENが、早い段階で特異的に著しく失われ」、前帯状皮質や島のVENが七四パーセント減少したと報告された[27]。

VENに対する私たちの理解は、まだ始まったところだ。VENがもっぱら脳の大きな哺乳類にあり、自己認識に関連する脳領域にあることから、これらの細胞が、大きな脳を持つことに絡む何らかの問題を解決するために進化した可能性もありそうだ。ある説では、VENが、おもな神経細胞である錐体細胞より情報を速く伝えるので大型の脳がより効率よく働くということがほのめかされている。したがって、認知能力の二番目の大きな躍進である自己認識は、VENの進化的発達が生み出した所産の一つだったのかもしれない[28]。

本章をまとめれば、およそ一八〇万年前に新しいホミニンであるホモ・エレクトスが現れた。ホモ・エレクトスは先行人類よりはるかに大きな脳を持っており、より巧みな振る舞いを示した。ホモ・エレクトスは祖先たちより賢かっただけでなく、自分を認識していたと思われる。ギリシア神話に登場する美青年ナルキッソスのように、ホモ・エレクトスは、波立っていない水面に映った自分の姿に見とれることもできただろう。

知能と自己認識を得たホモ・エレクトスは、完全な現代ホモ・サピエンス、すなわち、宇宙のなかで自らが占める位置や自らと神々との関係について思いをめぐらすことができるヒトになるために必要な認知的段階で二歩前に進んだ。ただしホモ・エレクトスは、ほかのホミニンたちが何を考えているのかにはよく気づいておらず、自分の思考について内省的に考えることもできなかった。さらに、過去と現在を統合し、それを活かして将来への計画を練り上げることもできなかった。だが、知能と自己認識の両方に恵まれたホミニンたちは、次の認知的進歩に向けて踏み出す準備が整っていた。それは、あとから考えれば、ほぼ必然的な流れだと思われる。

第3章

古代型ホモ・サピエンス（ネアンデルタール人）

——思いやりのある自己

人は、とてもよい人間になるためには……相手やそのほか多くの人の立場に自らを置く必要がある。同胞の痛みや喜びを自分のものとしなければならない。

——パーシー・ビッシュ・シェリー、「詩の擁護」［邦訳は『シェリー詩集』（上田和夫訳、新潮社）など］、一八二一年

現生人類より大きかったネアンデルタール人の脳

存続年数という意味では、ホモ・エレクトスは地球上で生きていたことのあるホミニン（ヒト族）の種で最も成功を収め、現生人類がこれまで生きてきた期間の約一五倍もの長きにわたって生き延びた。ホモ・エレクトスの成功や地理的分布の広さから考えると、少なくとも七〇万年前に彼らが複数のホミニンの種へと進化し始めたのは驚くことではない。

それらのホミニンはたいてい一つのグループにまとめられ、「古代型ホモ・サピエンス」と呼ばれる。このホミニングループに属する一部の種は、新しい重要な認知能力を発達させたらしい。その能力は、その種が最終的に現代ホモ・サピエンスになること、そして神々を理解することにとって欠かせないものとなる。

ホモ・エレクトスの子孫のホミニンたちは、生きていた地理的な場所に応じてさまざまな名前を与えられている。たとえば、ヨーロッパにいたホミニンはホモ・ハイデルベルゲンシス、ホモ・ネアンデルターレンシス（ネアンデルタール人）というように。スペインで見つかったおよそ四三万年前の化石の一部には、ホモ・ハイデルベルゲンシスとホモ・ネアンデルターレンシスの両方の特徴が認められる。アフリカで暮らしていたホミニンはホモ・ローデシエンシスという名で知られ、最近は別の種もアフリカで発見されている。インドネシアでは、よく知られている一つのグループがホモ・フローレシエンシスと呼ばれ、シベリアのグループはデニソワ人と呼ばれる。

デニソワ人は、遺伝的には「ネアンデルタール人の姉妹グループ」で、どうやらネアンデルタール人より数が多かったらしく、ネアンデルタール人との交雑もあったようだ。デニソワ人が現代ホモ・サピエンスと交雑していたこともわかっている。交雑は、現代ホモ・サピエンスが六万年前にアフリカを出て東に向かったあとに起こった。それがわかる理由は、デニソワ人のDNAが今日のメラネシア人やオーストラリア先住民、パプアニューギニア先住民のゲノムに見出されているが、ほかの地域で暮らす人びとのゲノムには見出されていないからだ。まだ見つかっていない古代型ホモ・サピエンスの種がほかにもいたことは、ほぼ間違いない[1]。

古代型ホモ・サピエンスのなかでは、ネアンデルタール人が最もよく知られている。そのわけは、考古学研究の大部分がおこなわれてきたヨーロッパに彼らが住んでいたから、それにテレビアニメの『原始家族フリントストーン』によってネアンデルタール人（原始人）のイメージが定着したからだ。ネアンデルタール人は、およそ二三万年前から四万年前まで生きていた。

ネアンデルタール人の最大の集団が暮らしていたのは現在のフランス南部だが、彼らは、まばらだったにせよ広い地域に住んでおり、西はイギリスのウェールズまで、東はウズベキスタンや南シベリアまで分布していた。ネアンデルタール人が、祖先のホモ・エレクトスが進出していた中国やインドネシアまで移動したり、アフリカに住んでいたりした形跡はない。ネアンデルタール人のDNAから、総人口はわりと少なかったことがうかがえる[2]。

ネアンデルタール人の体で最も際立っていた特徴は大きな脳で、平均すると一四八〇ccあった。現生人類の平均の脳容量は一三五〇ccなので、それを凌いでいたわけだ。ホモ・エレクトスの脳容量は一五〇万年前に平均で一〇〇〇ccに達したが、それ以降、脳容量はほとんど増えなかった。

しかし、ホモ・エレクトスからネアンデルタール人が進化すると、ネアンデルタール人の脳容量は劇的に増えた。スタンフォード大学の人類学者リチャード・クラインによれば、古代型ホモ・サピエンスは「二〇万年前に現代の脳ないし現代に近い脳を獲得していた」[3]

ネアンデルタール人は、身長が平均で一六五センチ、体重が八四キロほどで、ホモ・エレクトスよりかなり大柄だった。上半身は筋骨たくましく、現代のイヌイットに似た背の低いがっしりした体格だったので、冷涼なヨーロッパの気候で暮らすには都合がよかっただろう。ネアンデルタール人は、夏には動物の群れを追っていき、冬は洞窟などの住まいで暮らした。当時のヨーロッパは今より寒かったので、彼らは暖を取るため火や動物の皮をおおいに活用した。[4]

ネアンデルタール人は腕利きのハンターだった。彼らは、ホモ・エレクトスが作った道具よりはるかに精巧な石器や骨角器、武器を作った。たとえば石器作りでは、およそ一〇〇万年にわたって用いられてきた、石材のまわりを打ち砕いて中心部を残す握斧(あくふ)製作技法の代わりに、**ルヴァロワ技法**を取り入れた。

ルヴァロワ技法では、石の表面から、あらかじめ決めておいたサイズと形の石片を剥がし取る。この技術はアフリカと南西アジアで別々に発達したようだ。だが、彼らの槍が、「知られている限りネアンデルタール人のイノベーションの頂点」だった。ネアンデルタール人の槍は「オリンピック競技で使われる槍(ジャベリン)のようにバランスが見事で」、群れをなす動物を狩るために用いられた。そのような動物は、彼らの食事で大半を占めていた肉の供給源だった。狩りのほとんどは集団でおこなわれ、バイソンやマンモスを崖から追い落とすというように、彼らが連携した行動を取った証拠が残っている。ネアンデルタール人は、陸上動物だけでなく魚や鳥も捕まえた[5]。

ネアンデルタール人の文明は本当に停滞していたのか？

ネアンデルタール人は大きな脳を持ち、高い狩猟技術を用いたにもかかわらず、彼らの文化は驚くほど停滞していたというのが大方の見方だ。カリフォルニア大学の人類学者ブライアン・フェイガンによれば、「イノベーションは一つもなく、大昔からある技術の乏しいレパートリーが彼らを何十万年も支えた」という。

ネアンデルタール人は大型動物の狩りを二〇万年ほど続けたにもかかわらず、銛や弓矢などの武器を発明していない。脳のサイズだけに基づけば、コンピューターを開発したり月に飛んだりしていたはずなのに。こうした脳の大きさと生活スタイルの隔たりについて、これまで考古学者は理解に苦しんできた。これについて、イギリスの言語学者デレク・ビッカートンは次のように言い表している。「脳と文化にずれがある……考古学的記録の技術的な証拠から受ける印象は、何と言っても、想像もつかないほどの単調さだ[6]」

近年では、ネアンデルタール人の文化は、はたして以前から描写されてきたように足踏みしていたのかという疑問を投げかける研究者もいる。ネアンデルタール人は、体の装飾に使える粘土状物質の**オーカー**を早くも二〇万年前に用いていたという主張がなされている。だが、オーカーにはさまざまな使い途があり、虫よけにするため、獣の皮をなめすため、木製の柄に石器をつけるためなどに使えたので、オーカーが見つかったとはいえ、必ずしも装飾に用いられていたとは限らない。

なお、オーカーで染めた海産貝の貝殻が見つかったという報告が二つある。貝殻は五万年前から四万五〇〇〇年前のものとされ、ネアンデルタール人が住んでいたとされるイタリアやスペインの洞窟で見つかった。また、ネアンデルタール人がワシやタカ、ハクチョウといった大型鳥の翼の骨やワシの鉤爪(かぎ)を集めていたという証拠もある。一部の研究者は、ネアンデルタール人が飾りとして用いるために羽を集めたという意見を述べているが、骨や鉤爪は、何らかの道具として使うために集められていたのかもしれない。また、ネアンデルタール人が暮らしていたと考えられるジブラルタルの洞窟で、ある岩に網目状の線が刻まれているのが見つかったという報告が一つある。それは少なくとも三万九〇〇〇年前にさかのぼるものだ。こうしたもろもろの発見により、ネアンデルタール人の認知能力をめぐって続けられてきた未解決の論争は、ふたたび活気づいている。(7)

ネアンデルタール人が持っていた「思いやり」

ネアンデルタール人が、一つの重要な点でホミニンの先行人類と異なっていたというのは確からしい。歴史上で初めて、ホミニンが同じ集団の仲間に思いやりのある振る舞いをした様子をネアンデルタール人が示しているのだ。そのような証拠が、スペインやイラクの洞窟から見つかっている。

イラクでは、八万年前から六万年前に死んだと推定される九人のネアンデルタール人の骨が見つかった。一人の高齢男性には、死ぬ何年も前に数か所の骨折を伴うひどい怪我を負った痕跡があった。怪我のなかには右腕や右脚の外傷もあり、そのせいで男性は手足が不自由になっただろうし、頭への打撃で片目は失明していただろう。そのようなホミニンが自力で長く生き延びられたとは考えられないので、仲間のネアンデルタール人が何年も彼の面倒を見たのだと思われる。

さまざまな研究から、「ひどい関節炎に苦しんだり手や足を失ったりした」ネアンデルタール人がいたことも示されている。体が不自由な者が生き延びるためには、「集団内のほかのメンバーたちが食物を分け与え、野営地を移動するときには手を貸したに違いない。それは、彼らが同情や愛情を持っていたことをはっきりと示す証拠だ」[8]

ネアンデルタール人のあいだでの思いやり行動と見なされうる例としては、死んだ仲間を、少なくともときには埋葬する習慣があったこともあげられる。七万五〇〇〇年前から三万五〇〇〇年前にかけてネアンデルタール人が意図的に埋葬をおこなった跡が、おもにフランス南西部にある二〇の遺跡で少なくとも五九か所見つかっている。死者のほとんどは体をきつく折り曲げた姿勢にされていたので、それには象徴的な意味合いがあった、もしかしたら宗教的な意味合いがあったのではないかと一部の考古学者は解釈している。しかし、体を折り曲げた形での埋葬は「単なる実際上の理由によるもので、そのほうが大きな穴を掘らなくてすんだ」からかもしれないと指摘する考古学者もいる。

ネアンデルタール人の埋葬は、彼らが来世を信じていたことをほのめかすものだという推測もなされている。だが、死者の埋葬は、単に遺体がハイエナやクマなどの捕食者に食われることを防ぐ目的でおこなわれたのかもしれない。ブライアン・フェイガンが述べたように、ネアンデルタール人の埋葬は「死者を始末する手っ取り早い方法で、肉食動物がしょっちゅう襲ってくる洞窟で暮らす人びとにとって、とりわけ冬場には欠かせない防衛戦略」だった可能性もある。一方、進化生物学者のイアン・タッタソールはネアンデルタール人の埋葬をめぐる議論を概括し、そのような行為は「少なくとも、それまでに見られたいかなる行為をも超える人びとの絆の強さ」を表すもので、「決して義務ではなく、ひとえに感情的な理由による埋葬者への態度だ」という考えを示した。ネアンデルタール人の埋葬については、第5章でまた立ち戻ろう。[9]

心の理論

他者の世話をするということは、他者の感情的な観点を分かち合えるということを意味する。それはつまり、他者に共感できるということだ。それで、共感するためには、他者の心に入りこむ能力、言い換えれば、他者が何を考えたり感じたりしているのかを知る能力が必要とされる。心理学ではこれについて、「心の読み取り」という言い方や、「心の理論」つまり「他者の行動が、思考や感情、信念といった内部状態によって突き動かされるという理解」を持っているという言い方をする。

それは、単に他者の肉体的存在感や意図に気づくことではない。それだけの能力なら初期ホミニンはみな持っていたし、多くの動物も持っている。たとえば、イヌやオオカミが、群れを支配する雄に服従するのはその表れだ。それに引き換え、心の理論では、自分を他者の心のなかに本当に置くことが必要だ。私たちは、他者の話を聞くことによってだけではなく、表情や視線、姿勢、動きを観察することによっても他者の心を読む。当然ながら、他者認識は、まず自己認識が発達するまでは発達しえない。なぜなら、自らの基準点である自分の考えや感情に気づかない限り、他者の考えや感情などわからないからだ。心理学者のニコラス・ハンフリーが述べたように、私たちは「自分であることがどんなものかを知っているので、他者であることがどんなものかを想像できる」[10]

子どもの成長に関する研究から、他者認識が四歳ごろからどのように発達し始め、一一歳くらいまでどのように発達が続くのかが示される。子どもでの他者認識は、前章で述べた自己認識が二歳ごろに芽生えてから生じる。ユニヴァーシティ・カレッジ・ロンドンの心理学者でこの分野の代表的な研究者でもあるクリス・フリスは、心の理論を、他者が自分と同じような心を持っていると信じて「これらの他者の行動を彼らの心の中身、つまり彼らの知識や信念や願望の観点から理解する」能力だと定義した[11]。

子どもに心の理論があるかどうかの評価に用いられる標準的な筋書に、**サリーとアン課題**というものがある。この課題では、絵か人形を用いて、子どもたちに次のような場面を見せる。部屋にサリーとアンがいて、部屋にはボール、蓋つきの籠、蓋つきの箱がある。サリーがボールを籠に入れて部屋を出ていく。サリーがいなくなってから、アンがボールを蓋つきの籠から取り出して蓋つきの箱に入れる。その後、サリーが部屋に戻ってくる。ここで子どもたちは質問される。サリーがボールを探すのはどこでしょう?

この問いに正しく答えるためには、子どもはボールが箱に入っていることを知っていても、サリーはアンがボールを移し換えたのを見ていないので、ボールが籠に入っていると誤って思いこんでいることを理解しなくてはならない。このように他者の心を推測することは**一次の心の理論**と呼ばれる。次章で説明するように、心の理論の筋書はずっと複雑になることもある。
四歳になるまでは、ほとんどの子どもが、サリーがボールを探すのは、アンがボールを移し換えた先である箱のなかだと答える。この年齢までの子どもは、自分が知っていることと他者が知っていることを区別することができない。サウスウエスタン・ルイジアナ大学（現ルイジアナ大学ラファイエット校）の心理学者ダニエル・ポヴィネリとクリストファー・プリンスは、この区別が難しいことについて次のように説明した。

たとえば、三歳の女の子の向かい側に座って、その子にカメの絵を見せる。カメは、その子から見たら正しい向きだが、あなたから見たら上下が逆さまだ。女の子は、あなたにもカメが見えるということにすぐさま相槌を打つし、さらに、あなたが両目を覆うと、あなたにはもはやカメが見えないということもすぐに認める。だが、あなたの視点からすれば、その子から見たときと違ってカメが逆さまに見えることをわからせようとしても、ひどく難しいだろう。しかし、それから一年もしない内に、その子は、あなたとその子が同じ物体に視覚的につながっている（つまり関心を向けている）としても、その物体に対する心での捉え方が二人のあいだでかなり違うのだと理解していることをあっさり示すだろう。

四歳ごろから、子どもは他者の心のなかに自分を置く能力を身につける。すると子どもは、サリーがボールを探してまず籠を覗く、と答えるようになる。それは、サリーは籠にボールを入れていったので、籠のなかにボールがあると思っている、ということがわかるからだ。心の理論は、兄や姉がいる子どもでは早めに獲得される。また、両親が子どもとの会話で心の状態を言い表す言葉をよく使い、この認知能力が発達するのを助けていると思われる子どもでも獲得が早い⑫。

動物に心の理論はあるか？

ヒトにおける心の理論から、ヒト以外の動物は他者の考えを認識しているのかという疑問が生まれる。一般的には、ほとんどの動物は他者の考えを認識していないということが受け入れられている。たとえば、ウサギの赤ん坊は、頭上にワシの姿を認めると隠れようとする。だが、それは本能的な行動であって、ウサギが自分をワシの心のなかに置いて、ワシが腹を空かせているかもしれないと推測するからではない。

ゾウは、ほかのゾウに対して思いやりの行為らしきことをする姿が観察されているが、これが心の理論の表れなのかは明らかではない。ある例では、「雄のゾウが、死にかけている仲間に対して、倒れたら立つように促したり水を運んできて飲めるようにしたりして何時間も世話をしている様子が観察された」。また別の例では、「おぼれかけたゾウの子どもが助けられた。群れのリーダーである年長の雌ゾウと別の成獣の雌が湖に入っていき、子ゾウの両脇をはさむようにして、牙や鼻で子ゾウを抱えながら安全な岸辺まで連れていった⑬」

ヒヒは、いくらか自己認識をするようだが心の理論を持っていない動物の一例だ。ヒヒは「『自分』と『自分以外』をはっきりと区別するし……母系の個体に対して強い仲間意識を抱く」。彼らは、自分の群れのなかでの順位や、自分とさまざまなメンバーとの関係を把握することができる。

ヒヒは高度な社交術やコミュニケーション能力を持っている。だが、ヒヒを幅広く調査してきた研究者によれば、ヒヒには、ほかのヒヒが感じていることや知っていることに対する認識がないらしく、「ヒヒの心の理論は、ほかの動物の意図に関する漠然とした直感という言い方が一番ぴったりしているかもしれない……ヒヒがほかのヒヒを、意図的に行動する存在で、目標や動機、好き嫌いを持つと——それとなくにせよ——見なしていると結論づけることは、まだできない」とのことだ[14]。

大型類人猿が他者の考えを認識しているかどうかについては、広く議論されてきた。チンパンジーやゴリラがほかの個体を欺くことができるのは、よく知られている。ジェーン・グドールをはじめとする霊長類学者は、チンパンジーが、たとえば食物を見つめているほかの個体をわざと誤った方向におびき寄せる例をいくつも報告してきた。

また、チンパンジーが、苦しんでいるように見える別の個体を助ける例も報告されている。そして、共感らしきものがあらわになった印象的な例として、次のようなものがある。「人間の三歳の男の子が、シカゴ動物園でゴリラが飼育されている屋外の囲い地に落ちて意識を失ってしまったが、自分の赤ん坊を抱いていた雌のゴリラが、その男の子も抱き上げ、飼育員が男の子を受け取って安全な場所に運んでいけるように、囲い地の入り口まで運んでいった[15]」

しかし、そのような行動は、本当に心の理論の表れなのか、それとも過去の経験に根差した学習行動なのか？　学習行動というのは、たとえば、もし私が「x」をしたら、彼が「y」をし、それで私はバナナをもらえる、というようなものだ。この疑問をめぐる議論はまだ続いているが、研究者たちのあいだでは、チンパンジー、それにおそらくほかの大型類人猿は、「心の理論を構成する要素の初歩的なもの」や「それの兆し」を持っているか、「心の理論の重要な境界線上を漂っている」らしい、というのが一致した見解のようだ。

ある研究グループは、これに関する知見を次のように要約した。「チンパンジーは、他者のいくつかの心理状態を理解できると断言しても差し支えないと、私たちは思っている……だが同時に、チンパンジーが、ヒトにあるような本格的な心の理論を持っていないということも明らかだ」。別の研究グループは、機知を働かせ、チンパンジーの口を借りる形でこの疑問に答えた。

ええ、ぼくたちは、これらの行動を目標や願望の実現に役立つ新しい生産的な戦略につなげられる心理システムを人間と共有しています。それに、ぼくたちの感情や癖、反応があなたがたのものとよく似ているのは確かです。ぼくたちは、自分の行動を客観的に見る視点を与えてくれる自己概念も持っています。ですが、あなたがたはいったいどんな理由で、ぼくたちが心の理論を持っていると考えるようになったのですか？　なぜ、ぼくたちが人間のように自分と他者の物語を作り上げられると、そこまで何としても思いたいのですか？　どのみち、過去五〇〇万年間で脳のサイズが三倍になったのは、人間の系統であってぼくたちの系統ではありません。行動をもたらす観察不可能な心理状態があるという考えを組み立てたのは、あなたがたの種であって、ぼくたちの種ではありません。それでもって、古代の行動パターンを、心の状態に根拠を置く心理主義的な概念から——そんな観点のことを、ぼくたちは考えたこともありませんが——解釈し直そうという立場にいるのは、あなたがたであって……ぼくたちではないですからね。[16]

心の理論が損なわれるとどうなるか

他者が何を考えているのかについて考える能力、つまり心の理論は、この能力を手に入れたホミニンのどの種にも大きな進化上の強みを与えただろう。たとえば、食物を得る場合、狩猟者が心の理論を持っていれば、ほかの狩猟者が用いる戦略について考えることができ、もっと成功しそうな新しい方法を考え出せるだろう。戦士が心の理論を持っていれば、敵の出方をよりうまく予測できるだろう。交易商人が心の理論を持っていれば、品物の売り手に受け入れられる最低価格をより正確に見極められるだろう。そして子孫を残すことにおいては、男性でも女性でも、心の理論を持っていれば、パートナーをよりうまく誘惑できるだろう。それこそ、誘惑の技——そして自分の遺伝子を次世代に伝えること——では、他者が何を考え何を望むかについて考えることが焦点の一つとなる。

私たちは現代ホモ・サピエンスなので、他者の考えに気づく能力をまだ持っていないホミニンがどのようなものだったかを想像するのはとても難しい。他者が何を考え、何を知って、何を信じ、何を望むかについて考えることは、ヒトであることにとって欠かせない部分であり、映画や演劇、テレビでおなじみのコメディーやメロドラマを含めて、日々の噂話や娯楽の核心をなしている。

他者の考えや感情に気づくことは、共感を抱くための前提条件でもある。なぜなら、他者の考えを知らなければ思いやりの気持ちは起こりえないからだ。神経学者のリチャード・レスタックは著書『モジュール式の脳（The Modular Brain）』で、前頭前野に損傷を受けると他者認識が損なわれ、そうなると「ヒトの最も進化した知的能力だと私が見なすもの、すなわち他者に共感する能力が欠け……機能という面でほとんど人間以下のレベルになってしまう」可能性があると指摘した。[17]

心の理論と病気

病気のなかには、ほかの人びとの考えに気づく能力が損なわれるものがいくつかある。まずあげられるのが自閉症だ。自閉症の患者は、「ほかの誰かが知っていることや期待することに気を配ることが必要な状況が、とりわけ苦手だ」と言われている。イギリスの心理学者サイモン・バロン＝コーエンは、自閉症で認められるこの障害を**マインド・ブラインドネス**（心が読めないこと）と呼んでいる。

自閉症の子どもに「サリーとアン課題」に取り組んでもらうと、この障害が浮き彫りになる。健常な四歳の子どもでは、八五パーセントの子どもが正解し、サリーがボールを探すときに、アンがボールを移し換えた先ではなく、自分がボールを置いていった籠を見ると答える。しかし自閉症の子どもでは、正しく答える子どもは二〇パーセントしかいない。

自閉症の子どもは、自分をサリーの心のなかに置いて、サリーが誤った思いこみをしていると理解することが、なかなかできない。自閉症は、前頭前野を含むいくつかの脳領域の損傷によって起こると考えられている。[18]

他者の考えに気づく能力が損なわれる病気には、反社会性パーソナリティ障害もある。この病気の患者は、思いやりが欠けており、犯罪を起こすことも多く、刑務所に入れられている者の大半を占める。反社会性パーソナリティ障害の患者の神経画像研究からは、前帯状皮質、島、下頭頂小葉といった多くの脳領域に異常があることが報告されている。また、事故で前頭前野が損傷されると、他者認識が損なわれることがある。この古典的な例としてよく引き合いに出されるのが、フィニアス・ゲージという男性だ。

一八四八年、事故により鉄の棒がゲージの前頭葉を貫通した。事故に遭うまでのゲージは、「物静かで礼儀をわきまえた」人物だった。しかし、事故後の彼は、ほかの人びとの感情に無関心で、「あまりにも野蛮、下品、がさつで不作法になり、ゲージがつき合っている仲間は、きちんとした人びとには我慢できない」と言われた。もっとも、ゲージの事故後の人生に関するより最近の情報によれば、たいてい描写されてきたほど行動ががらりと変わったわけではなかったようだ。

そのほか、かつては重い精神障害者に前頭葉を切断する手術がおこなわれており、そうした前頭前野への意図的な損傷によっても、「ほかの人びととの感情に対する認識の低下」がよく起こった。前頭前野を損傷した人びとは、「無神経で、自分の発言が聞き手に与える影響に気づかないか、それを気にかけないらしい」とか、「ときにぎょっとするほど露骨で他者への思いやりがないことを特徴とする」態度を取ると言われた。[19]

古代型ホモ・サピエンスの脳

思いやり行動を示したことからして、ネアンデルタール人や、ことによるとほかの古代型ホモ・サピエンスの種は、心の理論を発達させていたかもしれない。もしそうだとしたら、彼らの脳は先行人類の脳とどう違ったのだろう？　頭蓋骨の研究に基づけば、ネアンデルタール人の脳はホモ・エレクトスに比べてかなり大きかっただけでなく、形も違っていたことが明らかだ。具体的には、イギリスの人類学者クリストファー・ストリンガーによれば、ネアンデルタール人の脳は「脳の入れ物の丈が高く、頭頂葉が大きかった」という。ほかの研究者たちも、ネアンデルタール人の脳で「頭頂葉の著しい発達」があったことを確認している。[20]

近年、さまざまな心の理論課題によって活性化する脳領域を突き止めるため、人間のボランティアを対象とした神経画像研究がおこなわれている。実験参加者は、次のような質問に答えるように求められ、そのあいだに脳の評価がなされる。「銀行強盗を働いたばかりの男が、通りを走って逃げているときに手袋を落とす。強盗のことを知らない警官が、男が手袋を落としたのを目撃する。警官は、落とした手袋を拾えるように男を呼び止める。すると男は両手を上げ、強盗を白状する。質問。なぜ強盗犯人はそうしたのでしょう？」

図3・1　心の理論課題によって活性化する脳領域

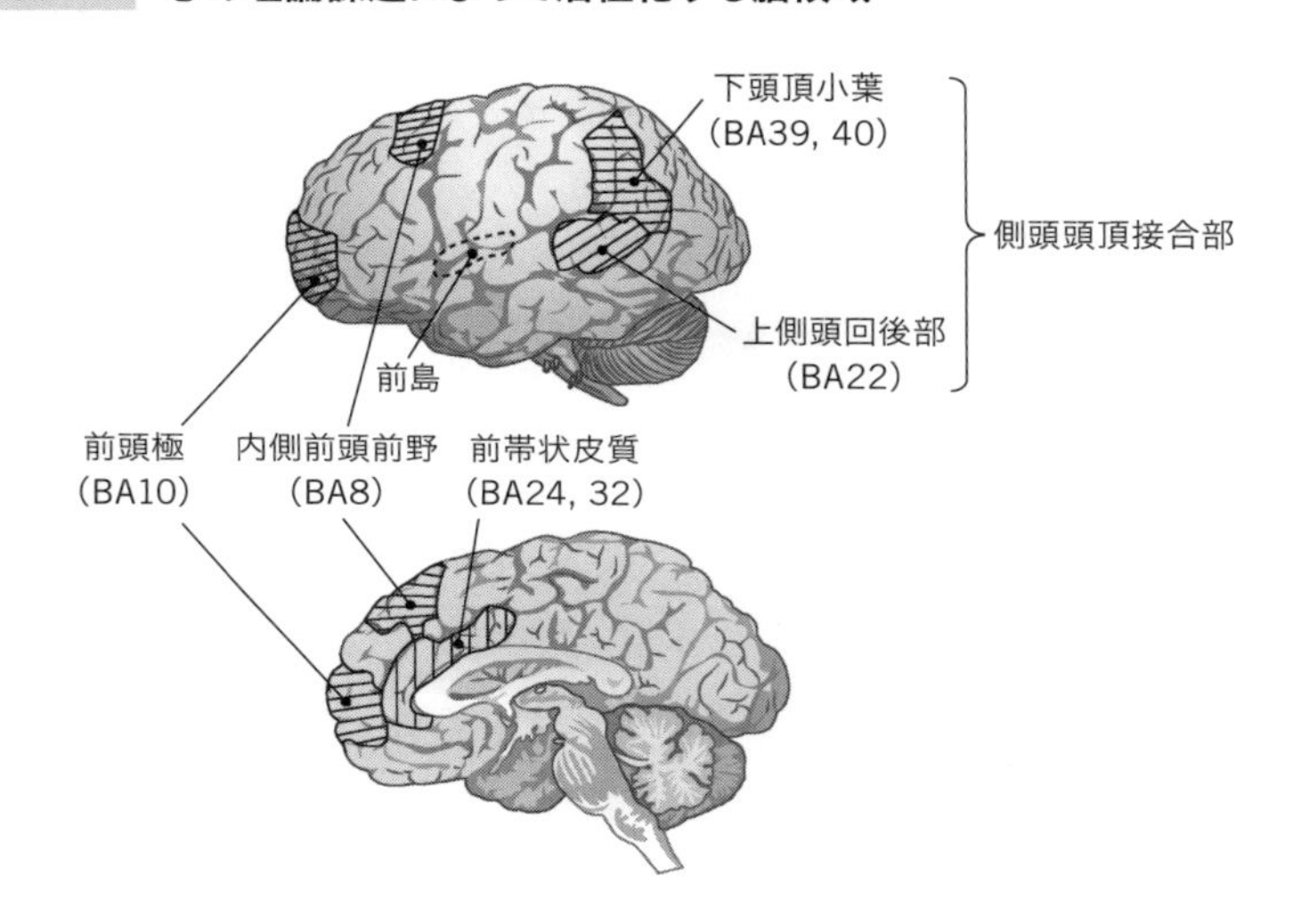

そのような研究の結果は、質問された人が、別の人の考えや信念、願望、感情を考えるように求められるかどうかによってやや異なるが、全体的な脳の活性化パターンは、**図3・1**に示したように驚くほど一貫している。活性化する領域は、側頭頭頂接合部や、前頭葉のいくつかの部分（前帯状皮質、島、前頭極、内側前頭前野）などだ。

側頭頭頂接合部は、下頭頂小葉（BA39、40）と、隣り合わせの上側頭回後部（BA22）からなる。

解剖学的には、これらの領域はずいぶん似ており、側頭頭頂接合部で「頭頂葉と側頭葉の境界を区別するのはとうてい無理だという点に、ほとんどの研究者は同意する」

上側頭回の後部はとりわけ興味深い。なぜなら、そこには、言語理解を司るウェルニッケ野がふつうは左半球に含まれているほか、広大な連合野が含まれるからだ。それで、ウェルニッケ野が他者の話の意味を理解し、隣り合った連合野が言葉を、話し手についてわかっているほかの物事というより広い文脈のなかで捉える。これが他者の心を読むことの本質だ。[21]

心の理論について大切なこと

進化しつつあるホミニンでは、白質連絡路の継続的な発達によっても心の理論の獲得が進んだだろう。発達が続いた連絡路の一つは鉤状束(こうじょうそく)だと考えられる。なぜなら、それは島や前頭前野と上側頭回をつなぐ経路だからだ。心の理論の発達にとって重要なもう一つの連絡路は、弓状束(きゅうじょうそく)だったと思われる。第1章で、上縦束(じょうじゅうそく)は三つの経路からなると述べたが、弓状束は上縦束の第四の部分と見なされることも多い。弓状束は、外側前頭前野と、側頭葉の上側頭回や側頭頭頂接合部などの部分をつなぐおもな経路だ。ヒトとチンパンジーで弓状束を比較した研究では、「弓状束の組織や皮質の終点が人類の進化過程で大きく変更された」と報告されている。[22]

画像研究から、側頭頭頂接合部が心の理論にとって重要だということが示されている。たとえば、一二人のボランティアに、ある物語に登場するほかの人びとについて考えるように求めた研究では、次のように報告された。「右の側頭頭頂接合部が、心理状態を他者に帰属させることに選択的に動員された……右の側頭頭頂接合部は心理状態の帰属にきわめて特化している」

また、一二人のボランティアに、家族写真に写っている一人ひとりについて考えるように求めた別の研究では、右の側頭頭頂接合部が「心の理論に関連した出来事が精緻化するところで特異的に関与する」と報告された。そのような研究のある要約では、右の側頭頭頂接合部が「心の理論に対して特異的に関与する」と結論づけている。とりわけ興味深いのは、右下頭頂小葉が他者認識に関わり、左下頭頂小葉が自己認識に関わっていると報告した一つの研究だ。その研究から、自己認識と他者認識の機能が右脳と左脳に分かれて局在している可能性がうかがえる。[23]

側頭頭頂接合部は他者の心を読むために欠かせないようだが、この領域は、前頭葉構造とのネットワークの一部として機能する。他者について考えている人びとを調べた神経画像研究では、前帯状皮質や島、内側前頭前野が活性化することも報告されている。前章で述べたように、前帯状皮質と島は自分について考えるのに欠かせない脳領域なので、それらが他者について考える際にも重要だというのは意外ではない。これら二つの脳領域の機能が重なり合っていることは、多くの研究者から指摘されている。前帯状皮質は「『心の理論』に関連した課題で重要ないくつかの領域の一つ」だと言われている。そして島は、「他者が何を感じているかを理解する」メカニズムで「根本的な役割」を果たしていると言われている。たとえば、ある研究で、人びとが怪我をしているように見える場面の映像を実験参加者に見せたところ、実験参加者の前帯状皮質と島の両方が活性化した。[24]

前頭葉のほかの構造も、心の理論に関連した脳のネットワークに関与する。そのような領域の一つが、知覚や情報処理、社会的認知、感情の処理といった機能で重要だとして第1章で取り上げた前頭極（ＢＡ10）だ。ホモ・フローレシエンシスの頭蓋骨にも、拡大した前頭極領域があるのは特筆に値する。ホモ・フローレシエンシスはインドネシアで発見された矮小型ホミニンで、多くの研究者により古代型ホモ・サピエンスの一種だと考えられている。ホモ・フローレシエンシスの前頭極領域が大きかったということは、彼らも心の理論を発達させたかもしれないということを暗示している。前頭前野で心の理論ネットワークに結びついているもう一つの領域は内側前頭前野（BA8）だ[25]。

心の理論についてはもう一つ、興味深い神経解剖学的側面がある。一九九六年、サルの脳に特殊な神経細胞があることが発見された。それらの細胞は、サルが目標指向の行動をするたびに活動（発火）するだけでなく、別のサルが同様の行動をするのを見たときにも発火する。これらの神経細胞は**ミラーニューロン**と呼ばれている。

神経画像研究から、ヒトにもミラーニューロンの分散したネットワークがあり、それが島や下頭頂小葉を含めて大脳皮質に広がっていることが示されている。ミラーニューロンは他者の行動によって影響を受けるので、「このミラーニューロンメカニズムは、より一般的な心の読み取り能力の一部か先駆けかもしれない」と推測されている。たとえば、「誰かがいきなり殴られたり、誰かに突然ボールがあたったりするのを見てたじろいだり、拷問の場面が出てくる身の毛もよだつ話を読んで縮み上がったりするのは……ミラーニューロンのおかげだ」と提唱されている。ということで、ミラーニューロンは心の理論の神経学的基盤を理解するための興味深いモデルを与えてくれるかもしれないが、どんな結論を出すのもまだ早過ぎる。なぜなら、サルはミラーニューロンを持っているにもかかわらず、他者の考えに気づいているそぶりをいっさい見せたことがないからだ[26]。

心の理論と神々への信仰

心の理論の獲得は神々への信仰を持つために欠かせない前提条件だということが、何人かの研究者によって認められている。たとえば、ベルファストにあるクイーンズ大学の心理学者ジェシー・ベリングは、著書『ヒトはなぜ神を信じるのか』（邦訳は鈴木光太郎訳、化学同人）で、心の理論がどのようにして、神々に関するさまざまな想定につながるのかをくわしく説明している。

ベリングは、心の理論を得たあとに初めて神の心を想像できるようになると指摘した。それで当然の成り行きとして、神も心の理論を持っているのだから、死ぬ運命にある人間が何を考えているのかを神は想像できるはずだ、と私たちは思いこむ。これをベリングは、「神は心の理論から生まれた」という一言に集約した。

神を信じるためにはホミニンが心の理論を獲得しなくてはならなかったという条件は、最近出版された、ブリティッシュコロンビア大学の心理学者アラ・ノレンザヤンの著書（『大きな神々：宗教はどのように協力や争いを変えたか（Big Gods: How Religion Transformed Cooperation and Conflict）』）やオックスフォード大学の生物学者ドミニク・ジョンソンの著書（『神はあなたを見ている：神への恐れはいかにして私たちを人間にするか（God Is Watching You: How the Fear of God Makes Us Human）』）でも強調されている。これらの書籍については、第8章で手短にまとめたい。[27]

神々を創り出した上で、それらの神々が心の理論を持っていると見なすと、メリットがいくつか生じる可能性がある。最も重要なのは、神々は人間の心を読むことができ、人間が何を考えているのかを知ることができるという信念につながることだ。多くの宗教に関するさまざまな研究から、神々は「個々の人間について——一人ひとりの『心や魂』について——、よく知っているとイメージされている」ことがわかっている。ベリングによれば、これによって「私たちの祖先は、まるで自分のおこないが超自然的存在によって見張られ、帳簿に記され、裁かれているかのように感じたり行動したりする」ようになった。要するに、神が人間の心を見通しているという意識は、私たちの祖先を、人為を超えた社会秩序に導いたのだ。

心の理論を持つ神々を創り出す利点としてはほかにも、そのような神々が、人生で出遭う未知の物事を説明するのに都合がよいということもある。たとえば、雷は神々が怒りを示した現象で、病気は神々による懲罰だというように説明がつくわけだ[28]。

ケンタッキー大学の心理学者ウィル・ジェルヴェは、心の理論の重要性について似たような主張を展開した。彼は次のような意見を示した。「人間が互いの心について表したり推論したりすることを可能にする能力が、超自然的な心について表したり推論したりすることも可能にするのかもしれない……したがって、さまざまなものに心があると思うこと（心の知覚）は間違いなく、宗教的認識の基礎をなす……心の知覚は、神々への信仰の認知的基盤かもしれない」

そしてジェルヴェは、これが本当である以上、他者の心がなかなかわからない人は、神々への信仰も薄いはずだという考えを導いた。前述のように、自閉症患者は心の理論にいくらか障害がある、言い換えれば「マインド・ブラインドネス（心が読めないこと）」の状態にあると言われてきた。ジェルヴェは、「**自閉症スペクトラム**〔訳注：典型的な自閉症から症状が軽いもの、アスペルガー症候群などを含めた名称〕」と神への信仰のあいだには、控えめながら確かな逆相関がある」と報告した研究を引き合いに出した。そのような一つの研究によれば、自閉症の青年たちでは、対照群である健常な青年たちと比べて、「神への信仰を強く支持する」可能性がわずか一一パーセントにとどまった。そのような知見から、心の理論と、神は存在するという信念のあいだに関連があることが裏づけられる。[29]

心の理論は神々について考えることに関係があるので、ジェルヴェは、他者についての思考プロセスによって活性化される脳領域と、神々についての思考プロセスによって活性化される脳領域はそれなりに重なっているはずだとも考えた。これについては、メリーランド州ベセスダにあるアメリカ国立衛生研究所のドミトリオス・カポジアニスらが一連の研究をおこなっている。

カポジアニスらは、「自己報告に基づいた、信心深さがさまざまな」実験参加者で神経画像検査をおこない、神が人間に関与する度合い、神の怒りの程度、宗教教義に関する質問に実験参加者たちが答えたときに活性化される脳領域を評価した。その結果、一つ目と三つ目の質問で活性化された脳領域と、心の理論に関する実験で活性化された脳領域にほどほどの重なりが認められたことから、研究者たちは、「宗教的信仰には、抽象的意味を処理したり、心に像を描いたり、意図や感情に関連した心の理論を実行したりする、よく知られた脳のネットワークが必要とされる」と結論づけた。[30]

とはいえ、ホミニンのネアンデルタール人が神々を信じていたということはありそうにない。ネアンデルタール人は心の理論をものにしていたようだが、自分が神からどう思われているのかについて考えることを可能にする**二次の心の理論**は、まだ手にしていなかった。それに、自分を過去や将来に思うがままに投影したり、過去の経験を活かして将来の計画を立てたりする能力もまだなかった。早い話が、ネアンデルタール人の認知能力は、神々を創り出して崇めることができるほど成熟していなかったのだ。ホミニンがいつ神々を創り出して崇めるようになったのかというこの問いには、以下の章でまた取り組もう。

以上をまとめると、およそ二〇万年前には、ホミニンのネアンデルタール人は現代ホモ・サピエンスより大きな脳を持っていた。彼らは利口で、自己認識も他者認識も身につけていたらしい。両方の能力を持ったおかげで、ネアンデルタール人は食物の獲得や交戦、取引、子孫作りにおいて進化的にかなり有利になっただろう。そのわけは、彼らが他者の行動について考えたり予測したりする能力を持っていたと考えられるからだ。

しかしネアンデルタール人には、自分の考えについて考えるための内省能力や、過去と現在の事細かなことを活かして将来の計画を立てる能力が、まだ欠けていたようだ。

一〇万年前には、ホミニンが類人猿の祖先たちから分かれて五九〇万年ほどが経っていた。それは、分岐から現在に至る期間の九九パーセント近くを占める。残りの一パーセントあまりにあたるわずか一〇万年で、ホミニンが、神々を祀るためのアンコールワットやシャルトル大聖堂などの記念建造物を築き、戯曲の『マクベス』やオラトリオの『メサイア』を書き、月まで飛行することなど、ありそうもないではないか？　だが驚くべきことが起ころうとしていた。

第4章 初期ホモ・サピエンス——自分の心を見つめる自己

おまえは塵を見たのだから、風を見よ。泡を見たのだから、海を見よ……来い、それを見よ、なぜなら、おまえのなかにあるもので洞察だけが役に立つからだ。それ以外は脂肪と肉のかけらに過ぎぬ。

——ルーミー（一二〇七〜一二七三年）、『精神的マスナヴィー』第四巻に所収の「亡き者の嘆き」

古代型ホモ・サピエンスと現生人類

今から一〇万年前、古代型ホモ・サピエンスの複数の種がアフリカや東南アジア、中東、ヨーロッパの全域で、小さな集団に分かれて暮らしていた。どうやらオーストラリアと南北アメリカには、ホミニン（ヒト族）はまだいなかったらしい。古代型ホモ・サピエンスは、外見では、眉弓（びきゅう）が張り出していたことを除けば、驚くほど現生人類に近かった。きちんとした服装をしてブリーフケースを持てば、今日、ニューヨークやロンドンで地下鉄に乗っていてもむやみに人目を引くことはないだろう。

だが行動の面では、古代型ホモ・サピエンスはずいぶん原始的で、暮らしぶりは彼らの祖先たちが一〇〇万年以上にわたって営んできた生活とほとんど変わらなかった。古代型ホモ・サピエンスは火を制御し、道具や武器を作り、大型動物を狩り、長旅をし、曲がりなりにも初歩的な音声コミュニケーション方法を持っていた。古代型ホモ・サピエンスの少なくとも一つの種――ネアンデルタール人――は、脳容量が現生人類以上にあった。要するに、ネアンデルタール人は大きな脳を二〇万年近く持っていたわけだが、見るべき成果をあまり残さなかった。

どの古代型ホモ・サピエンスもおそらく自分を認識しており、水面に映った自分の姿がわかっただろう。その理由は、彼らが、自己認識能力を持っていたホモ・エレクトスから進化したからだ。そしてネアンデルタール人は、心の理論、すなわち他者が何を考えているのかについて考える能力も発達させたらしい。とすると、古代型ホモ・サピエンスのほかの種もそうだった可能性がある。

しかし、これらのホミニンのどれも、自分について考えている自分について考えたり、「自伝的記憶」と呼ばれる能力で自分を過去や将来にしっかりと位置づけたりすることは、まだできなかったようだ。彼らが現生人類の交流に接したらすっかり面食らうだろうし、仮に、どんな神々を信仰しているのですかと彼らに尋ねたら、彼らは何のことを訊かれているのかまるで見当もつかなかっただろう。

最初のきらめき

現生人類ならではの行動と見なされる最古の確たる考古学的証拠は、およそ一〇万年前から中東やアフリカ南端の洞窟や岩窟住居で暮らしていたホミニンたちから得られる。中東のホミニンたちはアフリカから移ってきたらしく、当時ネアンデルタール人が生きていたのと同じ地域に住んでいた。そして遺伝的研究から、両者に交流があったことがほのめかされている。

アフリカから中東に旅してきたこれらの人びとが、長年にわたって生き延びたり、さらにほかの地域にも広がったりした形跡はないので、彼らはしまいには死に絶えたかアフリカに戻ったと考えられる。それでも、穴を開けた貝殻のビーズやレッドオーカーという赤褐色の顔料を残しており、それらは一一万五〇〇〇年前から一〇万年前のものとされる。これらは、自己装飾の知られている限り初めての例かもしれない[1]。

南アフリカの洞窟で見つかった証拠は、現生人類らしさを物語るものとしてさらに決定的で、それらは一〇万年前から七万五〇〇〇年前のものとされる。出土品のなかには、きわめて高度な石製の道具や武器が含まれており、それらは、石材のへりを火で熱してから、角や木を押しつけてそれを剥がし取り、先端を「薄く細く尖らせる」ことによって作られていた。石材のなかには、道具や武器の製作現場から三〇キロ以上離れた場所で集められたものもあった。ケンブリッジ大学の考古学者ポール・メラーズの話では、南アフリカで発見されたこれらの石器は、五万年あとにヨーロッパの各地域で作られたものと同じくらい質がよいという。

また、「形を整えて磨いた二八個の骨角器」は、骨が道具や武器として使われた初めての例であり、それらも印象深い。というのは、ネアンデルタール人が用いた骨角器が現れるのは、もっとあとになってからだからだ。骨角器はコンゴでも見つかっており、少なくとも七万五〇〇〇年前のものとされている。南アフリカには、小動物を捕らえる罠や狩猟用の弓矢が使われたという「状況証拠」もある。罠や弓矢は、その手の道具として歴史上、初めて登場したものだ。六万五〇〇〇年前になると、弓矢技術が使われたことがより確実にわかる[2]。

南アフリカの洞窟や岩窟住居で暮らしていた人びとは、魚介類や地元の野生動物を含めて、いろいろなものを食べていた。彼らは定住に近い生活もしており、さまざまな草木から作った寝床を利用していた。そのなかには「蚊などに対する殺虫効果や殺幼虫効果を持つ化学物質」を含む植物もあった。これらの人びとは、こうした植物を薬草としても用いたかもしれない[3]。

おおいに興味をそそられるのは、これらの洞窟で見つかった七万七〇〇〇年前の貝殻だ。貝殻はレッドオーカーで塗られ、意図的に穴が開けられたようだ。そうすることで、貝殻は、つなぎ合わせて首飾りや腕輪にすることができた。南アフリカで首飾りや腕輪の装飾にレッドオーカーが使われたことは、その文化でオーカーが重要な役割を果たしたことと辻褄が合っている。これらの洞窟では最近、一〇万年前の「オーカー加工場」が発見された。前章で触れたように、オーカーには、獣皮をなめす、皮膚に塗って虫よけにする、石器を木の柄につける、体を装飾するといったさまざまな使い途がある。そのため、一〇万年前にオーカーが何の目的で使われたのかは断定できないが、穴を開けた貝殻に塗られたという事実は、オーカーが少なくともときには装飾目的で使われたことをうかがわせる。

穴を開けた貝殻は、中東や南アフリカで見つかったものに加えて、七万五〇〇〇年前かそれ以前のものがモロッコやアルジェリアで見つかっているので、自己装飾の習慣が広まっていたことが見て取れる。これまでに、全部で五種類の貝が特定されている。南アフリカの貝殻ビーズでは、「二つの異なる［考古学的］地層から見つかったビーズが、互いに違う摩耗パターンを示している」ことがわかった。すなわち、「それらは、異なる時期に異なるやり方でつなぎ合わされたということだ」[4]。これは、進化しつつあるホミニンがファッションで主張したことを示す最初の証拠かもしれない。

南アフリカの洞窟からの出土品でめぼしいものとしては、一五片のオーカーもある。オーカーは、こすったり磨いたりして加工したのちに、鋭い器具で意図的に彫り込みがなされていた。彫り込みは、さまざまな模様を形作る何本もの直線からなる。たとえば一片のオーカーには、「長い線が部分的に交差した、六本と八本の二組の線からなる網目模様が刻まれている」

彫り込みのあるオーカー片のいくつかは、およそ九万九〇〇〇年前のものとされている。このような彫り込み模様の意味については、何らかの記録だったというものから、暦だった、芸術作品だったというものまで、いろいろな可能性が推測されている。ほかにも、現在のボツワナにあたるアフリカ南部では、「長さが六メートルある岩が、ヘビの頭の形に似せて形作られて」おり、それは七万年前のものとされた。そのような発見に基づき、南アフリカで発掘にあたった研究者たちは、この時点で「少なくとも南アフリカでは、ホモ・サピエンスは行動の面で現代的だった」と述べた[5]。

南アフリカの洞窟で暮らしていたホミニンが、体の線に合った服をこのころに着始めていたことを示す証拠もある。ホミニンたちは、おそらくその何十万年も前から、体を温めるために動物の皮を用いてきた。なかでも、ヨーロッパやアジアの寒冷な地域に住んでいたホモ・エレクトスや古代型ホモ・サピエンスの種は、獣皮を活用していた。だが、七万二〇〇〇年前ごろに現生人類が、もっと暑い地域でも、体により合った服を着始めた形跡がある。服は、動物の皮で作った単純なマントより体にフィットするように仕立てられたものだったようだ。服は、体の線に合うようにした動物の皮でできていたと考えられる。なぜなら、織布や骨製の針は、その四万年後にならないと登場しないからだ。

体に合った服が使われ始めた証拠は、ヒトに寄生するシラミの遺伝的研究から得られ、およそ七万二〇〇〇年前にコロモジラミがアタマジラミから分かれたという事実に基づいている。コロモジラミは、皮膚ではなく服にしがみつくのに適した爪を持っており、卵を産むのは服のなかだけだ。この分野の研究者によれば、「[コロモジラミの]生態的な分化は、きっと人類が服をいつも着るようになったときに起きたのだろう」ということだ[6]。

ホモ・サピエンスの「出アフリカ」

以上のような行動に加えて、アフリカに住んでいたホミニンの集団はこのころ、はるか彼方への長旅にも挑み始めた。もちろん、彼らはアフリカを出た最初のホミニンではない。ホモ・エレクトスが一〇〇万年以上も早くアフリカを出て、その子孫たちが、ヨーロッパからインドネシアにかけての広い地域に散らばった。

しかし、初期ホモ・サピエンスの移住は、それまでにないものとなった。サイエンスライターのカール・ジンマーはホモ・サピエンスの移住について、次のようにまとめている。「進化的には瞬く間に、南極大陸を除くおもな大陸がホモ・サピエンスの住処（すみか）となった。かつてはチンパンジーの少数亜種で森林から追放された人間が、世界を征服したのだ[7]」

およそ一〇万年前に中東に向かった初期ホモ・サピエンスのほかにも、アフリカを離れた初期ホモ・サピエンスはいたかもしれない。現代ホモ・サピエンスが世界中に分布することにつながった大規模な「出アフリカ」は、およそ六万年前に起こったと考えられているが、すでに述べたとおりそのような出来事が起きた年代が最近になって修正されており、出アフリカがもっと早く起きた可能性が匂わされている。出アフリカが六万年前に起きたのなら、なぜその時期に初期ホモ・サピエンスがアフリカを離れたのかよくわからない。

インドネシアのトバ超大火山が七万三〇〇〇年前に噴火し、数百年にわたって世界の気候が影響を受けたと考えられているので、それが出アフリカの一因だったこともありうる。そのころにアフリカを離れたホモ・サピエンスの数については、一〇〇〇人から数千人までのさまざまな推定値があげられている。彼らは、おそらく現在のエチオピアから紅海の海峡を越えてアラビア半島南端のイエメンに渡っただろう。なにしろ、当時は現在より海面がはるかに低く、海峡の幅は数キロしかなかったからだ。ホモ・サピエンスの移住はそのあとにも何度もあったという見方が多くなされているが、移住した人数や時期はまだ明らかではない。[8]

今日のホモ・サピエンスにおける男性のY染色体や女性のミトコンドリアDNAの遺伝的多様性を地図にすることで、初期ホモ・サピエンスが世界中に広がった長旅の足跡をふたたびたどることができる。一つの集団は、イエメンから海岸線沿いに現在のオマーン、イラン、パキスタン、インドへと進み、続いてマレー半島をミャンマー、タイ、マレーシアへと南下して、当時は陸続きだったインドネシアに行き着いた。

彼らが海に沿って歩んでいったことを裏づける証拠は、水中にある。なぜなら、現在の海面は当時よりはるかに高いからだ。初期ホモ・サピエンスはこの道筋を歩むなかで、ホモ・エレクトスの子孫である古代型ホモ・サピエンスの集団に出くわした。ホモ・サピエンスがこれらの集団と交雑したことが、今でははっきりしている。それは、今日の南西アジア人のなかにネアンデルタール人のDNAが少し含まれている人がいるし、前述のように、デニソワ人のDNAが含まれている人もいるからだ。[9]

初期ホモ・サピエンスは、少なくとも五万年前にはインドネシアまで達した。彼らの移動ペースが一年にわずか数キロだったとすると、アフリカからの総行程およそ一万三〇〇〇キロの旅をするのに四〇〇〇年かかっただろう。だが、初期ホモ・サピエンスはホモ・エレクトスとは違い、インドネシアで旅の歩を止めなかった。そして、おそらく丸太をアシでゆわえて舟を造ることで、外洋を六十数キロ渡ってオーストラリアにたどり着いた。オーストラリアは当時、パプアニューギニアやタスマニアと陸続きだった。ホミニンはその数万年前から、川や幅の狭い水の流れを渡るために間に合わせの舟を造っていたが、オーストラリアへの進出は、どうやら初めて成し遂げた広い海域の舟旅だったようで、初期ホモ・サピエンスに計画立案能力があったことを物語るものでもある。

その舟旅には、かなり多くの人が加わったらしい。というのは、今日のオーストラリア人の遺伝的特徴に基づいたコンピューター・シミュレーションによって、「わずか一、二艘の舟に乗れる人数より多くの人が海を渡ってきて、その地域で暮らす今日の先住民人口の基礎になったことがうかがえる」からだ。ホモ・サピエンスがオーストラリアに住みついたのは五万年前、パプアニューギニアには四万九〇〇〇年前から四万三〇〇〇年前、メラネシアに属するニューアイルランド島には三万年以上前であることを示す証拠がある。[10]

同じころ、初期ホモ・サピエンスの一部の集団は東に向かっていた。そのほか、進路を北に取り、まずロシアに移り住んだのちにヨーロッパを横切って西に進んでいった集団や、シベリアを突っ切って東に進んでいった集団もあった。シベリア西部で見つかったホモ・サピエンスの骨は、四万五〇〇〇年前のものとされている。

モスクワ南方を流れるドン川沿いの遺跡にはホモ・サピエンスの定住跡があり、やはり四万五〇〇〇年前から四万二〇〇〇年前のものと推定されている。この遺跡では、高度な石器だけでなく、骨製の尖頭器、彫り込みのある象牙のかけら、穴を開けられた貝殻も出土している。貝殻は、たぶん装身具として使われたのだろう。初期ホモ・サピエンスが、四万五〇〇〇年前から四万年前にルーマニア、イタリア、イギリスまでたどり着いたことを示す証拠もある。[11]

初期ホモ・サピエンスが地球上に広がった速さは、衝撃的なものだった。だがそれ以上に衝撃的なのは、彼らがホミニンのほかの集団に取って代わった速さだ。ジンマーが指摘したように、「ホモ・サピエンスがホモ・エレクトスの縄張りにやって来ると……ホモ・サピエンスではないこれらの人びとは、姿を消した」。二〇万年近く生き延び、多くの技能を持っていたネアンデルタール人でさえ、およそ四万年前には消え去った。最後に生き残ったネアンデルタール人たちは、ヨーロッパ大陸からイベリア半島南端のジブラルタルへと押しやられたらしい。

さまざまな研究から、ホモ・サピエンスの人口がネアンデルタール人よりはるかに速く増えたことが示されており、ネアンデルタール人が、新たにやって来た隣人たちにとてもかなわなかったのは明らかだ。ジンマーはネアンデルタール人とホモ・サピエンスの交代劇について、次のように要約している。ホモ・サピエンスが繁殖で成功を収めたのは、「仲間のあいだで、賢い個体がさらなる賢さのために絶えず選ばれるという、とめどない圧力」があってのことだった。[12]

自分の心を見つめる自己

高度な道具、穴を開けた貝殻、体にぴったり合った服、オーカーへの彫り込み、動物に似せて形作った岩、大海原での舟旅。明らかに、新たな種類のホミニンが現れていた。これらのホミニンの行動は先行人類の行動とおおいに異なっていたので、私たちはこの集団を「賢い人」という意味の「ホモ・サピエンス」と呼ぶ。そして、そのような人びとは、認知能力において何らかの大きな飛躍を遂げたに違いないと考える。それは何だったのだろう?

貝殻の装身具を身につけたり、体に装飾をしたり、体にフィットした服を着たりしたことはどれも、初期ホモ・サピエンスが、他者から自分がどう思われているかということに気づいていたことをほのめかす。自己装飾は、その人の家族関係や社会階級、集団への忠誠心、性的対象になるかどうかをアピールする手段になりうるもので、装飾を見る人びとに何かしらのメッセージを送ることが意図されている。自己装飾は、ホモ・サピエンスによってあらゆる文化で用いられてきた。自己装飾に途方もない時間や資源が費やされることもある。それは「グッチ」や「カルティエ」といったブランド名が物語るとおりだ。自己装飾の核心は、あるホモ・サピエンスが、別のホモ・サピエンスから自分がどう思われているのかを考えているということだ。これが、自分の心を見つめる自己(**内省的自己意識**)である。

子どもの成長から、この内省能力の発達について知るための手がかりが得られるだろうか? すでに見たように、子どもでは二歳ごろ、鏡像認知能力によって評価される自己認識が発達する。ホミニンは、およそ一八〇万年前から同じような自己認識を身につけ始めたらしい。子どもは、「サリーとアン課題」によって示されるように、四歳ごろから他者の考えを意識し始める。そして、少なくとも一部のホミニンが、やはりこの能力をおよそ二〇万年前に獲得し始めた可能性がある。その次のおもな認知能力は、子どもが六歳ごろから身につけ始めるもので、一般に二次の心の理論と呼ばれる。

「二次の心の理論」とは何を意味するのだろう？「サリーとアン課題」では、サリーが部屋を出ていったあとに、アンがボールを籠から取り出して箱に入れた。だから、ボールが移されたところを見ていなかったサリーは、ボールが籠に入っていると思っていた。そして、「サリーは、ボールが籠に入っていると（誤って）思っている」、とアンは思っていた。これが「二次の心の理論」、すなわち、他者が考えていることを認識すること（「Aさんは〇〇と思っている」、と考えること）だ。

しかし、もしアンが知らない内にサリーが窓から部屋のなかを覗いており、アンがボールを籠から取り出して箱に入れるのを見ていたとすると、状況は変わる。「サリーとアン課題」では、子どもにこんな質問が出される。「アンは、サリーがボールをどこで探すと思うでしょう？」。これは「二次の心の理論」を測定するテストだ。なぜ「二次」なのかと言えば、ある他者が考えていると別の他者が考えていることについて考えること（「Aさんは〇〇と思っている、とBさんは思っている」、と考えること）が含まれており、情報の階層が一つ増えているからだ。

今あげたケースでは、アンは、ボールを箱に移したときにサリーが窓から部屋のなかを覗いていたのを見ていなかったので、「サリーはボールが籠に入っていると思っている、とアンは（誤って）

思っている」ということを、子どもは理解しなくてはならない。ほとんどの子どもでは、六歳くらいにならないと、この認知能力の獲得が始まらない[13]。

さらに高次の心の理論を持っているかどうかについて、子どもを調べることもできる。これまでの筋書を使えば、たとえば次のような展開が考えられる。もし、アンがボールを籠から箱に移すのをサリーが窓から覗いていたことを、サリーの知らない内にアンが気づいていたら、どうなるか? この場合、「サリーは、ボールが箱に入っていると思っている」とアンは思うだろう。なぜなら、ボールを箱に移したのをサリーに見られたからだ。

しかし、サリーは窓から部屋を覗いたときにアンから見られていたことを知らなかったので、「サリーはボールが籠に入っていると思っている、とアンは思っている」とサリーは(誤って)思うだろう。心の理論の筋書は、当事者の一人がもう一人について誤って思っている情報をつけ加えることによって、さらに複雑になることもある。

この分野の研究者によれば、一次の心の理論は、他者が考えているとある人が考えることの単純な人間のやり取りを表すものだが、「それでは社会的交流を十分に捉えることはできない」という。社会的な会話のほとんどには、「人びとの考えについての、ほかの人びとの考えを考慮したり(二次的信念)、さらには、人びとの考えについての、ほかの人びとの考えについての、人びとの考えについて考えること(より高次の信念)を考慮したときに初めてきちんと理解される心と心のやり取りが含まれる」。これが、きわめて複雑な社会的交流の中核をなすものだ[14]。

二次の心の理論を身につけるためには、自分を対象として見ることが求められる。それは、単に鏡を見て自分を認識するということではなく、自分がほかの人びとにとってどう見えるか、自分がほかの人びとからどう見られるか、さらには自分がほかの人びとからどう見られるかについて自分がどう考えるかについて、考えることができるということだ。それには、自分について考える自分について考えることが含まれる。要するに、それは内省的自己意識ということだ。

初期ホモ・サピエンスが、自らを飾ったり体の線に合った服を着ていたりしたらしいということは、彼らが、自分について考えたり、自分が他者からどう見られるかについて考えたりしていたということだ。それでホミニンの歴史で初めて、ある男性が、自分の着ているクマの毛皮が似合っていないと思ったり、ある女性が貝殻の首飾りで自分の見栄えがよくなると期待したり、といったことが起こったかもしれない。もしそうならば、それは消費経済の誕生を告げただろう。

内省的自己意識の進化

内省的自己意識の進化により初期ホモ・サピエンスは、特に社会的交流や他者の行動の予測において、ほかのホミニンより認知能力の面で優位に立っただろう。内省的自己意識のおかげで、集団狩猟をはじめ、ホモ・サピエンスの集団での取り組みがおおいにはかどり、ホモ・サピエンスは、この認知能力を持たないほかのホミニンとの闘争でかなり有利になっただろう。

心理学者のニコラス・ハンフリーは内省能力の獲得を「内なる目」を持ったと言い表して次のように述べた。「歴史のある時点で、新しい感覚器官が進化したと想像してみよう。それが内なる目だ。その視野は、外部世界ではなく脳そのものであり……自分の脳の状態を、ある種の魔法のような変換によって、心の意識的な状態として見ることができる」

イギリスの社会学者ジグムント・バウマンは、内省的自己意識についてこう描写している。「ほかの動物とは違い、私たちは知っているだけではなく、自分が知っていることを知っている。気づいていることに気づいており、意識を『持っていること』、つまり意識していることを意識している。私たちの知識は、それ自体が知識の対象だ。だから私たちは、手や足を見るのと同じように、さらには自分の体の一部ではなく体を取り囲む『さまざまな物体』を見るのと同じように、自分の思考を見つめることができる」

ヒトでは、内省思考は驚くほど重ねていける。合わせ鏡を覗くように、私たちは自分について思いをめぐらせたり、「自分について考えている他者について」思いをめぐらせたり、「『自分について考えている他者について』考えている自分について」思いをめぐらせたりすることができ、入れ子構造を果てしなく増やせる[15]。

内省的自己意識の進化を、ヒトの認知能力の発達における決定的な瞬間だと評している学者もいる。ロックフェラー大学の遺伝学者テオドシウス・ドブジャンスキーは、ヒトだけが「自分を対象化し、いわば自分から離れて立ち、自分というものを考察する能力を持っている」と指摘した。この能力は「進化的に目新しい能力で……ヒトの根本的な特徴の一つであり、もしかすると最も根本的な特徴かもしれない」というわけだ。

ノーベル賞を受賞した神経科学者のサー・ジョン・エックルスは、内省能力の発達について次のように述べた。「私たちの経験の世界における最も思いがけない出来事であり……一人ひとりが自己を意識する独自の存在になった」

フランスの古生物学者にしてイエズス会司祭のピエール・テイヤール・ド・シャルダンはそれについて、「ホモ・サピエンスがヒトらしい方向に進化していく『人間化』、自分に関心を向ける意識、自分自身を対象として手中に収めること……もはや単に知るのではなく自分自身を知ること、もはや単に知るのではなく、自分が知っていることを知ること」と説明し、次のように語った。「曙の紅に染まったその境界を見落としてはならない……地平線の下で何千年にもわたって昇ってきたのち、炎がごく限られたところでにわかに光を放ち始める。思考が生まれたのだ」

キリスト教神学では、内省的自己意識の出現が、旧約聖書の創世記に書かれたアダムとイブの物語に象徴されている。二人はエデンの園に生えている禁断の木の実を食べ、初めて自分たちが裸であることに気づいた[16]。

内省的自己意識があるのはヒトだけのようだ。私たちは、ネコやイヌが自らのことをどう考えているのだろうと思うことがあるが、ネコやイヌは自らについて考えたりしない。なぜなら、必要な認知的要素が備わっていないからだ。鏡に映った自分の姿がわかるチンパンジーでさえ、自らを飾る様子が観察されたことはない。そしてどう見ても、チンパンジーは人間からどう思われているかを気にするそぶりを示さない。その点は、幼い子どもを動物園に連れていってチンパンジーが観客の目などお構いなく交尾するのを目の当たりにし、子どもから決まって飛び出す「チンパンジーは何をしてるの?」という質問の答えに窮したことのある人なら証言できるだろう。

内省的自己意識と言語

内省的自己意識の進化は、もしかして現代言語の発達と結びついているのだろうか？　言語の起源は、科学界でもとりわけ熱い議論が交わされているテーマだ。議論は、言語そのものの定義から始まる。言語は、単なる意思疎通の手段ではない。なぜなら、ミツバチやイヌ、クジラ、サルなどの多くの動物が、しばしば複雑な音声や行動を用いて意思を伝えるからだ。

飼育下にあるチンパンジーやボノボは、手話や記号のついたキーボードを用いて意思を伝えることを教えられてきた。チンパンジーやボノボは二〇〇〇語を超える語彙を習得しており、いくつかの単語をつなぎ合わせる能力があることも示している。チンパンジーなどの大型類人猿は、ヒトの構造とまったく同じではないにせよ似たような喉頭と鼻咽腔を持っており、訓練を受けることで、ヒトの音声のいくつかを何とか発声することができている。それはオウムもできることだ。これは言語だろうか？

一部の言語学者が主張するように、言語が語彙と統語（文を構成する規則）に過ぎないのなら、チンパンジーやボノボは初歩的な言語形式を持っていると言える。だが、ほとんどの言語学者は、言語は言葉の仕組みにとどまらないという見方をしている。

大型類人猿やサルのように、初期ホミニンがさまざまな音声や顔の表情、手振りを用いて意思を伝え合ったのはほぼ確実だ。というより、ホモ・エレクトスが、効果的なコミュニケーション能力を持たずして地球の反対側にまで移動したとは想像できない。

コミュニケーション能力は、集団での狩りに欠かせない協調的な行動を取るためにも必要とされるが、野生のイヌやオオカミ、ライオン、ヒヒ、チンパンジーなどの多くの動物が、高度な言語能力を発達させていなくても群れで狩りをする。一部の研究者は、言語はホミニンの進化過程の初期に獲得され、ホミニンの進化のおもな要因でさえあったかもしれないと主張している。このような立場を取る著名な研究者には、イギリスの人類学者レスリー・アイエロやロビン・ダンバーがおり、二人は「私たちの初期の祖先たちにおいて大きな集団が必要だったことが……言語の進化を支える原動力だった」と述べた。

多くの霊長類で、互いの毛づくろい（**グルーミング**）は社会的な絆を強めるための重要な手段だ。アイエロやダンバーの説によれば、霊長類の集団が大きくなるにつれて、一頭の霊長類が、増え続ける個体のグルーミングをするのが難しくなった。そこで、グルーミングに代わる手段として言語が発達した。「もし会話が基本的に社会的グルーミングの一形式ならば、言語によって私たちは複数の相手を同時にグルーミングできる」というわけだ。この説が正しければ、ダンバーいわく、「話し言葉（ひいては言語）は、五〇万年前にホモ・サピエンスが現れるころには少なくとも何らかの形で整ったに違いない」とのことだ。[17]

言語が発達した初期段階に関する主張が、言語学者のデレク・ビッカートンから示されている。ビッカートンは、ホモ・エレクトスが「言語の原型」を話し、真の言語は、言語障害のあるイギリスの家族で特定されたＦＯＸＰ２遺伝子のようなたった一つの遺伝子が、古代型ホモ・サピエンスが進化した二〇万年前ごろに突然変異したことによって生まれたと提唱した。ボストン大学の人類学者テレンス・ディーコンは、言語の始まりはもっと早かったとしており、言語の発達とヒトの脳の進化はどちらも、抽象的思考の獲得を受けて起こったと主張している。

これらの理論家たちは、ミシガン大学の人類学者トーマス・シェーネマンが述べた次の言葉にたぶん同意するだろう。「言語がヒトの脳の進化においておもな役割を果たした可能性が高い、という結論は避けがたい[18]」

一方、反対の立場を取る学者たちは、脳の進化が先で言語の発達はそのあとに起きたのであって、逆ではなかったと考えている。マサチューセッツ工科大学の心理学者で言語学者でもあるスティーヴン・ピンカーは言語について、「自然界の驚異の一つ……たぐいまれな贈り物。吐き出す息を変えることによって、きちんと組み立てられた無数の考えを頭から別の頭へと送る能力」だと説明している。そのような言語の概念には、話し手だけでなく聞き手も考慮することや、抽象的観念を伝えられることが含まれる。言語をそう定義すると、自己認識や他者の考えに対する認識があることが、言語が成り立つ最低限の前提条件と言えるだろう。

この視点から見てみると、言語の発達は内省的自己意識の発達とも整合性が取れているようだ。イギリスの神経科学者リチャード・パッシンガムは、内省と言語との類似点、「自分自身の考えを聞くこと」、そして「私たちの内面生活が実況放送からなる」事実に注目している一人で、「自分の思考についてじっくり考える能力と言語」を特に結びつけた。ほかの研究者たちも同じように、二次の心の理論と「言語習慣の形成」を関連づけている[19]。

以上を踏まえると、内省的自己意識と私たちが知っている言語は、そろって発達した可能性がありそうだ。心理学者のサイモン・バロン゠コーエンが述べたように、言語は「二台のファックスで電線を通じて情報を送るような単なる情報伝達ではない。言語とは、感受性が鋭く、抜け目がなく、先読みをする社会的動物が、代わる代わる一連の行動を示すことだ」。同じように、ウェイクフォレスト大学の心理学者マーク・リアリーは、「言語能力には抽象的思考が必要なだけでなく、自分自身のコミュニケーションに気づくことや、受け手としての他者に気づくことも必要だ」と述べた。[20]

ヒトの進化と言語

言語の発達を人類の認知発達と関連づけ、特に内省的自己意識の獲得に結びつけると、霊長類の言語とヒトの言語との違いも際立つ。カリフォルニア大学サンタクルーズ校の言語学者ジェフリー・プラムは、この違いを次のように要約した。「ヒト以外の動物が、意見を言ったり質問をしたりした事例が、これまでにどこかであったとは思えない。そんなことは一度たりともなかった。動物が、あからさまな情動状態や欲求をただ合図するのではなく、この世界について語れたらすばらしいだろう。だが、とにかくそうしない」

動物が語らない理由は、むろん、自分や他者について考えるために必要な認知ネットワークが欠けているからだ。スティーヴン・ピンカーは明らかにこれと同じ見方をしており、「心のなかでは、チンパンジーは『わかる』ことができない」と述べた。そして、ロチェスター大学の解剖学者ジョージ・ワシントン・カーヴァーは、それを端的にこうまとめた。「類人猿がしゃべらない唯一の理由は、言うべきことが何もないからだ[21]」

ヒトの言語が、進化の過程でわりと遅い時期に獲得され、前頭葉や頭頂葉の発達と足並みをそろえて発達したことを裏づける解剖学的証拠もある。ヒトの言語野は最近になって進化した大脳皮質にあるが、サルや大型類人猿の言語野――複雑な呼び声を出すのに用いられる脳領域――は、系統発生的により古い脳領域である大脳辺縁系や脳幹にある。

ヒトもこれらの古い言語野を使うが、それは、たとえばハンマーで指を叩いて思わず悪態をついたときや、泣いたり笑ったりしたときだけだ。

一方、ヒトの話し言葉のほとんどは、わりと新しく進化した大脳皮質の二つの領域によって制御されている。一つ目は、前頭葉に位置するブローカ野だ。ブローカ野は音声言語を司り、解剖学的には、口や舌や咽頭の筋肉を制御する脳領域の隣にある。

二つ目の言語野は前章で触れたウェルニッケ野で、それは側頭頭頂接合部に隣り合った側頭葉上部にある。ウェルニッケ野は話し言葉の理解を司り、解剖学的には聴覚に関連する脳領域の一部だ。したがって、自己認識、他者の考えに対する認識、自分の考えについて考える能力の発達に関与する脳領域は、言語の発達に関与する脳領域と重なっているように見える[22]。

さらにもう一つ、ヒトの言語が進化の過程でかなり遅く獲得されたことを裏づける言語学的証拠がある。ニュージーランドの心理学者クエンティン・アトキンソンは、世界の五〇四種類の言語で音声上の複雑さを分析し、どの言語がより複雑なのか（より早く発達したのか）、どの言語があまり複雑でないのか（より最近になって発達したのか）を突き止めた。アトキンソンは、最も古い言語は中央アフリカや南アフリカにあり、ほかの言語の発達が、アフリカを出て広がったホモ・サピエンスの移住パターンによく従っていると報告した。したがって、現代言語を話すヒトの能力と自分について考える自分について考えるヒトの能力の進化は、よく似ているように見える[23]。

そういうわけで、言語はヒトの進化を引き起こしたというより、進化を促進したという可能性のほうが高そうだ。自分について考える能力は、自分について話せなければ何の役に立つのか？ 他者が何を考えているかについて考える能力は、彼らについて噂話をすることができなければ、何の意味があるのか？ 他者からどう思われているかについて考える能力は、それについて彼らや第三者に話せなければ、何のためになるのか？ 内省的自己意識の獲得は、言語の発達に計り知れないほどの弾みをつけただろう。

この点を鮮やかに捉えたのがロビン・ダンバーで、彼は「電車やカフェテリアで人びとの話を盗み聞きした経験から、人びとの会話の三分の二は、決まってほかの人びとに関する噂話だと気づいた[24]」

内省的自己意識と言語の発達が同時に進んだことには、進化の観点から見れば相乗効果もあっただろう。どちらの能力もそれぞれ、その能力を持つ人が子孫を残す可能性を高めると考えられるが、内省的に考えることと、そのような考えについて話すことの両方ができた人びとは、複雑な行動について話し合うことができ、それ故遺伝子を次世代に伝えることにより成功しただろう。

こうして、初期ホモ・サピエンスはホミニンで初めて、話したいことを山ほど抱えることになった。そして考古学者のスティーヴン・ミズンが述べたように、「いったん初期人類が話し始めたら、どうにも止められなかった」[25]

内省的自己意識と神々

内省的自己意識の獲得は、ホミニンの認知発達における決定的な出来事だった。テイヤール・ド・シャルダンが述べたように、それは「もはや単に知るのではなく自分自身を知ること、もはや単に知るのではなく、自分が知っていることを知ること」なのだ[26]。

人類は、子どもの二歳ごろにあたる発達段階で、自分について考える能力を獲得していた。それから四歳ごろにあたる発達段階で、ほかの人びとの考えについて考える能力を獲得していた。そして今度は、六歳ごろにあたる発達段階で、「二次の心の理論」、すなわち自分が他者からどう思われるかについて考える能力を手に入れた。

一見すると、この認知能力によって、初期ホモ・サピエンスは神々を想像することができるようになり、それこそ神々を崇めることができるようになったのではないかと思える。古代型ホモ・サピエンスは心の理論を獲得することによって、神々も考えを持つということを理解する能力を得た。その後、二次の心の理論――内省能力――を獲得することによって、神々が私たちについて考えているかもしれないということについて考えたり、神々が何を考えているのかについて考えたり、神々が私たちについて考えていることについて私たちがどう考えるかについて考えたりする能力を得た。手っ取り早く言えば、初期ホモ・サピエンスは、現代ホモ・サピエンスが今日神々と語らうのと同じように、神々との語らいを始めるための認知能力を手にしていたわけだ。

しかし、ちょっと待ってほしい。一〇万年前に、神々はどこからやって来たのだろう？ 初期ホモ・サピエンスが、ほかの初期ホモ・サピエンスと会話をしたのは確かだ。たとえば、互いをどう思うかについて、自分たちを侮辱した第三者の初期ホモ・サピエンスについてどう考えるかについて、また、なぜ自分たちがその人物ともはや口も利かない間柄なのかについて、まさしく今日と同じように延々と。だが、そもそも神々を持たない限り、そのような会話を神々についてすることも、神々とすることもできない。

神々と「パターン探索理論」

神々の起源を説明する理論に、人間が無生物や出来事を擬人化する――無生物や出来事に人間という主体を想定する――傾向を軸にしたものがある。それで私たちは、雷や稲妻、洪水や干魃、日の出や月の満ち欠けがみな、何らかの超人的存在、つまり神の力によってもたらされるに違いないと思いこむというわけだ。そのような**パターン探索理論**から、神々や宗教の起源を説明する理論がいくつも生まれている。この話題については第8章でまとめるが、ひょっとすると一〇万年前、初期ホモ・サピエンスは雷鳴を聞いたり稲妻を見たりしたことで、天上に神々が住んでいて人間を見つめているのだと思い至ったのかもしれない。

初期ホモ・サピエンスは、他者の考えを認識する能力や、他者が何を考えているのかについて考える能力を得ていたので、そのような神々の創造シナリオは、理屈の上ではありうる。だが、いくつもの理由から、そのシナリオは現実的ではなさそうだ。

第一に、雷鳴や稲妻を説明するために、なぜ神々や見えない霊の概念が必要で、初期ホモ・サピエンスにとってより身近な現象ではいけないのか？　そのような現象から考えられる説明として、たとえば、空に大型動物が棲んでいるとか、見知らぬところで木が倒れたといったことがあげられる。

第二に、初期ホモ・サピエンスが生きていた時代からは、なにがしかの宗教的意味がありそうな宗教的シンボルや彫像などの人工遺物がまったく見つかっていない。だが、神々が確かにいたことが知られているずっとあとの時代には、そのような人工遺物がよく見られるようになった。

第三に、周期的に起こる自然現象の重要性を理解するためには、過去や現在のことを、将来に関する考えにしっかりと組み入れる認知能力が必要だ。次章で説明するように、初期ホモ・サピエンスはこの能力をまだ身につけていなかったらしい。

第四に、自然現象を理解することが、それ自体で神々の創造を導き出すかどうかという点に疑問が持たれるかもしれない。神々はついに現れると、一部の信者を駆り立てて、ピラミッドや大聖堂を築いたり、長いあいだ神々に祈りを捧げたり、独身を守って性的快楽をあきらめたり、神々を守るために戦争で一命を投げ打ったりすることを強いた。パターン探索理論には、そのような自己犠牲を払わせるほどの説得力はないような気がしてならない。以上のような理由から、一〇万年前に初期ホモ・サピエンスのあいだで神々がいたかどうかは疑わしい。

初期ホモ・サピエンスの脳

初期ホモ・サピエンスが印象深い行動を示したことから、初期ホモ・サピエンスの脳にも同じく印象深い変化が見つかることが期待されそうだ。しかし、脳の容量は、少なくとも一〇万年早い時点ですでに平均で一三五〇ｃｃに達しており、それ以上大きくなれなかった。さもないと、生まれてくる赤ん坊の頭は、もはや母親の産道にある骨盤の出口を通り抜けることができなくなるだろう。

そのようなことで、初期ホモ・サピエンスに至る脳の変化は、脳の大型化ではなく内部の変化によるものだった。これが、言語学者のデレク・ビッカートンが提起した次のような問題への答えだ。「私たちの種がどうやって誕生したのかを説明する妥当な答えは、どのようにして脳がホミニド［ホミニン］の生活スタイルをあまり変えずに少なくとも今のサイズにまで大きくなり、その後、さらなる大型化はせずに私たちの種を特徴づける創造性の驚くべき爆発を引き起こせたのかを説明できなくてはならない[27]」

内省的自己意識に関連する脳領域は、神経画像技術を用いて近年よく研究されている。そのような研究ではたいてい、「実験参加者が、性格特性を表す形容詞や文章を提示され、そのような性格特性や文章が自分に当てはまるかどうかを質問され」、それと同時に、実験参加者の脳が陽電子放射段層撮影法（ＰＥＴ）や機能的核磁気共鳴画像法（ｆＭＲＩ）でスキャンされる。

一九九九年から二〇〇九年におこなわれた二〇件のそのような研究のメタ分析から、内省的思考によって活性化するおもな脳領域群が四つ特定された。それらを**図4・1**に示している[28]。

図 4・1　内省的思考によって活性化するおもな脳領域

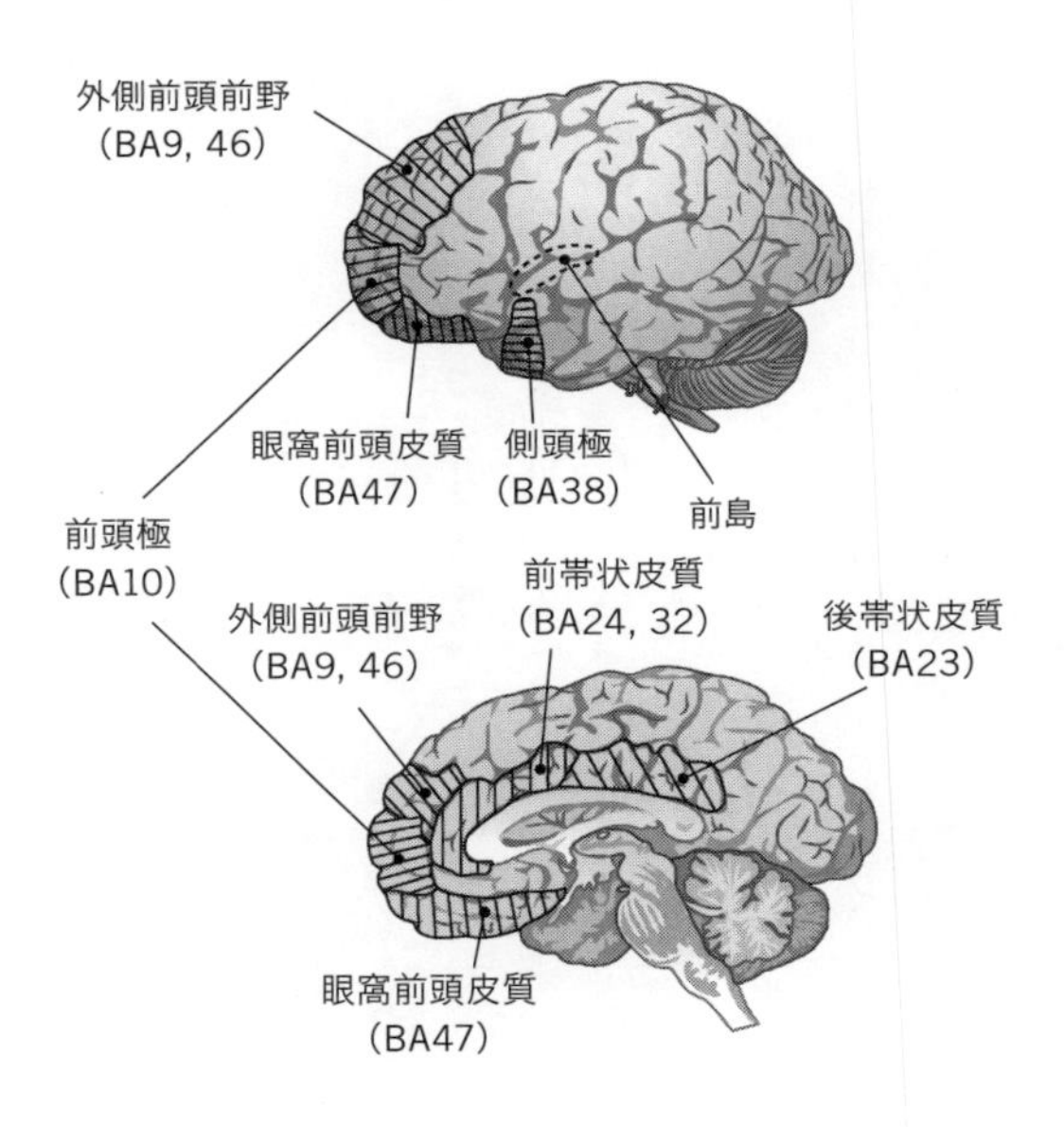

一つ目の領域群は前帯状皮質（ＢＡ24、32）と島で、これらは自己認識や、他者の考えに対する認識によっても活性化される。したがって、これらの領域が内省的思考によっても活性化されなければ、むしろ驚きだろう。

内省的思考によって活性化される二つ目の領域群には、前頭極（ＢＡ10）、外側前頭前野（ＢＡ9、46）、眼窩前頭皮質（ＢＡ47）といった前頭前野の部分が含まれる。これは、「自己認識、意識、あるいは内省」は「前頭葉の最高の心理学的特性だ」と主張する意見と辻褄が合っている。同じく、「内省、対人知覚、他者の考えに関する推測」を含むとして定義される「社会的認知」に関する研究をまとめたある総説では、広く定義された内側前頭前野には社会的認知の「特別な役割」があると結論づけた。[29]

内省的思考によって活性化される三つ目の脳領域は、前帯状皮質の中央後部にある後帯状皮質（BA23）だ。その領域は、前頭前野の多くの部分や側頭頂接合部と強く接続している。後帯状皮質は「実験参加者が、ある言葉や発言が自分を描写しているかどうかを示すことを求められたとき」に活性化したと言われている。

内省的思考によって活性化される四つ目の脳領域は、側頭葉の最前方部分である側頭極（BA38）だ。側頭極はわりと古い脳領域であまり解明されていないが、他者の考えについての思考で何らかの役割を担うことが知られている。そして、「ほかの行為者の感情や意図、信念の分析が必要な課題」によって特に活性化することが神経画像研究で示されている。[30]

内省的思考に関連した脳領域が発達しつつあったのと同じころに、白質連絡路の発達も続いたようで、とりわけ上縦束（じょうじゅうそく）、鉤状束（こうじょうそく）、弓状束（きゅうじょうそく）が発達していったらしい。これまでの章で述べたように、これらの連絡路は前帯状皮質、島、前頭前野の前部と頭頂葉や側頭葉の後部をつなぐ。白質連絡路が成熟するにつれて、認知能力の発達が次のように進むことは容易に想像がつく。

まず、これらの領域の相互接続がだんだん増えていき、初めに一次の心の理論による思考ができるようになる。続いて、二次の心の理論による思考、そしてますます複雑な心の理論による見極めができるようになる。最終的に、「『自分について考えている自分』について考えている自分」について考える、というように、思考をどこまでも掘り下げていけるようになる。

まったくの話、人類の進化をめぐる最大級の謎の一つは、人類が進化してきたすべての期間からすればほんの一瞬でしかない過去一〇万年間で、どうやって行動がそれほど劇的に変化したのかというものだ。この疑問に対する有力な答えとして、白質連絡路が発達し、それで別々の脳領域の相互接続が増えたことによって新たな認知能力や行動が芽吹いたということがあげられるかもしれない。

これまでに見てきたことをまとめると、初期ホモ・サピエンスは、アフリカを出たと考えられる六万年前には、賢さ、自己認識、他者の考えに対する認識に加え、最も注目すべきこととして、自分について考えている自分について考える能力をものにしていたようだ。

初期ホモ・サピエンスは、生存していたほかのすべてのホミニンと入れ替わって地球の主(ぬし)になるのに必要な認知能力を獲得していた。しかし、真の現代ホモ・サピエンスになるために必要とされるもう一つの能力は、まだ手に入れていなかったらしい。それは次の段階だ。

第5章

現代ホモ・サピエンス

——時間を意識する自己

現在の時間と過去の時間はいずれも将来の時間のなかに存在し、将来の時間は過去の時間に含まれる。

——T・S・エリオット、『四つの四重奏』（邦訳は岩崎宗治訳、岩波書店など）、一九五二年

骨角器インダストリー

およそ六万年前か、もしかしたらそれより前にアフリカを出たホモ・サピエンスは、たいした生き物だった――聡明で、自分を認識し、思いやりがあり、自らを省みた。「出アフリカ」からの数千年でホモ・サピエンスは、東はオーストラリアやパプアニューギニアへ、西はヨーロッパへと大きく広がり、その道すがら、より昔から生きていたホミニン（ヒト族）と交雑し、しまいには彼らに取って代わった。

いかにも、これらのホモ・サピエンスはたいした人びとだったが、あなたに息子や娘がいたら、彼らと結婚させたいとは思わないだろう。彼らはホミニンとしては立派だったが、真の現代ホモ・サピエンスになるためにも神々を崇めるためにも必要な一つの決定的な認知能力をまだ欠いていた。もっとも、この能力の発達に欠かせない脳の根本的な変化は、彼らがアフリカを離れたころにはかなり進んでいたらしい。それ故この認知能力は、彼らがやがてどこに住みつこうとも、それからの数千年にわたって進化を続けた。これも平行進化の例と言えそうだ。

およそ四万年前以降、現代ホモ・サピエンスと関連づけられるいくつかの新しい行動が現れた。なお、「四万年前」のように時期を明記しているのは、もちろん目安に過ぎない。進化は連続的なプロセスであり、ホミニンの脳は絶え間なく変化していた。それに、遠い過去に起きた出来事の年代測定には、たとえ過去四万年のあいだのことでも、誤差が少なくとも一〇パーセントあることを忘れてはならない。したがって、たとえば三万七〇〇〇年前に起こったとされる出来事が、四万年前とされた出来事より実際には早く起こった可能性もある。

それはそれとして、ホモ・サピエンスの「出アフリカ」以降、アフリカを出た人びととアフリカにとどまった人びとのいずれもが、著しい変化を遂げたという明らかな証拠がある。たとえば、道具や武器の開発でさまざまな改良が見られた。およそ四万九〇〇〇年前から、初期ホモ・サピエンスや先行人類によって用いられていた「技術や道具のたぐいがだんだん使われなくなった」と言われる。

骨角器は、南アフリカにいた初期ホモ・サピエンスが早くも一〇万年前から七万五〇〇〇年前にときおり使っていたが、この時期になると**骨角器インダストリー**と呼ばれる、一定の製作技術による骨角器群が現れた。初めて、動物の骨やトナカイの枝角、マンモスの牙が、道具や武器を作る原材料として普及したのだ。もちろん、骨や枝角、牙は、その何十万年も前から手に入るものだったが、それまで原材料として広く利用されたことはなかった。アラスカ大学の生物学者デイル・ガスリーによると、「骨や枝角、象牙は複合材料なので……木より硬く耐久性がありながら、石より軽くて壊れにくい」

それ以降、はるかに幅広い種類の道具や武器が登場し、「槍先、のみ、楔（くさび）、へら、突き錐（ぎり）、錐、針、矢柄を研磨するための穴を開けた枝角、そしてその後、銛（もり）、槍の投擲器（とうてき）」などが現れた。[1]

たとえば、針のおかげで衣服を縫えるようになった。これが三万五〇〇〇年前に起こったという証拠がジョージアにある。ヤギの毛の繊維やアマ（亜麻）の植物繊維は、一部は染められ、衣服だけでなく縄や網、籠を作るためにも使われたようだ。縫われた衣服は、そのあと訪れた氷期には重宝しただろう。人類学者のブライアン・フェイガンは、次のように述べている。「初めて、女性たちは、赤ん坊や子ども、育ち盛りの若者、それに大人や老人の背格好に合わせた衣服を作れるようになった。あらゆる種類の衣服も縫えるようになった[2]」

この時期に使われるようになった道具としては、ランプもある。火を制御して使うことは、少なくとも五〇万年以上前から知られていたが、それまでランプは使われていなかった。

多くのランプが、フランスやスペインの洞窟から出土している。これらの洞窟では線画や彩色画が描かれたのだが、その話題はのちほど取り上げよう。ほとんどのランプは自然なくぼみのある石でできており、くぼみを獣脂で満たせた。芯の材料には、地衣類、コケ、ネズなどの針葉樹が使われた。表面に彫り込みがなされたランプもわずかながら見つかっており、一個のランプには柄までついている[3]。

投擲器や弓矢の出現

道具のほか、新しい武器や改良型の武器もおよそ四万年前から開発された。アトラトルとも呼ばれる投擲器がおよそ三万年前に現れ、槍をより速く、より遠くまで、より正確に投げられるようになった。投擲器は、危険な動物の狩りでとりわけ威力を発揮した。というのは、狩人はアトラトルを用いて、自分の身に危険の及ばない場所から槍を投げられたからだ。

弓矢は二万数千年前からときおり使われていたが、少なくとも二万年前には広く使われるようになった。弓矢を使うことでも、狩人は獲物から襲われない距離を保つことができ、飛んでいる鳥も射落とせた。投擲器や弓矢などの武器を得たことで、現代ホモ・サピエンスは、南アフリカの危険なアフリカバイソンやスペインのすばしこいアイベックスなど、それまでは手の届かなかった動物の狩りも始めた。また、釣り針や網を使うことで、より深い水域にいる魚も釣れるようになった。たとえばインドネシアでは、四万年以上前のものとされるマグロやサメの骨が発見されている。これは、当時、外洋での釣りがおこなわれていたことを裏づけるものだ[4]。

強い印象を与えるのは、新しい道具や武器が使われたことだけではない。それらが導入されたり改良されたりする迅速さも印象的だった。これは、「創造したり発明したりするヒトの能力が格段に高まったこと」を示すものだと言われている。考古学者のスティーヴン・ミズンは著書『心の先史時代』(邦訳は松浦俊輔・牧野美佐緒訳、青土社)で、この時期を「旧石器時代の軍拡競争」にたとえて次のように述べている。

後期旧石器時代［四万五〇〇〇年前から一万一〇〇〇〇年前］の初めに、新しい道具が導入されたことだけが重要なのではない。道具類がその後、どのように絶えず修正されたり改良されたりしたのかが重要だ。後期旧石器時代を通じて、イノベーションや実験が進められていたことが見て取れる。その結果、そのときどきのおもな環境条件にふさわしい新しい狩猟具が次々に作られ、前の世代から引き継がれた知識が蓄えられた。

そのような技術革新や実験のスピードは、それまでの何十万年間に起きた変化が、たとえ起きたとしても遅々としていたのとは鮮やかな対照をなしている。[5]

およそ四万年前からより広まった道具としては、記憶を保持する道具らしきものもある。その手のものとして、たとえば一連の線や点が刻まれた骨の破片がある。これらは南アフリカで見つかった九万年以上前の彫刻されたオーカーと似たたぐいで、このオーカーについては前章で取り上げた。

ハーヴァード大学附属のピーボディ考古学・民族学博物館に所属する独学の考古学者アレクサンダー・マーシャクは、これらの彫刻された骨を徹底的に研究し、刻み目を顕微鏡で調べて骨がどのように使われたのかを推測した。最もよく知られている骨の標本は、フランスで発見されたおよそ三万年前のもので、マーシャクははじめ、月の二回の周期における月齢を表していると解釈した。そして、彫刻者が「月が満ち欠けするイメージを持っていただけでなく、時間そのものの継続性と周期性を抽象化したイメージも作り出した」と主張した。

神経科学者のサー・ジョン・エックルスは、この骨の写真を著書『脳の進化』（邦訳は伊藤正男訳、東京大学出版会）の原著の表紙に載せている。マーシャクはそれらの骨を「記録道具」と呼び、一九七二年に出版した著書『文明の起源（Roots of Civilization）』で、それらの骨が、「時間を織りこみずみで、かつ時間を意識的に考慮する、進化したヒトの能力、すなわち時空のなかのプロセスという観点から物事を連続的に考える認知能力」を表しているとほのめかした。より最近になって、マーシャクは彫刻された骨の意味を深読みしたと非難されているが、批判者たちのほとんどが、それらの骨は必ずしも月の周期を記録しているとは限らないものの何らかの「外部記憶保持道具」であるという点に同意している。[6]

現代ホモ・サピエンスとおしゃれ

現代ホモ・サピエンスは新しい道具や武器、記憶保持道具を用いただけでなく、およそ四万年前から、いっそう多様で洗練された自己装飾の形式を見せるようになった。ニューヨーク大学の考古学者ランダル・ホワイトは、この状況を次のように説明している。「後期旧石器時代の初期に、体を飾る品々が爆発的に増えた……ヨーロッパの装身具製作技術はいきなり現れ、技術そのものが初めから複雑で成熟していた」

南アフリカで発見された、より早い時代の首飾りや腕輪には貝殻しか使われていなかったが、自己装飾の新しい形式では、動物の歯や骨、枝角、象牙、カタツムリの殻、鳥の鉤爪（かぎづめ）、ダチョウの卵の殻、色とりどりの石も使われ、首飾りや腕輪だけでなく指輪やピン、ペンダントも作られた。たとえば、ある首飾りは「一五〇個近くの穴を開けた枝角や骨や石のビーズと五個のペンダントからできており、それらのパーツには彫刻や装飾がなされているものもあった」。フランスのドルドーニュ地方にあるいくつかの場所はビーズやペンダントの「工房」だったと言われており、そこでは「装身具の製作がそれ自体で一つの産業になった」という。[7]

この時期における自己装飾の例は、ヨーロッパや中東の広い地域に及んでおり、さまざまな装身具がフランスやスペイン、チェコ、ブルガリア、レバノン、トルコで見つかっている。たとえばトルコでは、カタツムリの殻や鳥の鉤爪で作られた首飾りが出土し、四万三〇〇〇年前のものと推定されている。同じような自己装飾の例は、モロッコ、アルジェリア、ケニア、タンザニア、南アフリカなどのアフリカでも見つかっている。アフリカでは、ダチョウの卵の殻が使われているものが特に多かった。いずれの場所でも、材料の手に入りやすさに応じた地域独特のスタイルがあったようで、光り輝く白い貝殻や明るい色の貝殻といった珍しい材料が珍重された。[8]

自己装飾に用いられた材料から、この時期に大規模な取引ネットワークが発展したこともうかがえる。たとえば、フランスで首飾りに使われた貝殻が見つかった場所は、貝殻の産地から一六〇キロあまり離れている。一部の考古学者は、自己装飾の材料をやり取りすることが、同盟集団の発展で重要な役割を果たした可能性があるとして、次のように唱えている。「現在の諸説から、結婚、交際、交換の広大なネットワークが、ビーズを贈り贈られる人のつながりを介して成長したことが見て取れる」

そのような贈り物は、「記憶を助ける手段として、地名や親族の名前と同じような機能も果たした」可能性がある。したがって、たとえば彫刻されたアカシカの歯でできた首飾りは、ある集団と、前年の秋に共同でアカシカの狩りをした親族でない別の集団との友情を表すものかもしれない。[9]

副葬品を添えた意図的な埋葬

現代ホモ・サピエンスが見せた新しい行動のなかで特に劇的なものの一つが、一部の遺体の意図的な埋葬で副葬品を添えたことだ。ホミニンはそれまで六〇〇万年にわたって死を経験してきたわけだが、そのほとんどの期間で、遺体に何かがなされた形跡はなく、遺体は野ざらしにされ、腐敗するか腐肉食動物に食べられるかに任された。意図的な埋葬がおこなわれたことがわかる初めての決定的な証拠は、一〇万年前から九万年前のものだ。わりと保存状態のよい一一体の遺体が、イスラエルの洞窟の床に葬られているのが見つかった。どうやら、南西アジアに移り住んでいたとおぼしき初期ホモ・サピエンスによって埋葬されたようだ。

また、七万五〇〇〇年前から三万五〇〇〇年前にかけて、ネアンデルタール人が意図的な埋葬をおこなった例がいくつもある。第3章で述べたように、そうした意図的な埋葬は、心の理論をすでに獲得していたネアンデルタール人の思いやり行動を表すものかもしれないし、捕食者を引きつけないことをもくろんだ遺体の一つの処分法に過ぎないかもしれない[10]。

その後、二万八〇〇〇年前ごろから、実用品や貴重品を死者とともに埋める意味深い埋葬が次々とおこなわれた。そのような品々は「副葬品」と呼ばれる。副葬品が添えられた埋葬地でこれまでに発見された最古のものは、モスクワから二〇〇キロ近く北東のスンギール遺跡にある。そこには一人の男性と二人の男女の子どもが、来世で死者を助けるために入れられたことがほぼ確かな「驚くほど豊富な品々」とともに葬られていた。三体の遺骨は、一万三〇〇〇個以上の象牙のビーズで飾られた衣服をまとっていた。

最近の研究から、一個のビーズを作るのに一時間近くかかっただろうと見積もられている。男性の両腕は、二五個の磨いた象牙の腕輪で飾られ、首には赤いペンダントがかけられていた。少年は、二五本のキツネの歯で飾られたベルトをつけ、首には動物の形をした象牙のペンダントをしていた。

かたわらには、彫刻したマンモスの象牙と象牙製の円盤が置かれていた。少女の遺骨には、手の込んだ格子細工が施された象牙の円盤が三つ、象牙の槍が数本、枝角の杖が二本添えられていた。杖の一本は、穴を開けた丸い点の並びで装飾されていた。どちらの子どもにも、脇に長さが一八〇センチほどあるマンモスの牙製の槍が置かれていた。十分な食物や衣服、風雨を凌ぐ住まいの確保に多くの時間やエネルギーを費やしたに違いない北方の地域において、これらの品々は、地中に埋めるには異例の多さだった[11]。

二万七〇〇〇年前のものとされる同様の埋葬地が、スンギール遺跡から南西に二〇〇〇キロ近く離れたチェコでいくつか見つかっている。ある埋葬地では、一八体の遺骨が一緒に埋葬されており、マンモスの骨や石灰岩の板で覆われていた。

そこことは別のドルニ・ヴェストニツェ遺跡では、一人の若い女性と二人の若い男性がともに葬られており、女性は男性のあいだに横たえられていた。三体の姿勢が、研究者のあいだで白熱した議論を呼んでいる。というのは、女性の頭が一方の男性に向けられているが、その男性はそっぽを向いており、もう一人の男性が女性のほうを向いて、両手が女性の股のところに置かれていたからだ。二人の男性の頭は、穴を開けたホッキョクギツネやオオカミの歯、マンモスの象牙のペンダントで取り巻かれていた。その墓には、赤い顔料のオーカーやカタツムリの殻もたくさんあった。

ドルニ・ヴェストニツェ遺跡のあたりには、少なくとも二〇〇〇年にわたってマンモスの狩人たちが住んでおり、彼らは木やマンモスの骨で造った家に住んでいた。そのような家の一軒は、二三トンものマンモスの骨を用いて建てられていた。この遺跡では、粘土を焼いて作られた小像が七〇〇体以上見つかっている。それらは、知られる限り世界初の陶器だ。ほかにも、二万六〇〇〇年前のものとされるヴィーナスの小像、男根をかたどって彫られた数本の象牙の棒、籠細工品らしきものの残骸が出土している。[12]

また、やはり二万七〇〇〇年前のものとされる一風変わった埋葬地がオーストリアで発掘された。双子だと考えられる生まれたばかりの赤ん坊が、オーカーで覆われ、象牙のビーズで飾られた上で墓に並べられており、墓の上には象牙で支えられた大きなマンモスの肩甲骨が載っていた。したがって、その肩甲骨は、墓を埋めるための土から遺体を守っていた格好だ。同様に、イタリアで発掘された二人の子どもの墓が、同じ時期のものと推定されている。二人は、穴を開けられた一〇〇〇個以上のカタツムリの殻とともに葬られており、殻は「骨盤や太もものまわりに並べられていたので、もしかすると腰巻きの飾りだったのかもしれない」

そのほか、さらに古い時代のものかもしれないイタリアの合葬墓には、高齢の女性と若者が葬られており、「二人の頭は石細工によって守られていた」。そして、若者の頭には四重のカタツムリの殻が巻きつけてあり、女性は二本の貝殻の腕輪をつけていた。シベリアでは、「象牙の冠、ビーズの首飾り、鳥の形をしたペンダント」をつけた少年が石板の下に葬られており、それは二万四〇〇〇年前のものとされている。[13]

ホモ・サピエンスと埋葬品

前述した埋葬地のような、この時期の知られている埋葬地の総数はさほど多くないが、それにはわけがある。まず、埋葬のほとんどが洞窟ではなく開けた場所でなされたようなので、どこを探せばいいのかがわかりにくい。知られている埋葬地の内いくつかは、現代の建設プロジェクトの最中に思いがけず発見されている。それに、特に古い埋葬地の多くは中央ヨーロッパか東ヨーロッパで見つかっているが、それらの地域でおこなわれてきた考古学研究は、フランスやスペインに比べてはるかに少ない。[14]

これらの埋葬地が、本当に副葬品を伴った埋葬地として初めての例なのかと疑う学者もいる。たとえば、オーストラリアでは、四万年前のホモ・サピエンスの古い埋葬地が赤いオーカーで覆われていたらしく、その顔料は二〇〇キロ近く離れた場所から運ばれたものだった。おそらくそれより古い南アフリカの埋葬地では、幼い子どもが、「装身具かお守りだと思われる、穴を開けられたイモガイの貝殻」とともに葬られており、貝殻はおよそ六〇キロ離れた場所から持ちこまれたものだった。

学者のなかには、ネアンデルタール人の埋葬地の一部にも副葬品があったと主張している者もいる。このような論争のほとんどでは、何をもって副葬品と見なすかという定義が争点となる。この論争の片側には、副葬品には「オーカー、石や骨で作られた道具、加工されていない動物の骨など」が含まれているべきだと主張する学者たちがいる。このような立場の支持者は、意図的に埋められた副葬品として、昔のイスラエルの洞窟にある埋葬地で見つかった動物の骨やシカの枝角をあげる。

ある研究では、七万五〇〇〇年前から三万五〇〇〇年前の意図的な埋葬の内三分の一以上に、そのような副葬品が入っていると報告された。一方、この論争の反対側には、そのような埋葬がおこなわれた洞窟の床には石器や骨がころがっていたに違いなく、ときにはオーカーのかけらも散らばっていただろうから、墓が埋められている最中に、それらの一部がいつのまにか入りこんだとしてもおかしくないと主張する学者たちがいる。

進化生物学者のイアン・タッタソールが述べたように、墓に入っていた動物の骨や枝角は、副葬品としては「お世辞にもたいして印象的なものではない」。そのような批判者たちは、四万年前より古い墓で、貝殻やビーズ、椀のような、より新しい時代の墓に副葬品としてよく添えられた物品が含まれているものはないと指摘する。[15]

とりわけ激しいある論争では、イラクのシャニダール洞窟で見つかった五万年前のものとされるネアンデルタール人の複数の埋葬地が議論の的になった。そのような墓の二つには、おびただしい量の花粉が含まれていたので、「発掘者たちは、死者が春の花で飾った寝台に横たえられたのではないかと連想した」

長年にわたり、この埋葬地は、ネアンデルタール人が死者をただ埋めたのではなく、来世を信じていることを匂わせる儀式的な態度で葬ったことを裏づける証拠として引き合いに出された。だが、より最近になって、その地域には齧歯類（げっし）のスナネズミが生息しており、巣穴に種子や花をよく蓄えることが見出された。古人類学者のリチャード・クラインと科学ライターのブレイク・エドガーは、共著『5万年前に人類に何が起きたか?』（邦訳は鈴木淑美訳、新書館）で、こう述べている。花粉がたまっていたのは「スナネズミのせいだという説明は、人間の埋葬行為によるという説明より興ざめだが、シャニダール洞窟のほかの埋葬地を含めて、ネアンデルタール人のほかの埋葬地に儀式を思わせるものがまったく見られないことと合っている」。副葬品と来世に対する信念との関係については、あとでもっとくわしく取り上げよう。[16]

芸術の萌芽

およそ四万年前から現代ホモ・サピエンスが示した新しい行動のなかで、芸術の出現は一般の人びとの興味を最も引いてきた。研究者によれば、芸術の出現、なかでも視覚芸術の出現は、現代人にとって興味深い。なぜなら、それは「ヒトとはいかなるものかを示すもの、すなわち私たちを動物や先行人類から区別する特徴の起源（あるいは起源の一つ）」を思わせるからだ。

視覚芸術は「私たちの知っている人間社会が生まれつつあった時期」に創り出された。文字が使われ始めたのは数万年後のことなので、これらの芸術作品は、この時期について手に入る「記録」に最も近いものだろう。[17]

一部の考古学者は、現代ホモ・サピエンスが芸術作品を生み出した本当に最初のホミニンなのかどうかについて疑問を投げかけている。前述したように、ネアンデルタール人の専門家のなかには、ネアンデルタール人が、穴を開けた歯や骨をペンダントとして用いたり、象牙から小像をこしらえたり、さらには火打ち石に手を加えて人間の顔面に似たものまで作ったりしたと主張している。しかし、これらが確かなものなのかという点をめぐって論争が起きている。

たとえいくつかの人工遺物は本物だとしても、考古学者のポール・メラーズによれば、「これらの物体はとにかく数が乏しく、ぽつぽつとしか見つかっていないので……このような象徴的表現は、ネアンデルタール人の行動を作り上げる本当の大事な要素とは見なしがたい」とのことだ。それに対して、現代ホモ・サピエンスによる視覚芸術の制作は、「単なる落書きから真の傑作までのあらゆるレベルで芸術の百花繚乱」だと言われた。[18]

この時期に生み出された視覚芸術の多様性や豊富さは見事なものだ。最もよく知られているのは多彩色の洞窟壁画だが、当時の芸術家たちは彫刻や粘土細工、彫像、小像、装飾を施したさまざまな物体も作った。三〇〇を超える洞窟で芸術作品が見つかっており、そのような洞窟の大半はフランスやスペインにある。

ラスコー洞窟だけで一九六三点にのぼる絵や彫刻があり、そのうち半数は動物を描いたもので、残りは幾何学的図形だ。二万二〇〇〇年前の推定人口がフランスでわずか二〇〇〇人から三〇〇〇人、ヨーロッパ全土でも一万人ほどだったことを踏まえれば、芸術作品の多さも注目に値する。[19]

この時期の芸術作品でこれまでに見つかっている最初期の例は、インドネシアのスラウェシ島のレアン・ティンプセン洞窟に残されている手形のステンシルや、スペインのエル・カスティージョ洞窟で見つかった幾何学的図形の線描で、いずれもおよそ四万年前のものとされている。壁画があるおもな洞窟から見つかった最初期の作品は、**ショーヴェ洞窟**のすばらしい壁画や、スラウェシ島の洞窟に描かれたブタのような動物の線描で、ショーヴェ洞窟の最古の絵は三万六〇〇〇年前のもの、スラウェシ島の絵は少なくとも三万五四〇〇年前のものとされる。

おもな洞窟壁画が描かれた時代は二万年以上続き、より新しい時代の絵としては、スペイン北部にある**アルタミラ洞窟**の壁画（一万四〇〇〇年前）、フランス南西部にあるニオー洞窟の壁画（一万三〇〇〇年前）などがある。これまでに見つかっている最も新しい洞窟壁画は、シチリア島に近いレヴァンツォ島の洞窟とシチリア島のアッダウラ洞窟の絵で、どちらもおよそ一万一〇〇〇年前のものと推定されている。その後、ヨーロッパでは洞窟壁画を描く伝統が廃れたらしく、それと時期を同じくして、ヨーロッパの気候が温暖化していき、農業革命が進んでいった[20]。

最初期の洞窟壁画が描かれていたころ、知られている限り最初期の彫像も作られていた。ドイツ南部のシュヴァーベン地方のアルプスにある洞窟群では、象牙彫りのライオンやマンモス、バイソン、ライオンの頭を持つ男性、女性の体の小像が見つかった。どれも四万年前から三万五〇〇〇年前のものとされている。女性の体の小像はペンダントとして使われたらしく、その後一万年にわたって中央ヨーロッパの広い地域で彫られた同じような女性小像の先駆けとなるものだ。

そのような女性小像は、一般に「ヴィーナスの小像」と呼ばれる。最も有名な例はオーストリアのヴレンドルフ洞窟で見つかった像で、腕輪で飾られ、凝った髪型をしており、赤いオーカーが塗られていた。これらの小像には共通して、乳房や腰、外陰部が著しく強調されているという特徴が認められることから、研究者たちは、これらの像が多産や余剰食物に結びつくと考えている。これらの小像について、人類学者のロビン・ダンバーは「ミシュランのキャラクターであるミシュランマンのような体型の女性たち」と述べた一方、考古学者のポール・メラーズは「古代のポルノ」と見なした。

女性小像のほかにも、象牙を彫って作られた数多くの動物の像が、やはりこの時期のものとされている。像の主題としてよく選ばれたのはマンモスやライオンだが、ウマやクマ、バイソンの像も作られた。また、ハゲワシやハクチョウの翼の骨で作られた骨製のフルートも八本見つかっており、最も古いフルートは四万二〇〇〇年前のものとされている。これらは、知られているなかで最古の楽器だ。[21]

動物・人間の手形・幾何学的図形

ヨーロッパの洞窟壁画では、最初の数百年には単純な形が描かれ、のちにより複雑な形が描かれるというように、絵が上達していったと長らく考えられていた。ところが、一九九四年にフランスでショーヴェ洞窟が発見され、そのような説は間違っていることが示された。ショーヴェ洞窟の絵は、そのおよそ二万年後に描かれたアルタミラ洞窟の絵と同じくらい洗練されている。ただ、かなり明らかだと思われるのは、この時期に視覚芸術の制作が増えたことと、現代ホモ・サピエンスが住みついていたどの地域でも視覚芸術の制作が見られることだ。

ということで、およそ一万五〇〇〇年前には、ヨーロッパで「人びとが、銛や槍先、投槍器などの人工物を、自然を捉えた彫刻や野生動物の細かな彫り物、入り組んだ図式パターンで飾っていた」。南アフリカでは、ダチョウの卵の殻で作った水筒に幾何学模様を刻んでいた。ナミビアでは、ネコやサイの絵、それにキリンに似た動物の絵を平たい石に描いていた。オーストラリアやブラジル、インドでは、幾何学模様や動物の絵で岩窟住居を飾っていた。そして中国では、シカの枝角に抽象的な模様を彫りこんでいた[22]。

これらの視覚芸術作品は実質的に、この重要な時期から得られる唯一の「かき表された」記録なので、さらにくわしく調べる価値がある。洞窟では、おもに三つの主題が認められる。動物、人間の手形、そして幾何学的図形だ。

動物はよく目につく主題で、狩りの獲物となった動物が圧倒的に多い。それで、九八一の洞窟壁画に描かれた動物の統計学的な分析から、次のような内訳が報告されている。ウマが二八パーセント、バイソンが二一パーセント、アイベックスが九パーセント、マンモスが八パーセント、オーロックスが六パーセント、シカが六パーセント、トナカイが四パーセント、ライオン、クマ、サイがそれぞれ二パーセント、それ以外の動物が残りの一二パーセント。選ばれた動物は洞窟によって違い、たとえば、ショーヴェ洞窟ではライオンやマンモス、サイが特に多いが、フランスのコスケ洞窟ではウマやアイベックスがとりわけ多い。一方、ハイエナやウサギ、ネズミ類、ヘビ、鳥、魚、昆虫を描いた絵はめったにないか、まったく見当たらない。それに景色も描かれていない。要するに、絵の焦点はただ一つ、動物に絞られている[23]。

この時期の画家たちが、動物をなるべくリアルに描こうとしたことも特筆すべき点だ。ある美術評論家が述べたように、「画家たちは、写実的に説得力のある動物の姿を描くことを目指したらしい。そして動物の外形や姿勢、毛皮、仕草に関する彼らの知識から、動物やその習性に対する観察眼が鋭かったことがわかる」

たとえば、フランスのペシュ・メルルにある洞窟でおよそ二万五〇〇〇年前に描かれた、ぶちのあるウマの絵については、象徴か空想によるものだという意見も出されていた。しかし、古代のウマの骨に関するＤＮＡ研究により、当時そのような斑点のあるウマが本当に生息していたことが最近になって確認され、その報告論文の著者たちは、そのような「先史時代の絵は、描いた動物の現実の外観にしっかりと基づいていた」と結論づけた。

それを示すもう一つの例として、歩いているウマを描いた線描や絵がある。ウマが実際に歩くときには、四肢が左後肢、左前肢、右後肢、右前肢という順序で動くことが知られている。ある研究で、古代の洞窟壁画の画家たちが描いたウマの絵と、過去二〇〇年間の画家たちが描いたウマの絵が比較され、ウマが歩くときに肢を出す順序を、洞窟壁画の画家のほうが最近の画家より正しく把握している割合が高かったと報告された。そこで研究者たちは、「洞窟の画家たちは、動物の動きを支配する法則を、現代の多くの画家よりよく理解していた」という結論をくだした[24]。

画家の多くが到達した芸術性のすばらしさには、感心させられる。いくつかのケースでは、洞窟の壁の自然な起伏が絵に取りこまれている。たとえばショーヴェ洞窟では、サイの角が岩の壁に沿っている。壁のある区画では、二頭のサイがにらみ合っており、別の区画では、ライオンの一群が獲物に忍び寄っているようだ。そして幅が九メートルほどある三つ目の区画には、四頭のウマ、四頭のバイソン、三頭のサイが描かれている。

ショーヴェ洞窟の絵が描かれてから二万年後、一万四〇〇〇年前のものとされるアルタミラ洞窟の天井は、「黒い色で輪郭と濃淡が表現され、つややかに光るクリーム色の石灰岩に赤い色の体が彫りこまれた二一頭の堂々たるバイソン」で埋めつくされた。バイソンはうずくまっていたり、寝そべっていたり、ふさふさした毛を振っていたり、天井を突進していたり、振り返っていたり、尾をなびかせたりしており、穴を開けた目は炭のように黒い」

ショーヴェ洞窟と同じく、アルタミラ洞窟の画家たちは岩の自然なカーブを活かしており、振り返って後ろを向いている一頭のバイソンは、岩が突き出ている部分に頭が描かれているので立体的に見える。そこから感じ取れるのは、画家たちが、描いた主題に対して深い尊敬の念、さらには畏敬の念を抱いていたことや、そのような絵が動物を神聖視したものを表しているかもしれないということだ。

これに関して、洞窟の入り口で宴が催されたという証拠もある。アルタミラ洞窟は、壁画や天井画で名高いヴァチカンのシスティーナ礼拝堂になぞらえて「旧石器時代美術のシスティーナ礼拝堂」と呼ばれており、洞窟を訪れたピカソは、こんな感嘆の声をあげた。「われわれは何も創造していない！」[25]

洞窟壁画では、動物の姿がたくさん描かれているのとは対照的に、人間の姿は比較的まれだ。人間の絵もあるにはあるが、それらはおおざっぱに描かれており、いわゆる棒人間でしかないものも少なくない。一部のケースでは、人間の姿が狩りの場面の一部として描かれている。ただし、たとえばラスコー洞窟では、九一五体の動物が描かれているのに対して、人間は一人だけだ。ラスコー壁画のある分析によれば、「その人間がバイソンに傷を負わせたようで、バイソンの腸(はらわた)がはみ出している。そして、バイソンがその人間を打ち倒している」とのことだ。壁画とは違い、彫像や小像（持ち運べる芸術作品）では、人間の像がより一般的で、わけても前述したヴィーナスの小像が多い[26]。

この時期の洞窟壁画で見つかる図には、さらにもう一つのタイプがある。それは人間と動物が合体した図で、**半人半獣像**と呼ばれる。ある研究者は、「一部が動物で一部が人間の姿をした男たち、あるいは少なくとも動物の扮装をした男たち」の姿が五〇以上あると主張したが、このような姿の多くは、どうとでも受け取れる。

半人半獣像の最も有名な例で、洞窟壁画で最も多く複製されていると思われるのは、フランスのレ・トロワ・フレール洞窟に描かれている人間と動物が合体した姿で、およそ一万五〇〇〇年前のものとされる。ある研究者は、それを「レ・トロワ・フレールの魔術師」と呼んだ。もう一つのよく知られている例は、前述したように、ドイツ南部で見つかったライオンの頭を持つ人間の象牙彫像で、およそ四万年前のものと推定されている。こうした像が何を意味する可能性があるのかについては、のちほど論じよう[27]。

洞窟壁画では、人間の姿はあまり見られないが、人間の手形はとても多く、特に初期の壁画が描かれた洞窟では目立つ。三万六〇〇〇年前のものとされるショーヴェ洞窟の壁画には、数百もの手形がある。最も多いのは手のひらを押しつけた形で、現在では薄れて赤い点々のようにも見える。

ショーヴェ洞窟には完全な手形もある。手に顔料を塗ってから壁に押しつけたものもあれば、手を壁に押しつけておいてから赤いオーカーの顔料を吹きつけて輪郭を際立たせた「ネガ」もある。

フランス南西部のガルガ洞窟には二万七〇〇〇年前のものとされる壁画が描かれており、手形も二〇〇以上ある。これらの洞窟に残されている手形は、ヨーロッパの少なくとも三〇のほかの洞窟や、南アフリカ、インドネシア、オーストラリア、パプアニューギニア、アルゼンチン、アメリカの岩壁画で見つかった、より新しい時代の手形に似ている。[28]

動物の姿や人間の手形に加えて、洞窟壁画でよく見られる図の第三のカテゴリーは幾何学的図形だ。幾何学的図形はきわめて多く、この時期に描かれた洞窟壁画や岩壁画のほぼすべてで見つかる。図形は、小さな丸い点や線から円、らせん、梶棒状（梶棒の形）、屋根形（小屋の形）の線描までさまざまだ。図形は、動物を描いた区画に交じっていることが多いが、図形だけが描かれていることもある。

一部のケースでは、幾何学的図形が動物に重ね合わされており、直線がそのように描かれている場合には、槍や矢を表していると考えられている。これらの幾何学的図形は、しばしば「サイン」や「シンボル」と見なされるが、何の象徴なのかはわかっていない。それらは「洞窟壁画で最も謎めいた形」と言われている。[29]

人間の創造性のほとばしり

改良された道具や武器に、それまでにない道具や武器、記憶保持道具、多様で広まった自己装飾、副葬品を添えた意図的な死者の埋葬、楽器、壁画の描かれた洞窟、彫像や小像、装飾されたさまざまな物体。それは、六〇〇万年に及ぶホミニンの歴史で見られたいかなるものとも違う、人間の創造性のほとばしりだった。考古学者のランダル・ホワイトはそれを、「ヨーロッパで四万年前から三万年前にかけて、表現の物質的な形が爆発的な勢いで表舞台に現れた」と要約した。これらの発展を時系列で表すと(**図5・1**を参照)、その多くが、世界の遠く離れたさまざまな地域でほぼ同じころに起こったことがわかる。この時期を「人間革命」と呼んでいる著述家もいる。[30]

だが、これは本当に「人間革命」だったのだろうか? 二〇〇〇年に人類学者のサリー・マクブレアティとアリソン・ブルックスが、「革命ではなかった革命」と題する記事を発表して話題を呼んだ。二人は、およそ四万年前に起こったと言われている発展の多く、たとえば骨角器の利用、釣り、装身具の使用、死者の埋葬、取引ネットワークなどが、実際にはそれより四万年から六万年早い時期に見られたと主張した。そして、そのような発展は、革命というよりも「積み重なるプロセス」であり、おもにアフリカで二〇万年にわたって起きた「現代的な行動の段階的な蓄積」だったと主張した。[31]

マクブレアティとブルックスの見解は、およそ四万年前から見られる発展の多くが、それより何万年も前に、それほど多くではないにせよ認められたという点については正しい。だが私は、これらの変化を人間革命と見なしていないという点では、二人の見方は正しくないと考える。前章で述べたように、一つの主要な認知的変化——内省能力の獲得——がおよそ一〇万年前に起こり、この認知的変化が、この時期に見られる新しい行動をもたらしたおもな要因だったように思われる。もしそれが本当なら、もう一つのおもな認知能力の変化がおよそ四万年前に起きたということはありうるだろうか? もしそうなら、それは何だったのだろう?

副葬品を添えられた埋葬	芸術作品
	• 骨製のフルート：知られる限り最古の楽器（ドイツ）
• オーストラリアや南アフリカで埋葬がおこなわれた可能性	• 象牙に彫られたライオン、ライオンの頭をした男性、女性の小像（ドイツ） • スペインの洞窟で描かれた幾何学的図形、インドネシアの洞窟でつけられた手形 • フランスのショーヴェ洞窟やインドネシアのレアン・ティンプセン洞窟で描かれた動物の線描
• スンギール遺跡：副葬品がある明確な埋葬地として最古の遺跡（ロシア） • ドルニ・ヴェストニツェ遺跡（チェコ） • グリマルディ洞窟（イタリア）	• 岩壁画（ナミビア） • 岩壁画（オーストラリア） • ドルニ・ヴェストニツェ遺跡のヴィーナス：知られる限り最古の焼き物（チェコ） • ヴィレンドルフのヴィーナス（オーストリア） • ガルガ洞窟の壁画（フランス） • ペシュ・メルル洞窟の壁画（フランス）
• マルタ遺跡（シベリア） • 副葬品を添える埋葬が次第に一般化	
	• ラスコー洞窟の壁画（フランス） • 石に描かれた動物の絵（ナミビア） • ダチョウの卵の殻に刻まれた模様（南アフリカ） • アルタミラ洞窟の壁画（スペイン） • 岩窟住居の模様や絵（インド、ブラジル）

図 5·1　年表：4万5000年前から1万3000年前

年前	道具や武器	自己装飾
45,000		• 穴を開けられた動物の歯（ブルガリア） • 貝殻のビーズ（トルコ、レバノン）
	• 深い海の魚を釣るための釣り針や網（インドネシア）	• ダチョウの卵の殻でできたビーズ（東アフリカ）
40,000	• 知られる限り最古のランプ(フランス)	• 貝殻や骨のビーズ（チェコ）
	• 骨製の道具や武器が普及	
35,000	• 知られる限り最古の縫い針（ジョージア）	
	• 刻み目がつけられた記憶保持道具（フランス） • ロープや籠	• 貝殻のビーズ（ギリシア） • 象牙や石のビーズを作る「工房」（フランス）。ビーズが広範な取引ネットワークで利用されたことの示唆
30,000	• 投擲器（フランス）	
25,000		• 象牙、骨、貝殻、枝角、動物の歯、魚の椎骨、さまざま種類の石で作ったペンダント、腕輪、首飾り、ヘアバンド、頭飾り
	• 彫刻された柄のついたランプ（フランス）	
20,000	• 弓矢技術の普及 • 槍先、矢柄研磨器、のみ、楔、突き錐、錐、投擲器の普及。多くに彫刻の装飾	
15,000		

将来の把握：自伝的記憶の進化

子どもが四歳くらいになると、「自伝的記憶」として知られる機能の最初の段階が発達する。自伝的記憶は**エピソード記憶**と呼ばれることもある。四歳に満たない子どもは、次のように言われている。「時間の奥行きがあまりない世界で生きている。幼い子どもにとっては、現在が突出している。子どもの人生は、過去にも将来にもあまり踏みこんでいかない」

このような特徴を明らかにしたのが、幼い子どもが何歳で「明らかな時間の次元を持った自己を思い浮かべるようになるのか」と問いかけた心理学者ダニエル・ポヴィネリらの実験だ。研究者たちは、二歳から五歳の子どもの時間感覚を次のような方法で評価した。子どものおでこに、子どもに気づかれないようにして大きなステッカーを貼り、しばらくしてから、ステッカーがくっついている姿を撮影したビデオを子どもに見せた。すると、二歳から三歳の子どものほとんどは、おでこのステッカーに手を伸ばして取ろうとはしなかったが、四歳の子どものほとんどが、おでこのステッカーを剥がした。

この結果から、ポヴィネリたちは次のように結論づけた。「幼い子どもは、年上の子どもとは自己の理解の仕方が違う。具体的に言えば、幼い子どもは、自分が参加した過去の出来事（したがって覚えている出来事）が自分に起きたということが、容易にはわからないのかもしれない……その出来事について言葉で言うと思い出すかもしれないが、その出来事の情報が取りこまれて自伝的記憶として保持されなかったため、それが自分に起こったということが子どもにはわからない」

子どもは成長すると、「自分の過去に起きたさまざまな出来事をつなぎ合わせて、唯一でかけがえのない自己を編み上げる」ことができるようになる。その結果、心理学者で哲学者でもあるウィリアム・ジェームズの言葉を借りれば、「複数の自己の流れが切れ目なくつながり」、経験を過去や現在から将来に投影できるようになる。(32)

子どもの研究から、基本的な認知能力の発達が芸術を理解するために欠かせない可能性があることも見て取れる。たとえば、絵や写真と過去に見たものを比較する能力も、そうした能力の一つだ。そのような研究によって、二歳未満の子どもが写真の本質を理解していないことが示された。たとえば、幼い子どもは、写真に写っているボールを手に取ろうとすることがある。三歳になっても、写真に写っているアイスクリームが冷たいとか、バラの写真はいい匂いがすると信じている子どももいる。四歳になるまで、「多くの子どもは、ポップコーンを盛ったボウルの写真を逆さまにすれば、写真のなかのポップコーンがボウルから落ちてくると思っている」と、写真に対する子どもの理解に関する研究を率先してきたイリノイ大学の心理学者ジュディ・デローチェは述べている。このことから、およそ四万年前に始まった芸術のほとばしりが、その時期に起きていた認知能力の発達に左右された可能性がうかがえる。(33)

短期記憶と長期記憶

自伝的記憶は、二種類ある**長期記憶**の一つだ。ちなみに、**短期記憶**は「ワーキングメモリ」とも呼ばれる記憶で、「推論、理解、学習、一連の行為の実行といった認知課題の遂行に必要な情報を心にとどめて処理する」役目を果たす。短期記憶は、電話をかけようとして、初めて見た電話番号を覚えようとするときに用いられる記憶だ。

それに対して、長期記憶は、何十年間も保存されうる記憶の「痕跡」からなる。長期記憶の一つの種類は、**意味記憶**と呼ばれる。意味記憶は、「フランスの首都はパリ」といった事実を保存する長期記憶だ。そして、長期記憶の二つ目の種類が自伝的記憶である。意味記憶とは違い、自伝的記憶というのは、過去の出来事を感覚と感情の両面で蘇らせることだ。

意味記憶と自伝的記憶の違いは、次のように説明されている。「自分が通った高校の名前や場所を言えるのは意味記憶のおかげだが、登校初日の気持ちや出来事をふたたび体験できるのはエピソード記憶［自伝的記憶］のおかげだ」。マルセル・プルーストの長編小説『失われた時を求めて』（邦訳は鈴木道彦訳、集英社など）には、文学作品に描かれた自伝的記憶の代表的な例が書かれている。

ある冬の一日、家に帰った私がひどく寒がっているのを見て、母は、ふだん飲まない紅茶でも少し飲ませてもらっては、と言いだした……お茶に浸してやわらかくなったひと切れのマドレーヌごと、ひと匙(さじ)の紅茶をすくって口に持っていった。ところが、お菓子のかけらの混じったそのひと口のお茶が口の裏にふれたとたんに、私は自分の内部で異常なことが進行しつつあるのに気づいて、びくっとした。素晴らしい快感、孤立した、原因不明の快感が、私のうちにはいりこんでいたのだ……そのとき一気に、思い出があらわれた。この味、それは昔コンブレーで日曜の朝……レオニ叔母が紅茶か菩提樹(ぼだいじゅ)のお茶に浸してさし出してくれた小さなマドレーヌの味だった……けれども……古い過去の何ものも残っていないときに、……匂いと味だけが、なお長いあいだ魂のように残っていて、ほかのすべてのものが廃墟と化したその上で、思い浮かべ、待ち受け、期待しているのだ、その匂いと味のほとんど感じられないほどの雫(しずく)の上に、たわむことなく支えているのだ、あの巨大な思い出の建物を[34]［前掲書より引用］。

研究では、自伝的記憶の過去の次元がおもに注目されてきたが、自伝的記憶には将来の次元もある。たとえば、予約した四つ星レストランの住所を教えてくれるのは意味記憶だが、自伝的記憶の将来の次元にあたるもののおかげで、その店で味わいたいと思っている目と舌での楽しみを先取りできるのだ。これは「出来事の事前経験」と呼ばれている。

子どもの自伝的記憶の発達に関する研究から、過去と将来の次元が同時に発達して認知的に統合されることが示されている。過去と将来が合わさって**時間的自己意識**を形成することで、人は過去を利用して将来を把握することができる

このように過去と将来を結びつけることは、神経科学者のサー・ジョン・エックルスによれば、「過去に経験したことの記憶を活かして将来の計画を立てる人間の非凡な能力」を示している。エックルスは、さらにこう述べている。「私たちは過去‐現在‐将来という時間の枠組みのなかで生きている。人間が『今』という時間を自覚しているとき、この経験には、過去に起きた出来事の記憶だけでなく、予想される将来の出来事も含まれている」

さらに、「エピソード記憶［自伝的記憶］のおもな役割は……過去の情報を与えて将来のシミュレーションに役立てることかもしれない」という主張もなされている。[35]

一部の文筆家は、自伝的記憶の過去の次元だけでなく将来の次元にも言及してきた。T・S・エリオットの『四つの四重奏』という長編詩の冒頭では、それが簡潔に述べられている。

現在の時間と過去の時間は
いずれも将来の時間のなかに存在し、
将来の時間は過去の時間に含まれる。

そして、ルイス・キャロルの小説『鏡の国のアリス』（邦訳は河合祥一郎訳、角川書店など）では、白の女王がアリスに「記憶力は前と後ろの両方向に働く」と教える。

「私の記憶力は、一方向にしか働かないに違いないわ」とアリスは言いました。「まだ起きていないことなんか覚えていないもの」

「後ろにしか働かない記憶力には欠陥があるぞよ」と白の女王は言いました。「どんなことを一番覚えていらっしゃるの？」と、アリスは思いきって尋ねました。

「そりゃ、再来週に起きたことに決まっておろう」と、女王は何気なく答えました。[36]

アルツハイマー病患者では意味記憶も過去の自伝的記憶も失われることがあり、重要なこととして、そのような患者では将来を思い描く能力も失われることがある。アルツハイマー病以外の脳の異常がある人では、意味記憶は保持されているものの自伝的記憶が失われることがある。そのようなある男性は、長距離電話のかけ方などの「単純な事実はまだ覚えていた」が、「自分の人生に起きたことを一つも思い出せなかった」。その男性は、将来について訊かれると、自分の心はまったく「空白」だと答えた――「空っぽの部屋にいて、椅子を探すように人から指示されるような感じなんです」

心臓発作で脳に損傷をきたした別の男性は、過去の公共イベントに関する意味記憶を保持していたが、「心臓発作が起こる前に自分が実行したり経験したりしたことを、一つとして意識的に思い出すことができなかった」。そのため、「彼は、自分が勤めていた会社の名前は知っていたが……勤務していたときの出来事や、そこで起こったことを何一つ思い出せなかった」。同じく、その男性は、地球温暖化は将来に対する脅威だと述べたが、「将来の自分の経験がどんな風なのかを想像しようとしても、うまくできなかった」

この研究論文の著者たちは、自伝的記憶のおかげで、「人は心のなかで過去に戻って、以前に経験した個人的な出来事を追体験することができ」、そして今度はそれが、「将来の自分の経験がどのようなものなのかを想像する土台」を与えると結論づけた。[37]

ヒト以外の動物には、自伝的記憶があるだろうか？　多くの動物が将来に備え、食物を蓄えたり遠い場所に移したりするが、それは本能による自動的な行動だと考えられている。一部の研究者は、チンパンジーが過去を利用して将来の計画を立てる能力を持っていると主張している。なぜなら、チンパンジーは、あとで使うかもしれない道具を取っておくことが知られているからだ。それで、スウェーデンの動物園にいるサンティノという名のチンパンジーは、あらかじめ石を集めて積み上げておき、動物園が午前中に開園したら来園者に石を投げつけられるように準備していると言われている。

また、アメリカカケスが自伝的記憶を持っていると主張している研究者もいる。それは、アメリカカケスが単に食物を蓄えるのではなく、ほかの鳥がその貯蔵食物をいつ盗む可能性が高いのかを予測するからだ。より最近では、ラットが実験用の迷路を走っているときに脳の海馬が活性化することに基づいて、ラットが自伝的記憶を持っていると主張している研究者もいる。そのような行動が本物の自伝的記憶を表しているのかをめぐる議論は続いているが、研究者の大多数は、それらの証拠は曖昧だと見なしている[38]。

自伝的記憶と現代ホモ・サピエンス

現代ホモ・サピエンスは自伝的記憶を手に入れたことによって、この認知能力がなかったとおぼしきネアンデルタール人やほかの古代型ホモ・サピエンスの残存種に勝る進化上の大きな強みを得ただろう。自伝的記憶のおかげで、ヒトは将来の行動を計画する上で、さまざまな過去の出来事を柔軟に検討できるようになった。

これをわかりやすく示すため、意味記憶しか備えていなかった七万五〇〇〇年前の狩人と、意味記憶と自伝的記憶の両方を備えていた二万五〇〇〇年前の狩人の違いを考えてみよう。七万五〇〇〇年前のある狩人は、次のように計画したかもしれない。「太陽があの丘の向こうに沈んだときに、トナカイの群れが谷を降りてきて川を渡ったのを覚えている。俺はそのうちの二頭を殺したので、来年も狩りをしよう」

一方、二万五〇〇〇年前のある狩人は、次のように計画したかもしれない。

太陽があの丘に立つ大きな木の横に沈んだときに、トナカイの群れが谷を降りてきて川を渡ったのを覚えている。なぜ覚えているのかと言えば、そのときに姉さんが子どもを産んで死んだからだ。俺たちは、トナカイを一二頭しか仕留められなかった。そのわけは、一緒に狩りをしていた義兄の一族が幼い息子たちを連れてきていて、あのガキどもがうるさく騒いで言いつけを守らなかったからだ。だから来年は、義兄の一族ではなく、母方の叔母の一族と狩りに出よう。それに、川が曲がっている下流のあたりで女たちに待機してもらい、死にかけたトナカイを水から引き揚げてもらえば、男たちはそれに時間を取られずにトナカイの狩りを続けられる。義兄は俺に腹を立てるかもしれないが、キツネの歯で作ったペンダントを以前にほめてくれたので、それをあげればよい関係を保てるだろう。狩りの計画をじっくりと立てて、みなに仕事を割り当てれば、三〇頭以上のトナカイを仕留められるはずだ。そうすれば、冬を越すための備蓄食料が十分に得られるだろう。

自伝的記憶の恩恵を示すこの仮想のシナリオは、この時期の狩りが「単独の動物や小さな集団の動物を狩ることから、トナカイやアカシカの大集団を一挙に狩ることへと移行し……動物たちは、狭い谷にひしめいたり、川を渡ったりといった、移動ルートの難所で人間に攻撃された可能性が高い」と言われている事実に沿うものだ。

おそらく現代ホモ・サピエンスは、動物の移動が始まりそうな時期を教えてくれる正確な記録をつけていたと考えられる。だから、どの場所なら動物が最も無防備なのかについて、さまざまなシナリオを思い描けただろう。それによって、サケが春に川をくだったり、トナカイが毎年移動したりする時期に、現代ホモ・サピエンスは自伝的記憶を活かして食物の獲得量を最大にすることができただろう[39]。

この時代の後期にあたるおよそ一万八〇〇〇年前から一万一〇〇〇年前には、大人数の人間が協力してこのような動物の大量殺害をした形跡がさらに認められる。狩猟採集民の小集団がそれぞれのやり方で狩りをするのではなく、人びとが示し合わせた時刻に集合して共同で狩りをすることが増えていった。

南アフリカの考古学者デイヴィッド・ルイス＝ウィリアムズは、それについて次のように述べている。「後期旧石器時代に大規模な定住地があったことにも気づく必要がある……このような定住地は、おそらく人が集まる場所だった。一年のある時期には、コミュニティが小さな社会集団に分かれて暮らし、それ以外の時期には、広く認められた集合場所にまとまっていた」

こうした集合場所のいくつかが、フランスやスペインで確認されている。アルタミラ洞窟周辺などがそうだ。そして、そのような場所には、恒久的な家らしきところで大勢の人が暮らしていたことを示す建物が含まれている[40]。

そのような共同での狩りは、自伝的記憶と言語が組み合わさることでいっそう促進されただろう。オーストラリアの心理学者トーマス・ズデンドルフらは、次のように指摘している。「言語の進化そのものが、心のなかでの時間旅行の進化と密接に結びついている……言語によって、個人が経験した出来事や個人が立てた計画が仲間と共有され、現実味のある将来を計画して築く能力が高められた」。ズデンドルフは、「心のなかでの時間旅行は人類の進化を牽引した原動力だった」とまで主張している[41]。

宗教思想の出現１：死の意味

宗教思想の誕生について、イギリスの人類学者**エドワード・B・タイラー**が、一八七一年に出版された著書『原始文化』（邦訳は比屋根安定訳、誠信書房）で進化的な観点から述べている。タイラーは、チャールズ・ダーウィンその人や、一八五九年に世に出たダーウィンの著書『種の起源』（邦訳は渡辺政隆訳、光文社など）に強い影響を受けた。ダーウィンが、現代ホモ・サピエンスが初期のホミニンや霊長類から進化したという説を述べたことを受け、タイラーは、「高度な」文化が、自分がメキシコで研究した「低い」つまり「原始的な」文化から進化したという学説を立てた。

タイラーとダーウィンは書簡をやり取りし、タイラーはダーウィンの文化的知見を自著に引用している。タイラーは、「原始的な」人びとはまず、死や夢に対する理解に基づいて宗教的観念を生み出したと考えた。死や夢の意味は、自伝的記憶の獲得によってわかるようになっただろう[42]。

およそ四万年前に先だち、ホミニンは六〇〇万年以上にわたってほかのホミニンの死を目にしてきた。彼らは、死がほかの者たちに起こる何かだということを肌で知っていた。たとえば、彼らは自分の生活集団にいる人びとが死ぬのを見た――子どもが病気で死んだり、女性が出産で死んだり、男性が狩猟中の事故で死んだり、老人が飢えで死んだりというように。それに、食物を漁ったりシカの群れを追ったりしたときに、死んだホミニンに出くわすこともあった。

死の生物学的現実の扱いが検死官や葬儀業者の仕事場に委ねられる今日とは違って、初期ホミニンたちはあらゆる腐敗段階の死体を目の当たりにしたに違いない。というのは、特別な場合に遺体を埋葬することとさえ、少なくとも一〇万年前まではおこなわれなかったように見えるからだ。

これらのホミニンは、どんなものを見たのだろう？ 人が死ぬと数時間以内に、皮膚で血がたまった部分がしみになり、ほかの部分は灰白色になる。死後硬直によって数日にわたり筋肉が硬化するが、そのころには腐敗が始まっている。最初に腐敗するのは脳で、脳はアミノ酸や脂質に分解されて灰色のどろどろした液状になり、耳や鼻、口から漏れ出してくることがある。

体のほかの部分では、腐敗がたいてい死後三日目には始まり、腐敗は内外の両方から起こる。腸のなかでは、人が生きていたあいだには体の免疫系によって抑えこまれていた何百兆個もの細菌が、腸などの臓器を消化する。その際に細菌がガスを発生させるので、死体が膨張する。特に腹部や男性器、唇と舌が膨れ上がり、舌が口からはみ出ることもある。体の外からは、蛆が目や口、生殖器のまわりに集まり、皮下脂肪を消化し始める。

一週間が過ぎるまでに、膨張が進んで内臓が破裂する。皮膚は緑色を帯び、はがれ落ちる部分もある。そのころには蛆が体をほぼ覆い尽くしており、甲虫(こうちゅう)も加わったりして、筋肉組織をむさぼる。二週間が過ぎるころには、死体は「基本的に溶ける」と言われている。すなわち、「崩壊して自分のなかに沈み、最終的には地面に流れ出る」ということだ。腐敗する肉の臭いは、やや離れた場所からでもわかり、「濃厚で鼻につく……腐った果物と腐った肉の臭いが混ざったような臭気がする」。それで、その臭いは「鼻を刺激し、忘れられない」と言われている。

気温がどれだけ高いかにもよるが、死体は二～四週間以内で骨になる。骨も分解するが、完全に分解するまでには数年かかることもある。そのあいだ、体の骨や頭蓋骨がその場にずっところがっており、生きている者はそれを見るたびに胸がふさがる思いに駆られる。

イギリスの医師にして哲学者のレイモンド・タリスは、この期間について次のように描写した。

あなたの頭蓋骨はちょうどそのころ、これらの虫にとって心地よい場所である。頭蓋骨が、あなたがそれらの虫について今抱いている考えにとって心地よい場所であるのと同じように。あなたが今感じている、そのもの言わぬ冷徹さはこう囁く――おまえの頭は誰にも与するものではなく、おまえにもいささかも与していない。あなたの頭蓋骨は、いつの日かそれを出来合いの隠れ場だと思うかもしれない鳥の歌に無関心なのと同じく、あなたの悲しみにも恐れにも喜びにも無関心だし、あなたの目で愛しい人の像を結んだ光にとって好ましいのと同じく、あなたの目の虚を滑るように進むヘビにとっても好ましい。そして、成長し、跳びはね、あなたの朽ちかけている頭をかじって抜けていく生き物の一匹たりとも、あなたの考えなぞにまったく興味を持つまい。たとえ、いかに限られた人間しか持てない考えだろうと、いかに独創的な考えだろうと、いかにみだらな考えだろうとも。[43]

これはすべて、死体が腐肉食動物によって食い荒らされていないことを前提にしているが、そんなことは過去にはまずなかっただろう。ハイエナなどの腐肉食動物は、腕や脚を選んで食べる。大きな筋肉や長い骨、骨髄があるからだ。骨髄は、栄養分が豊かなため特に狙われた。

死の理解と自伝的記憶

初期ホミニンたちは、分解しつつある死体をいくらでも見ていたので、死という事実を鋭く意識していただろう。それに、親しかった人びとが死ぬと悲しんだり嘆いたりしただろう。そのような様子を見せる動物と同じように。悲しみや共感の気持ちによって、一部のネアンデルタール人が、思いやりの印か遺体を捕食者から守る手段として死んだ仲間を埋葬した理由も説明がつくかもしれない。

彼らにとって、死は一つの現実だっただろう。太陽が一日の終わりに死に（沈み）、暖かい気候が夏の終わりに死ぬ（終わる）ように。ただし、死はほかの人びとに訪れる何かだった。それが自分にもいずれ訪れるということを理解するためには、蓄積された過去の経験を用いて、理屈と感情の両面で自分を将来にきちんと投影できなくてはならない。手短に言えば、死を理解するには、自伝的記憶を身につけている必要があるのだ。

現代ホモ・サピエンスで自伝的記憶がゆっくりと発達するにつれて、自分自身の死についての意識が彼らの心を捉え始めた。彼らは自分の考えを省みることができたので、それまでにない考えが芽生えた――無限とは、永遠とは、人生の意味とは何か。ひとたびそのような考えを背負いこむと、もはや誰も、おのずと湧いてくる疑問に苛まれることなく仲間の腐敗しつつある死体のそばを通り過ぎることはできなくなった。知人だったこの男に何が起きたのだろう？　彼はどこに行ってしまったのだろう？　これがいつか自分にも起こるのだろうか？　自分はどこに行くのだろう？　自分もこの男のように、ただ腐って溶けて土になるのか？　それは、ハムレットがシーザーについて語った台詞を思わせる。「かつては世界に君臨せしシーザーも死してはあわれ一片の土くれと化し、かつては天下を畏怖せしめし帝王もいまは壁穴ふさぎ北風防ぐ身となる」〔『ハムレット』（小田島雄志訳、白水社）より引用〕

ホモ・サピエンスがそのような疑問を持たずにいられることは、もう決してあるまい。テオドシウス・ドブジャンスキーの言葉を借りれば、「自分が死ぬことを知っている存在が、それを知らなかった祖先から生まれた」のだ。(44)

というわけで、自伝的記憶の獲得はヒトに進化上の大きな強みを授けたが、それには重い代償がついてきた。現代ホモ・サピエンスは、自分について内省的に考えることも自分を将来に投影することもできたので、史上初めて、自分がいずれ死ぬということをはっきりと意識した。こうして現代ホモ・サピエンスは、ホミニンとして初めて、死が意味するものや暗示するものをしかと悟った。

イギリスの考古学者マイク・パーカー・ピアソンによれば、この自覚は「人間とはどういう存在なのかの根源をなす決定的な特徴であり、私たちの存在や自己意識のまさしく根幹に関わるものだ」。神学者のパウル・ティリッヒは、次のように言い表した。「死に対する不安は、最も基本的で、最も普遍的で、逃れられないものだ」

死に対する恐れは、世界最古の書き留められた物語である『ギルガメシュ叙事詩』(邦訳は月本昭男訳、岩波書店など)の主題だった。『ギルガメシュ叙事詩』については第7章で取り上げるとして、死の恐怖は現在に至るまで文学にずっと立ちこめている。フランスの詩人シャルル・ボードレールは、次のように描写した。

「取り返しのつかぬもの」に抗えるものは何一つない――
それは白蟻のように、
われわれの魂を、お粗末な砦を、
荒れ果てた塔が倒れるまでむしばむ。
「取り返しのつかぬもの」に抗えるものは何一つない!

作家のウラジーミル・ナボコフによれば、死に対する恐れは次のとおりだ。「赤ん坊の揺りかごる恐怖を君に見せてあげよう」[45]

が深淵の上で揺れている。常識は、われわれの命が、二つの永遠なる闇の裂け目から束の間差しこむ光に過ぎないと告げる」。そしてT・S・エリオットは、こんな一文で捉えた。「一握りの灰にある恐怖を君に見せてあげよう」[45]

エドワード・タイラーは、「原始的な」人びとは、死を理解することを迫られ、生きている状態から死んだ状態に移る段階で何かが失われたと考え出したのだろうという説を立てた。その何かとは魂ないし霊魂だとタイラーは述べ、こう問いかけた。「魂の概念で人の動きや活動、人で起こる変化を説明できるのなら、なぜその概念をより広げて、人間以外の自然界について説明してはいけないのか？」

タイラーは、魂や霊魂を信じることが宗教思想の本質だと考え、すべてのものに魂が宿るとする自らの学説を**アニミズム**と呼んだ。この言葉は、ラテン語で「魂」を意味する「アニマ」に由来する。タイラーはさらに、宗教を単純に「霊的な存在に対する信仰」と定義した。[46]

子どもの成長を見ると、死に対する十分な理解が、人類が進化する過程のわりと遅い時期に獲得されたのだろうということがうかがえる。六歳未満の子どものほとんどは、死についてまったくわかっていない。ウラジーミル・ナボコフは、子ども時代について綴った情感あふれる回顧録で、無邪気だったころを懐かしんでいる。「安心感、幸福感、夏の暖かさが私の思い出に満ちている。そんな確たる実感が、現在の亡霊を作る。鏡は輝きにあふれ、マルハナバチが部屋に入ってきて天井にぶつかる。万物があるべき姿で存在し、何も決して変わらず、誰も決して死なない」

幼い子どもは、死はもとに戻せるもの、言い換えれば眠りにつくようなもので、人は死んでも蘇るかもしれないと思っている。三七八人の幼い子どもを調べた研究では、多くの子どもが、死んだ人が引き続き食べたり飲んだりする、考えや感情を抱くと信じていると答えた。子どもでは六歳から九歳のあいだに、死に関する概念がより具体化して恐ろしいものになり、たとえば死は骸骨のようなものとして描かれる。それでも、やはり死は永久に続くものでもなければ、自分に訪れるものでもない[47]。

人類の脳の認知発達と死

死についての十分な理解は、九歳かそれを過ぎてから深まり始め、それには次にあげる四つの概念が含まれる。死はすべての人に必ずやって来る。死は取り返しがつかない。死ぬと体のあらゆる働きが止まる。死には身体的な原因がある。たとえば、ある一〇歳の少女は死を、「体が消え去ること……花が枯れるようなこと」と話した。それでも、危険をいとわない行動に走る若者がいるように、青年期になっても死についてよくわかっていない人がいるようだ。ということで、死についてしっかりと理解できるようになることは、人類の脳の認知発達および進化における終盤の節目の一つだと思われる[48]。

現代ホモ・サピエンス以外に、死を十分に理解している動物がいないように見えることも興味深い。それは、死を理解するためには自伝的記憶の発達が欠かせないことをほのめかす。一部の動物は、身近な存在との死別を悲しむそぶりを示すかもしれない。たとえば、イヌは飼い主が亡くなったときに悲しげな様子を見せることがあるように。ゾウも、仲間の死を悼むような気配を示すと言われている。たとえば、死んだ身内の体に鼻を押しつけたり、亡骸に土をかけたりもするというように。しかし、他者の死を悲しむことは、自分もいずれ死ぬことを理解していることと同じではない。[49]ヒトに最も近縁の霊長類であるチンパンジーでも、死を理解していることを示す様子は見当たらない。霊長類学者のジェーン・グドールは、タンザニアで六六例のチンパンジーの死亡を記録し、そのうち二四例で死体を目撃した。ほとんどのケースでは、死体はただ無視され、放置されて腐敗した。あるケースでは、雄の成獣が木から落ちて首を折って死んだとき、「同じ集団のメンバーたちは激しい興奮と不安を示し、死体のまわりで示威行動(ディスプレイ)をして死体に石を投げつけた」また、チンパンジーの死亡の内三例は、成獣が子どもを殺して食べたことで起きた。同じ種の死んだ仲間を食べることは、ゴリラやヒヒといったほかの霊長類でも観察されている。死についてわかっているのはヒトだけのようなので、「死についての理解は、ヒトに特徴的な性質と動物の存在を隔てる違いとして、道具作り、脳、言語よりはるかに決定的な断絶」だと言われている。[50]

昔から多くの識者が、死の意識を宗教思想につながるきっかけと見なしてきた。古代ローマでは、文人のガイウス・ペトロニウスがこう述べている。「世界で初めて神々を創造したのは恐れである」。現代により近い時代では、イギリスの哲学者トマス・ホッブズが主著『リヴァイアサン』(邦訳は水田洋訳、岩波書店など)で、宗教は「人間だけ」に見られると指摘し、「宗教の種(たね)」は「ほかの生き物には見られない……特殊な性質」からなるに違いないと論じた。ホッブズの考えによれば、その「特殊な性質」とは「先行きが心配で、あまりにも遠い将来を見てしまう」人間の能力で、「人間の心は一日中、死の恐怖に苦しめられる……神々は初め、人間の恐怖によって創られた」とのことだ。このように、およそ四万年前に登場した現代ホモ・サピエンスは、それまでに生きていたどのホミニンともずいぶん違っていた。ドイツの精神分析学者・社会思想家エーリヒ・フロムの言葉を借りれば、現代ホモ・サピエンスは「異端児で、宇宙の変わり種である……自然の一部なので、自然界の法則に支配され、それらを変えることはできないくせに、自然を超越する」

死に気づくことは、内省的自己意識と時間的自己意識という、それら自体は並外れた進化上の強みをもたらした能力の必然的な副産物だった。完全にヒトであることと死を自覚することは、表裏一体なのだ。ウィリアム・バトラー・イェイツは、詩でこう語っている。「彼は骨の髄まで死を知っている――人間が死を創造したのだと[51]」

ただし、死の意識が四万年前に宗教観念を生み出したきっかけだったとしても、死の恐怖が現代ホモ・サピエンスの思考を占めているというわけではない。この、人間には死の恐怖を抑える心の働きがあるとする立場は、一部の社会心理学者によって唱えられてきた。これは、文化人類学者のアーネスト・ベッカーが一九七二年に打ち出した、死の恐怖は「人間の活動――死という定めを避け、死が人間の最終的な運命であることを何とか拒絶して死を克服することをおもに意図した活動――のおもな原動力だ」という主張に基づいている。この考えは、より最近には次のように述べられている。「人間のあらゆる活動は、死の不安によって形作られており、存在に関する避けがたい厄介な既定の事実への解決策を見出そうとする集団や個人の努力が色濃く反映されている[52]」

この理論を打ち立てた社会心理学者たちは、それを**存在脅威管理理論**と呼び、人間は自尊心や文化的世界観［訳注：集団で共有されている価値観やものの考え方］によって死に対する不安を和らげると述べる。存在脅威管理理論の支持者は、人びとに自分の死を意識させてから（「死の顕現化」と呼ばれる）、死の想起が思考に及ぼす影響を測定することで、この理論の妥当性を科学的に検証できると主張している。そのような二七七件の実験の要約では、存在脅威管理理論を裏づける証拠は「確かなものであり、いろいろな形で死を顕現化させたときに、この心の働きが中くらいから大きな影響をもたらす」と述べられている。[53]

一方、存在脅威管理理論を批判している研究者もいる。そのような研究者は、個人の自尊心や文化的世界観は死に対する不安以外の多くの要因によって形作られると主張する。また彼らは、死に対する不安を評価する方法としておこなわれる「死の顕現化」実験も批判している。それに何よりも、ほとんどの人が集団として来世の存在を受け入れている文化的世界観に基づく現代の存在脅威管理理論が、自分自身の死を初めて意識しつつあった四万年前のホモ・サピエンスとそれほど関係があるのかどうかに疑問の余地がある。

宗教思想の出現2：夢の意味

すべての人間が魂や霊魂を持っており、人が死んだときにこの魂が体を離れるという信念は、宗教思想の起源を説明するエドワード・タイラーの理論の第一部に過ぎなかった。理論の第二部は、

「魂が死後の世界で引き続き存在するという信念」だった。タイラーは、「原始的な人びとは夢の経験に基づいて、この結論に達した」と強く主張した[54]。

夢についてはどんなことがわかっているだろう? 夢は**レム睡眠**と関係があり、すべての哺乳類にレム睡眠の時間があることがわかっている。イヌやネコ、サル、ゾウは夢を見ると言われている。もしかしたら、すべての哺乳類がそうかもしれない。レム睡眠や夢の目的はまだわかっていないが、記憶の保存、問題の解決、脅威のシミュレーションに関連した機能などをあげるさまざまな説が出されている。レム睡眠や夢は進化に伴って生じた現象で、ひょっとすると人類の遠い過去に何らかの有益な役割を果たしたのではないかという説を立てている研究者もいる。

しかし、もしホミニンが数百万年にわたって夢を見てきたのなら、なぜおよそ四万年前になって夢がいっそう重要になったのだろう? その理由は、ホミニンが認知的に成熟するまで、自分の見た夢に意味を与えられなかったからだ。具体的に言えば、夢に意味を与えるためには、自己認識能力、他者認識能力、内省能力に加えて、夢で見た経験を過去の経験や将来への希望という文脈のなかに位置づける能力を獲得している必要があった。

人類学者のA・アーヴィング・ハロウェルは、先住民族のオジブワ族の夢を解釈する際に認知的成熟の必要性に触れ、「夢を見ることは初期ホミニド(ヒト科)で起こったかもしれないが、ホミニドの脳が大型化することで初めて十分に解き放たれた心理学的潜在能力がなければ、夢の内容や、想像力に富むプロセスの産物を他者に伝えることはできなかっただろう」と述べた[55]。

エドワード・タイラーは、「原始的な」人びとが、夢を見た経験によって、人が死ぬと魂や霊魂が体を離れてある種の霊界や死者の国で生き続けるという考えに導かれた、という説を立てた。タイラーが、来世の観念を育むために特に重要だったとしてあげた夢が二種類ある。

一つ目は、「人間の魂が、それらの魂を夢として見る睡眠中の人を外部から訪れる」夢だ。タイラーは例として、「夢のなかで祖先の影の訪問を受けることがある」ズールー族や、「夢を、亡くなった友人たちの魂による訪問だと解釈する」西アフリカのギニアの人びとを引き合いに出した。タイラーがあげたもう一種類の夢は、睡眠中にその人の魂が肉体を離れて別の場所に旅をするというもので、別の場所には死者の国も含まれる。それでタイラーは、ニュージーランドのマオリ族を例にあげた。マオリ族の夢見ている魂は「肉体を離れてから戻ってくること」ができ、「死者の国に赴いて、そこに住む友人たちと語り合うことまで」できた。先住民たちの夢から得られたそのような証拠を踏まえ、タイラーは、「肉体の死後、人の魂が肉体から独立して来世に存在する」と結論づけることは、「原始的な人びとの視点からすれば十分に筋が通っていた」と主張した[56]。

夢が宗教観念の形成に重要な役割を果たすことは、広く指摘されてきた。たとえば、ボストン大学の神経学者で研究も手がけるパトリック・マクナマラは、「先住民の宗教観念や宗教的慣習のおもな要因としての夢の重要性」について次のように述べている。

祖先の超自然的存在と祖先ではない超自然的存在のどちらもが夢に現れ、日常生活で敬われている。夢に現れる霊的存在は、夢を見ている人を快く思っていることもあれば、そうでないこともある——つまり、夢には善良な超自然的存在も邪悪な超自然的存在も現れる……したがって、夢に出てくる人物は、超自然的存在の認知的な源と考えられると一応言える。伝統的な社会で暮らす人びとは夢をそのように見なすので、祖先たちの集団も夢をそのように見なした可能性が高い。

したがって、「夢を見た経験が、歴史を通して世界中の人びととの宗教的信仰や宗教的慣習、宗教体験と分かちがたく結びついてきたということは、まず間違いない[57]」

死後の世界と文化

現代の人類学的文献の夢に関する見解をまとめたある総説では、マクナマラの結論が支持されている。イェール大学で作成された「世界の民族研究資料集成（HRAF）」に収載されている二九五の文化のなかで、七一の文化が、狩猟、採集、魚釣りで暮らしをおもに立てているか、おおかた立てていると経済面で分類されている。これらの文化で民族誌学的な記述があるものを見ると、二つを除くすべての文化で夢の重要性が述べられている。そのような記述には、将来を予言する夢や、亡くなった親戚が訪ねてきたり、夢を見ている本人が死者の国を訪ねたりする夢が取り上げられている。

たとえば、カナダ西部で暮らすヌートカ族では、「人びとは夢でしょっちゅう死者を見る。これは死者の人生の本質を示す確かな証拠だと見なされる」。また、ボリビアの先住民マタコ族では、夢が次のように描写されている。「人は夢で死んだ親戚を見ることがよくある。死んだ人の魂は黄泉の国に旅立ち、それから彼らを訪ねてきた」。付録Bには、HRAFに収載されている、世界中の狩猟採集文化から集められた夢に関する二五の話を紹介している。[58]

霊界や死者の世界がどのようなものかは、それを思い描く人びとの文化によって大きく異なる。たとえば、アメリカ先住民のポーニー族は「死んだ人の魂は天に昇って星になる」と信じていた。シベリアに住むヤクート族の魂は、「緑豊かな天国を目指して空へ向かう」と言われた。ブラジルのヤノマミ族では、死者の魂は天に昇るとされ、「天は地球と似ているが、狩りはもっと成功し、食物はもっとおいしく、人びとの霊魂は若く美しい」とされた。オーストラリア先住民の魂は、「カンガルーなどの獲物がたくさんいる雲の上の美しい国」に行くと言われていた。一方、来世が地下にあるとされた文化も少しはある。たとえばサモアでは、活火山を通り抜けたところに来世の入り口があるとされ、シベリアのチュクチ族では、死者は地下で暮らし、そこには「トナカイの群れがたくさんいる」と考えられていた。[59]

このような次第で、およそ四万年前、人間の体が死んだのちにも魂は生き続けるという考えがゆっくりと根づいた。この考えは、脳で内省的自己意識や時間的自己意識が進化し、自分がいつか死ぬということに対して現代ホモ・サピエンスが不安を募らせていくなかで、数千年にわたり育まれていった。これは、「死ぬ」と言わずに「他界する」と婉曲的に表現するような、単なる言葉の意味で死を否定することではなく、死は私たちの存在の終わりであるという事実を概念そのものから根本的に否定することだった。蛆に覆われて塵と化すことを約束される代わりに、人間は、来世で魂や霊魂として別の形で存在し続けるか、別の肉体か形に生まれ変わるという死後の生を見出した。人間は初めて、不死を手に入れたのだ。

ふたたび人間革命について

自伝的記憶が進化したおかげで、現代ホモ・サピエンスは過去を巧みに利用して将来の計画を立てられるようになった。およそ四万年前に始まった人間革命は、この自伝的記憶の進化によっておおむね説明できる。人間が過去の経験を活かして将来の必要性に応じた計画を立てるようになると、道具や武器の改良が急速に進んだだろう。この時期に記憶保持道具が広まったことは、昨年の秋に何頭のトナカイを仕留めたかといった過去の出来事を記録すること、それに次の満月はいつかといった将来の出来事を予測することへの関心の高まりを表している。

自伝的記憶の発達から見て、この時期に視覚芸術が一気に花開いたことはどう解釈すべきだろう? ただし芸術の解釈においては、私たちの理論が、現在まで無事に残っていて発見された芸術だけに基づいて立てられているということを頭に入れておくことが重要だ。旧石器時代の芸術にくわしいジャン・クロットは、こう指摘している。「私たちが、絵が描かれたり彫刻がなされたりした洞窟のほんの一部しか知らないのは間違いない[60]」

前述したとおり、この時期に生み出された芸術作品のおもな主題は動物で、特に狩りの対象となった動物が多い。そのような動物は、この時期に生きていた人びとの命を支える要(かなめ)であり、たとえば、野生のウマやトナカイは「人間の食生活の柱」だった。したがって、当時の画家は過去に見て将来にまた見たいと願った物事を描いた、というのが最も割り切った解釈だ。

そのような解釈は、「これらの動物絵画の一五パーセントが、槍や矢で傷つけられた動物を描いたものだ」という事実によって支持される。つまり、これらの絵は狩りの場面だということだ。そのような絵は、子どもに動物や狩りのやり方について教える目的で使われた可能性もあり、いくつかの洞窟では子どもの足形が見つかっている[61]。

では、洞窟に残された手形はどうだろうか? おそらく、それらは旧石器時代の落書きにあたるものだろう。手形は、「私はここにいた」ということを伝える世界共通の方法だ。そのような一種の落書きは、その人が過去にどこにいたのかを示す記録でもあり、将来にそこを訪れて落書きを見る人びとへのメッセージでもある。それは、自分を将来に投影するという、現代ホモ・サピエンスで新しく芽生えた能力に見合うものだろう。

フランス南西部にあるニオー洞窟には、およそ一万三〇〇〇年前の壁画が描かれているが、そこには過去数百年のあいだに洞窟を訪れた者の落書きも残されている。たとえば、「ルーベン・ドゥ・ラ・ヴィアール」という人物が一六六〇年、その洞窟に自分の名前を書き残した。このいたずら書きの意図は、はるか前の時代に押された手形とまるで違うものだろうか[62]?

一部の芸術作品は、新たに培われた宗教観念、とりわけ霊魂の存在に対する信念を反映している可能性もある。おびただしい数の動物が描かれていることを踏まえれば、芸術作品のなかには動物の霊魂を表現したものがあるかもしれない。動物の霊魂への信仰は、世界で広く認められる。動物が人間の祖先だと信じられている文化もある。そのような動物は**トーテム**と呼ばれ、オーストラリアの先住民や北米北西沿岸の先住民で最もありありと認められる。

洞窟壁画はトーテムだとする解釈の支持者は、特定の洞窟で特定の動物が圧倒的に多く見られることや、半人半獣の姿が描かれていることを指摘する。それに、ショーヴェ洞窟でクマの頭蓋骨が集められていたこともあげる。頭蓋骨の一つは、岩の目立つところに置かれていた。ある学者は、その場面について次のようにまとめた。「とにかく何らかの形で、この部屋はホラアナグマを祀った聖堂だった。そしてクマの骨は、今ではうかがい知れない儀式で崇められた」[63]

もし、動物やほかの何かの霊魂が洞窟壁画に存在するのなら、それらは未知の物事を説明するためにも利用された可能性がある。わからない出来事への説明を与えることは、これまでに記述されてきたほぼすべての宗教が持つ役割の一つだ。したがって、動物の霊魂は、なぜトナカイが川を渡りにやって来るのが例年より遅かったのか、なぜある若者が目の前の小道をクマが横切るのを見た翌日に急病で倒れたのかといったことを説明するため、引き合いに出されたのかもしれない。

シャーマンと洞窟壁画の関係

洞窟壁画については、もっと手の込んだ宗教的な説明も提唱されている。先史時代の芸術に関する世界的権威とされるフランスの先史学者ジャン・クロットは一九九八年、南アフリカの考古学者デイヴィッド・ルイス＝ウィリアムズとの共著『先史時代のシャーマン（Shamans of Prehistory）』を出版した。そして二〇〇三年、カナダの考古学者ブライアン・ヘイデンがこのテーマを膨らませた

『シャーマン、呪術師、聖人（Shamans, Sorcerers, and Saints）』を出版した。

シャーマンはもともと、トランス状態に入ることで治療を施した、シベリアに住むツングース系部族の土着治療師を指す厳密な用語だった。だがその後、はるかに広い意味で使われるようになり、将来を言い当てたり天気を操ったりすることができる予言者、魔法をかけることができる魔術師、現世と来世の橋渡し役となる聖職者なども含まれるようになった。洞窟壁画に関する議論で「シャーマン」という言葉が使われるときには、もっぱら彼らの聖職者らしい役割に議論が集中するようだ[64]。

シャーマンとの関わりに基づく洞窟壁画の解釈は、洞窟に壁画が描かれた時期に聖職者のようなシャーマンがいた、そして壁画のほとんどがトランス状態のシャーマンによって描かれたという仮定に基づいている。そのような解釈では、次のように言われている。洞窟そのものは死者の住む黄泉の国への通路とされ、洞窟を通り抜けた人びとは「すっかり黄泉の国に取り囲まれた」

洞窟の壁につけられた手形は、黄泉の国と接触しようとした人びとの試みである。幾何学的図形は、シャーマンがトランス状態に入っているときに見た幻視を表す。洞窟の特別な部分は、秘密の社会との会合場所などのさまざまな霊的な機能を果たすために指定された。半人半獣の姿は、シャーマンを表す。それで、生涯をかけて洞窟壁画を研究したフランスのカトリック司祭アベ・アンリ・ブルイユは、レ・トロワ・フレール洞窟の最も有名な半人半獣の絵を、最初は「レ・トロワ・フレールの魔術師」と呼んだが、のちに「レ・トロワ・フレールの神」と呼んだ[65]。

しかし、洞窟壁画に神々はいたのだろうか？　はしがきで述べたように、「神（神々）」という用語はときとして、動物の霊魂などの超自然的な存在を何でも含むきわめて広い意味で使われてきた。そのような広い定義を用いるのなら、おそらく洞窟壁画に神々はいただろう。だが、「神(神々)」をもっと狭く定義し、より一般的に用いられるように、不死身で人間の生活や性質を支配する力を持った男性や女性の神聖な存在を指すとするのなら、洞窟壁画に神々がいた可能性は低そうだ。

では、宗教はどうだろう? 洞窟壁画に宗教は存在しただろうか? やはりはしがきで触れたように、これに対する答えは、宗教についての数ある定義のなかでどれを選ぶかにかかっている。たとえば、エドワード・タイラーは宗教を「霊的存在に対する信仰」というように広く定義した。この定義に従えば、動物にせよ何にせよ霊魂が描かれた洞窟壁画でおこなわれた活動は、どれも宗教と認められる。

同じく、フランスの社会学者エミール・デュルケームが提示した広い定義を用いれば、トーテム崇拝も宗教と見なせるだろう。なぜなら、デュルケームによれば、「宗教とは、神聖な物事に関連した信仰と慣行の統一体系」だからだ。現にデュルケームは、トーテム崇拝を宗教の「最も単純で最初の形式」と見なした。そして、オーストラリア先住民のあいだでおこなわれているトーテム崇拝を研究し、その成果を本にまとめた。

一方、宗教をより狭い意味で定義し、哲学者・心理学者のウィリアム・ジェームズが唱えたように、宗教は「個々の人が何にせよ神聖と見なすものとの関連で自分のことを捉えるときに生じる……感情や行為、経験」で、「神聖」は「神のような」を意味するとすれば、洞窟壁画に見られる霊的な活動を宗教と認めるのは難しそうだ。[66]

洞窟壁画に意味はあるか？

洞窟壁画の意味について、このようにさまざまな解釈があるなかで、どの解釈が正しい可能性が高いだろうか？　あいにく、たった一つの正しい解釈などいまだかつてなかったように見受けられる。洞窟壁画が描かれた時期は、二万年に及ぶ。それは、イエス・キリストが生まれてから現在までの期間の一〇倍もある。

どの洞窟でも、壁画が数百年、数千年にわたって描かれていることが少なくない。たとえば、ショーヴェ洞窟ではおよそ八〇〇〇年、フランスのコスケール洞窟では六〇〇〇年にわたっており、ほとんどの絵が似ているラスコー洞窟でも一〇〇〇年ほどにわたる。期間がそれだけ長いことを考慮すれば、あたかも洞窟内の作品が一人のインテリアデザイナーの手でいちどきに並べられたかのように、洞窟にある特定の壁画の正確な位置づけを解釈しようとしても無駄ではなかろうか[67]。

ただ少なくとも、洞窟壁画は、画家が過去に見て将来にも見たいと願った対象を描いたものだと考えられる。動物の姿、なかでも矢や槍が突き刺さった姿は、狩りの成功を魔法のごとく確かなものにしようとする試みかもしれない。そのような「狩猟成功の魔法」を求める試みが現代の狩猟採集民集団で見られることは人類学者によって記述されており、洞窟壁画に対するこの解釈は、二〇世紀にもてはやされた[68]。

壁画に描かれた動物が、トーテム、すなわち人間の祖先の霊魂だと信じられたという可能性もある。これは、壁画が描かれた時代の後期についてはよく当てはまるようだ。最終期の洞窟壁画に動物が描かれた時期は、およそ一万一五〇〇年前に建造が始まったトルコの神殿遺跡ギョベクリ・テぺで動物が描かれた時期と重なりもする。そのころには人びとが祖先崇拝をおこなっていたという、より有力な証拠がある。この祖先崇拝については次章で見ることにしよう。

しかし、シャーマニズムや、より複雑な宗教活動が洞窟壁画に認められるとする証拠は疑わしい。半人半獣像を「神」と呼んだり、人びとが共有する宗教信仰に基づくと見られる秘密の社会があったと仮定したりするのは性急過ぎるように思える。そのような可能性も考えられなくはないが、現存する証拠からは、それが裏づけられるようには見えない。

洞窟壁画に対するそのような宗教的に行き過ぎた仮説は、考古学者のデイル・ガスリーから、その時期に生きていた人びとを過小評価しているとして次のように批判されてもいる。「魔法と宗教に偏ったこの見方では……初期の人びとをゆがんだ光で捉え、神秘的な事柄に取りつかれた迷信深い愚か者として描いている。だが、旧石器時代の芸術から得られた証拠は、まったく異なることを物語っている。当時の芸術が映し出すのは、複雑な地球を細部にわたってよく知っていた人びとだ。宗教的イメージも生じたに違いないが、そのようなイメージは、人間のさまざまな経験という、より大きなモザイクの一部に過ぎない[69]」

自伝的記憶の発達という点から見て、この時期に広まっていった、埋葬地に貴重な品々を添える慣習をどう考えればいいだろう？　エドワード・タイラーが一〇〇年以上前に指摘したように、副葬品が墓に入れられた理由はたくさんあるかもしれない。たとえば、故人が気に入っていた私物を埋めた、亡き人に対する愛情の証としての品を埋めた、故人の魂が私物を探して家に戻ってこないようにするためにそれを埋めたなど、いろいろな可能性が考えられる。[70]

だが、墓に故人の身の回りの品を入れた最も一般的な理由は、故人が来世でそれらを使えるようにするため、というものだ。イアン・タッタソールは、「副葬品を添えて遺体を埋葬したことは……来世の存在を信じていたことを示している。副葬品が墓に入っているのは、それらが故人にとって将来役立つだろうからだ」と述べている。同じく、スティーヴン・ミズンも次のように主張している。「もし、非肉体的な形態への移行としての死の概念がなかったら、スンギール遺跡で見られるような投資が埋葬儀礼でおこなわれたとは信じがたい」

副葬品に関するこの解釈は、来世で故人に仕えることができるように臣下などを殉死させる習慣が一部の集団にあったことにも沿うものだ。タイラーは著書『原始文化』で、宣教師が初めて乗りこんでくる前にこの習慣をおこなっていた集団の例を数多く紹介している。その一例が、次のような記述だ。「カリブ人たちは……新しい人生で首長に仕えさせるために、奴隷たちを首長の墓の前で殉死させ、同じ目的で、首長とともにイヌや武器も墓に埋めた」。以上からわかるように、副葬品は、自伝的記憶の影響や、人間が肉体の死後に別の世界で生き続けるという自伝的記憶に結びついた信念の影響を示す、とりわけ劇的な例の一つなのだ。[71]

現代ホモ・サピエンスの脳

およそ四万年前、現代ホモ・サピエンスが完全に成熟した自伝的記憶を少しずつ身につけていく

図5・2 自伝的記憶に関連した脳領域

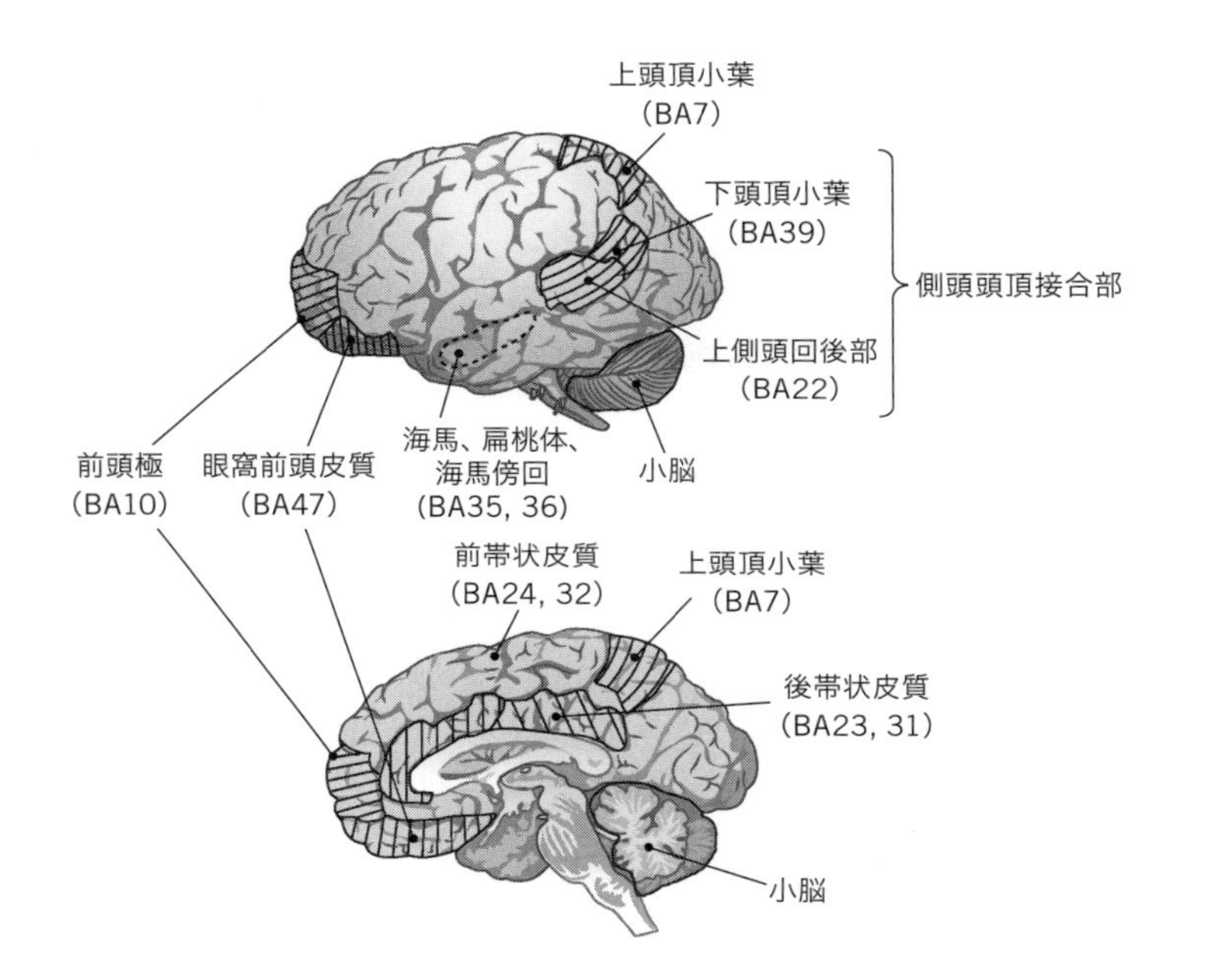

なかで、彼らの脳にはどんなことが起こっていたのだろう？　新たに拡大している脳領域は新しい機能を獲得しつつあり、古い脳領域はプログラムし直されつつあり、領域間をつなぐ白質連絡路は改良されつつあった。時間的自己意識と現代ホモ・サピエンスの脳は一緒に進化していた。

自伝的記憶に関連した脳領域を突き止めるため、多くの研究がおこなわれてきた。これを調べるためには、実験参加者に特定の種類の記憶に集中することを求め、そのあいだに脳画像を撮影する。そのような一九件の研究をまとめた総説によれば、特に活性化した脳領域がいくつも特定された。それらを図5・2に示している。特定された領域のいくつかは、第3章で述べた、他者について考えること（心の理論）によって活性化される領域と同じだった。前帯状皮質（BA24、32）、下頭頂小葉の一部（BA39）、上側頭回後部付近（BA22）などがそうだ。たとえば、ある研究では、「自らに言及する情報を引き出すときに、下頭頂小葉がとりわけ活性化した」と報告された[72]。

前頭前野も、自伝的記憶に関する課題によって活性化する。なかでも特に活性化するのが、前頭極（BA10）と眼窩前頭皮質（BA47）だ。前頭側頭型認知症ではほぼすべての自伝的記憶が失われるが、そのような患者の脳の研究から、眼窩前頭皮質がひどく損傷していることが報告されている。ある研究では、若者たちに、学校に初めて登校した日やファーストキスなどのことをくわしく思い出すように求めた結果、「内側前頭前野が、最近の自伝的記憶を引き出すことに特に関与している」と報告された。

前頭葉の機能についてまとめたある総説でも同じく、「前頭葉、とりわけ前頭極が、自己認識や心のなかでの時間旅行といったヒトにしかない能力に関与している」と報告された。これは、前頭前野に長期的な損傷がある患者には、過去について考えることに問題があるのと同じくらい将来について考えることにも障害があるという事実とも一致する。こうしたことについて、ある研究グループが次のように要約している。「前頭葉に障害がある患者は、具体的な現在の状況のみに反応し、将来に対する考えや計画を持っていない……報告されている患者の多くは、ひたすら今を生きているように見える。過去が意味するものや、将来にくだす決断との関わりはかなり遮断されているようだ[73]」

自伝的記憶に関する課題によって活性化するほかの脳領域のなかには、これまでに述べた認知課題によって活性化する領域とほとんど重なっていないものもある。そのような領域で真っ先にあげられるのは、海馬（ブロードマンの脳地図番号はない）と海馬傍回（ＢＡ35、36）だ。これらは進化的に最も古い部類の脳領域なので、ヒトの認知機能で進化的に最も新しい部類である自伝的記憶に関与するのは、いくぶん驚きに値する。だが、海馬は記憶の貯蔵に重要なので、これは、進化的に新しい脳機能が、それ自体の目的のために古い脳領域を取りこんだ例だとわかる。

同じく、進化的に古い扁桃体が自伝的記憶に関与するのは、そのような記憶には感情が伴っていることが多く、感情を司ることが扁桃体の機能だからだ。そのようなわけで、海馬と扁桃体はどちらも自伝的記憶の要素として欠かせない。[74]

海馬や扁桃体、海馬傍回が自伝的記憶の発達にとって重要なことは、白質連絡路の発達からも見て取れる。帯状束は、海馬、扁桃体、海馬傍回を、前頭葉や頭頂葉の自伝的記憶に関与する構造に結びつける経路だ。鉤状束も、自伝的記憶に関与する脳領域の多くを結びつけるのに重要である。そのようなことで、帯状束や鉤状束が人類で最も新しく発達した二つの白質連絡路と見なされているのは興味深いし、それは自伝的記憶が最近に発達した能力であることと整合性が取れている。[75]

自伝的記憶は将来への想像力にも関係している

自伝的記憶に関連する課題によって活性化する脳領域には、ほかにも後帯状皮質（ＢＡ23、31）、上頭頂小葉（楔前部、ＢＡ7）、小脳などがある。第４章で触れた後帯状皮質は、内省において重要な役割を果たす。第1章で取り上げた楔前部は、さまざまな認知機能や感覚機能や視覚機能を担う。

小脳が自伝的記憶に関与するという知見は、やや意外に思われる。なぜなら、小脳はとても古い脳領域で、運動の協調といった運動機能とおもに関わると考えられているからだ。しかし、現代ホモ・サピエンスで小脳が「現代の脳で……急速な拡大」を遂げた結果、今や現代人の小脳は、体格がほぼ同じチンパンジーの三倍ものサイズがある。

ある研究では、実験参加者に特定の過去の記憶を思い出してもらうように求めると、小脳で広い範囲に及ぶ活性化が見られたので、小脳は「エピソード記憶(自伝的記憶)の意識的な引き出しを開始してそれを監視する」ネットワークの一部だと結論づけられた。小脳がそのような役割を果たすことも、古い脳領域が、より最近になって進化した脳機能のために動員されている例の一つだ。じつは、小脳に関する研究が進むにつれて、小脳により多くの機能があることが見出されている。[76]

最後の疑問をあげよう。過去の自伝的記憶によって活性化される脳領域と、将来の出来事の想像によって活性化される脳領域は違うだろうか? この疑問に取り組んだ研究がいくつかあり、それらからは驚くほど一致した結果が得られている。過去に関する課題と将来に関する課題によって活性化される脳領域は、ほぼ同じなのだ。

ある研究では、「活動する脳領域にこうした著しい重なりがあることは、健忘症患者では過去に関する思考と将来に関する思考の両方に障害が認められるという知見と一致しており、エピソード記憶[自伝的記憶]システムが将来の想像に大きく寄与していることを裏づけている」と指摘された。それで、研究者たちは次のような結論をくだした。「当研究室などの神経画像研究から、人びとが過去の出来事を思い出すときに活性化される脳のネットワークと、将来の出来事を思い浮かべるときに活性化される脳のネットワークには、際立った共通点があることが示される」[77]

要約すると、ホミニンはおよそ四万年前、認知進化における五つの重要な段階を完了した。まず、およそ二〇〇万年前にホモ・ハビリスとして、ホミニンはそれまでよりはるかに賢くなり始め、ますます賢くなる流れは、その後も続いた。次に、およそ一八〇万年前にホモ・エレクトスとして、ホミニンは自己認識能力を発達させた。およそ二〇万年前には古代型ホモ・サピエンスのネアンデルタール人として、他者が考えていることに気づく能力、つまり心の理論を獲得した。およそ一〇万年前には初期ホモ・サピエンスとして、自分について考えている自分について考える内省能力を身につけた。

そしてとうとう、ホミニンはおよそ四万年前に現代ホモ・サピエンスとして、自伝的記憶を手に入れた。自伝的記憶は自分を過去や将来に投影する能力で、過去の経験を活かして将来に向けた計画を立てるときに役立つ。こうした認知進化の各段階に伴って、脳の構造にさまざまな変化が起きた。どのような変化が起きたのかについては、少なくとも大筋は、今では突き止められる。

こうして、認知能力の整った現代ホモ・サピエンスには、植物の栽培化や動物の家畜化に乗り出したり国家や文明を築いたりする準備ができていた。これは驚き入るしかない発展の連続だ。しかし、これらの発展とともに、永遠の疑問が陰でいつまでもくすぶり続けるだろう。「私はどこから来たのか?」「私はなぜここにいるのか?」「私が死んだらどうなるのか?」。現代ホモ・サピエンスは、そのような疑問の答えを私たちの神々や宗教に見出していく。

第2部　神々の出現

第6章

祖先たちと農業

——霊魂を信じる自己

おそらく、われわれの問題、すなわち人間が抱える問題のすべての根源は、われわれが人生の美をすべて犠牲にして、己(おのれ)をトーテムに、タブーに、十字架に、血の生贄に、教会の尖塔に、イスラム教寺院に、人種に、軍隊に、国旗に、国家に縛ろうとすることにある。それは、われわれが持つ唯一の事実である死を否定するためだ。

——ジェームズ・ボールドウィン、「私の心の片隅からの手紙」〔邦訳は『次は火だ』(黒川欣映訳、弘文堂)〕、一九六二年

狩猟採集から農耕へ

一万二〇〇〇年前から一万一〇〇〇年前までの一〇〇〇年間は、人類の歴史における断層線だと一般に見なされている。それは、いわゆる旧石器時代と、生まれつつある新石器時代や農業革命を分ける伝統的な境界線で、そのころにホモ・サピエンスは狩猟採集民から定住型農耕民への移行を始めた。この時期に植物の栽培化や動物の家畜化が始まり、この出来事は「人間による地球の支配の最も重要な特徴」だと言われている。[1]

この移行に重要な役割を果たしたのが、気候の変化だ。最終氷期がおよそ二万五〇〇〇年前に始まって一万八〇〇〇年前ごろにピークを迎えたのち、地球はゆっくりと暖かくなり始めた。北半球のほとんどを覆っていた氷床が後退し、海面が上昇した。ヨーロッパやアジアでは、そのほとんどに広がっていた凍原が少しずつ森林や草原に取って代わられ、新たな動植物が棲みついた。一万七〇〇〇年前から一万四〇〇〇年前にかけて一時的に温暖な時期が何度もあったのち、一万三〇〇〇年前から一万一五〇〇年前に最後の長い寒冷期があった。その後、気候は安定し、暖かくなるとともに雨が多くなったので、農業にはより都合がよくなった。[2]

前章で触れたように、地球が温暖化するにつれて、人びとが以前より大きな集団を作るようになった。数十万年にわたり、ホミニン（ヒト族）はもっぱら狩猟採集民の小集団（バンド）を作って暮らしていた。だが、およそ一万八〇〇〇年前から、狩猟採集民の複数のバンドが一年のある時期に集結し、協力して狩りをするようになった形跡がある。フランスやスペインでは、そのような集会場所が確認されており、恒久的な住居らしきものも見つかっている。どうやら、一年のなかで、バンドが別々に狩りをする時期と共同で狩りをする時期があったようだ。大勢のホミニンが定期的に集まったのは、これがおそらく歴史上で初めてだっただろう。そして、それは驚くべき結果をもたらすことになる。その一つがギョベクリ・テペだった。

人間が初めて建てた神聖な場所

一九九五年に発見されたギョベクリ・テペ遺跡は、トルコ南西部のウルファという町に近い丘の頂上にある。ギョベクリ・テペの建造は一万一五〇〇年前に始まった。それは、南ヨーロッパで最終期の洞窟壁画が描かれていたころにあたる。つまり、ギョベクリ・テペは**ストーンヘンジ**より七〇〇〇年古いということだ。

広さがおよそ九ヘクタールに及ぶギョベクリ・テペは、石柱が円形に立ち並ぶ二〇の円形構造物からなり、一部には、石灰類と砕石を練り混ぜて大理石風に磨き上げたテラゾー床や石の床、石灰石の柱、石のベンチが含まれている。それらの円形構造物は、もとは屋根で覆われていた可能性がある。

石柱は全部でおよそ二〇〇本にのぼり、高さが最高で五・五メートルほど、重さがそれぞれ一五トンほどある。石柱は考古学者の関心をおおいに引きつけている。なぜなら、T字型をしているからだ。一部の柱では、両側面に腕や手、中央部にバックルつきのベルト、ベルトの下に腰巻きが彫刻されており、一本の柱では、先端近くに首飾りまで彫られている。したがって、石柱が人間に似た何らかの存在を表しており、T字型の頂点が頭だったのは明らかに思える。石柱の多くは、動物の彫刻で装飾されている。特に、ヘビ、キツネ、ハゲワシ、サソリ、クモ、ライオン、イノシシといった危険な動物が多い。人間の姿が彫られているものはあまりなく、ヨーロッパの洞窟壁画で認められる状況に似ている。(3)

ギョベクリ・テペでは、まだほんの一部しか発掘が進んでいないが、石柱のほかにも注目すべきものがすでに数多く見つかっている。なかには、石を粗く彫って作られた実物大の人間の頭部もいくつかある。また、石彫りのトーテムポールらしきものもある。たとえば、二〇〇九年に発見され、現在ではウルファの博物館で展示されている一本のポールは、高さが一・八メートルほどあり、クマが人間を抱え、その人間が別の人間を抱え、その人間が正体不明の動物を抱えているか出産しているようにも見える姿が彫られている。そのトーテムポールは、両側面に大きなヘビの装飾がなされている。この石柱は、ギョベクリ・テペの建造から一万一〇〇〇年後に北米北西沿岸先住民が作った木彫りのトーテムポールを思い起こさせる。

世界最古の寺院

ギョベクリ・テペの目的は何だったのだろう? これまでのところ、家や料理用の炉、ゴミ捨て穴のように、恒久的な住居地だったことを示す証拠は、ギョベクリ・テペに関連する形では見つかっていない。一方、何千というシカやガゼル、ブタの骨に加えて、石の鉢や杯(ゴブレット)が出土していることから、そこで宴が催されたことがうかがえる。そこが宴会場だったという考えは、ギョベクリ・テペとほぼ同時代のキョルティック・テペという近くの遺跡で出土した杯に付着していた物質の分析により裏づけられた。残留物の暫定的な分析結果から、その杯にはワインが入っていたことが示されたのだ。[4]

ギョベクリ・テペではこれまでのところ、人骨はわずかしか見つかっていないが、ドイツの考古学者で二〇一四年に亡くなるまでのほぼ二〇年にわたり現地の発掘調査にあたったクラウス・シュミットは、ギョベクリ・テペが「墓地か死の崇拝センター……人間が初めて建てた神聖な場所……世界最古の寺院」だったという意見を述べた。彫刻された危険な動物の役目は、死者を守ることだったのだろうか？　シュミットは、ギョベクリ・テペが「少なくとも五〇キロメートル離れた複数の集落……」の聖地や祭祀センターとして機能し、「これは丘の上に建てられた大聖堂だ」とも考えていた。[5]

ギョベクリ・テペは、今日までに発見された祭祀センターとしては最大の遺跡だが、トルコ南西部でこの時期に建てられた祭祀センターは、ギョベクリ・テペだけではなかった。およそ一万二〇〇〇年前のものとされるハラン・チェミ遺跡も、そのような場所だ。現地を発掘した考古学者のマイケル・ローゼンバーグによれば、「本質的にあまり家庭用ではなく、何らかの公共的な機能を果たす建物があったことを示す有力な証拠がある」という。かぞえきれないほど見つかっている石の鉢は、多くが装飾されており、そのような鉢や彫刻の施されたすりこぎは、公の宴会と関連があると考えられている。さらに、公共施設の一つには「かつてはその北壁に吊されていたらしき完全なオーロックスの頭蓋骨があった」[6]

ギョベクリ・テペから三〇キロあまりしか離れていないところに、およそ一万五〇〇〇年前に人びとが定住していたネヴァル・チョリという集落の遺跡があり、そこにもテラゾー床、石のベンチ、T字型の柱を擁する建物があった。建物の中心に据えられた柱の一本には、「拳を固く握りしめた二本の曲げた腕が彫られていた」。その建物では、「巨大な石灰岩の彫刻のかけらがいくつか」や「人間の頭と鳥のような体を持つ奇妙な存在の頭と体の破片」、石灰岩で作った小型の仮面が数個、それに、反対方向を見つめる二人の人間の頭をつかんでいるような姿の鳥が彫刻されたトーテムポールが見つかった。ネヴァル・チョリの出土品で最も有名なのは、外面に大きなカメと踊っている二人の人物が浮き彫りにされた石灰岩の鉢のかけらだ。[7]

ギョベクリ・テペやネヴァル・チョリに近いチャヨヌ遺跡も、もとは一万五〇〇〇年前に人びとが住みついた集落だが、そこで見つかったもので最も興味深いのは、のちの時代に築かれた建物だ。その建物には、漆喰に「白と色つきの石灰石を平行の縞模様になるように」埋めたテラゾー床がある。この建物では、およそ四五〇人分の人骨も見つかった。そのほとんどがばらばらにされた状態で、山をなす長骨や頭蓋骨が、「頭が東か西を向く形で南北の線上に並べられていた」。オーロックスの頭蓋骨も人骨に混じっていた。そのようなことから、この建物は現代の著述家たちから「頭蓋骨の家（スカルハウス）」や「死者の家」と呼ばれてきた。[8]

チャヨヌの「スカルハウス」は、一〇〇〇年あまりにわたって利用された。何らかの祭祀的な機能を果たしていたと考えられている。建物の一端には「高度に磨かれた石の厚板」があり、その上に、黒い燧石(すいせき)で作られた長さ一〇センチほどの刃が置かれていた。その刃にはヘモグロビンの結晶が付着しており、オーロックス、ヒツジ、そして人間の血に由来することが確かめられた。したがって、スカルハウスでは動物や人間が少なくとも切断された可能性がある。もしかしたら、生贄にされたのかもしれない。そのようなことから、マンチェスター大学の考古学者カリーナ・クラウチャーは、「チャヨヌでは、スカルビルディング(スカルハウス)は何かを実演するやり方で利用され、行事の中心になったのは石の厚板らしい」という結論を導いた(9)。

これらの発見について、どう考えればいいだろう? 少なくとも、大勢の人が集まって、祭祀用の建物らしきものを造ったということは言える。たとえば、ギョベクリ・テペの最大の石柱を採石場から運んでくるのに、およそ五〇〇人の人間が必要だったと見積もられている。しかし、最も注目に値するのは、これらすべての取り組みが、植物の栽培化や動物の家畜化、大規模な居住地の建設が本格的に始まる前になされていることだ。ハラン・チェミでもギョベクリ・テペでも穀物が栽培化されたという証拠はないが、ハラン・チェミではブタが家畜化されていた形跡がある。

ここから、一つの疑問が生じる。それは、クラウス・シュミットが指摘したように、「もしかして、農業の『発明』は、このように大人数の狩猟者が集まったことや、それに伴う作業をしたことを受けて起きた出来事だったのではないか」という疑問だ。それでシュミットは、「かなりの長期間にわたって大勢の人が集まったことが……植物の栽培化を促したのかもしれない」と述べている。

ある記者は、シュミットの主張を次のように要約した。「狩猟採集民の集団によって大神殿が築かれたことは、農業をはじめとする文明化の特徴が現れるより前に組織的宗教が誕生した可能性があるという証拠だ」。この主張は、「知られる限り現代のヒトツブコムギに最も近い野生原種が……ギョベクリ・テペの北西わずか一〇〇キロ足らずの場所で見つかる」ことを示したＤＮＡ研究によって、ある程度裏づけられている。[10]

祖先崇拝

ギョベクリ・テペ、ハラン・チェミ、ネヴァル・チョリ、チャヨヌについては、どう理解すればいいだろう？　それらの遺跡の建物では、何らかの霊的活動や儀式がおこなわれていたように思われる。では、どんな霊魂が崇められていたのかについての手がかりはあるだろうか？　おびただしい数の動物の彫刻、トーテムポールらしき柱、ネヴァル・チョリで見つかった、体が鳥で頭が人間の姿をした彫刻からうかがえるのは、洞窟壁画のように、動物の霊魂が中心だったということだ。しかし、腕や手、ベルト、腰布、それに首飾りまで彫られたものがある巨大な石柱については、どう捉えればいいだろうか？　これらは一種の擬人化された存在に見える。ギョベクリ・テペでは、石でできた実物大の人間の頭部が見つかっているので、人間の霊魂も存在した可能性がほの見える。イギリスの考古学者カリーナ・クラウチャーの指摘によれば、柱の制作者たちには、その気があれば写実的な人間の像を彫る能力が明らかにあったが、「人間の形と石を一体化させ、これらの『存在』をつかみどころのないものにしておくという選択がなされた」とのことだ。クラウチャーは、石柱は「『祖先』のより漠然としたカテゴリーを表しているかもしれない」という結論を出した。[11]

これらの祭祀センターでおこなわれた活動に祖先を崇めることが本当に含まれていたとしても、意外ではないだろう。人類学者のエドワード・タイラーは、宗教思想の進化的起源について述べた著書『原始文化』(邦訳は比屋根安定訳、誠信書房)で、死者の霊魂が存在するという信念は、「遅かれ早かれ、そうした霊魂を熱心に崇めたりなだめたりすることへと自然につながる。その流れは、ほとんど必然的に起こると言えるかもしれない」と主張した。

エディンバラ大学の宗教学教授ジェームズ・コックスは、「先住民族の宗教的信仰や儀式、社会的慣習では祖先たちが重要視され、したがって親族関係がはなはだしく強調される」と述べている。この時期に祖先崇拝が現れたことは、二八の狩猟採集社会について最近おこなわれた研究の結果とも矛盾しない。その研究から、狩猟採集社会では「来世に対する信念が祖先崇拝に先だって現れ、そのような信念があることが、そのあと祖先崇拝の発生を促す」と報告された。一方、そのような社会で人間より位の高い神々の概念が現れるのは、かなりあとだ。[12]

狩猟採集民と祖先崇拝

自分たちの祖先を崇める理由は何だろうか?　狩猟採集民文化についてまとめたある総説では、一つの理由として、亡くなった祖先が生きている者たちの力になってくれるかもしれないという信念をあげている。たとえば、スリランカの先住民ヴェッダ族に関する初期の報告によれば、「近い親族はみな、死ぬと霊魂になり、遺された者たちの繁栄を見守る」という。そのような霊魂は「夢のなかで遺族のところに現れ、どこで狩りをすればいいかを伝えてくれる」

したがって、ヴェッダ族の宗教は「基本的には死者に対する崇拝」と見なされ、「亡くなった親族の霊魂をなだめることが……最も明らかで最も重要な特徴」ということだ。同じく、ボリビアの遊牧民シリオノ族では、「狩りでずっと運に見放されている男は、かつて偉大な狩人だった祖先の骨が埋められた場所の手入れをし、その祖先に、自分の運を変えてほしい、どこに行って獲物を探せばいいのか教えてほしいと求めることがある」

死者が生者と連絡を取って生者を助けることができるとする信念は、今日でもわりとよく見られる。たとえば、二〇〇九年にアメリカでおこなわれた調査では、アメリカ人の三〇パーセントが、「故人と交信したことがある」と答えた。車が衝突するわずか数分前にシートベルトを着用して命拾いをした人が、自分をかわいがってくれていて最近亡くなった祖母からシートベルトをするように注意されたと思いこんでそうした、といった話を聞くことは珍しくない[13]。

狩猟採集社会は、往々にして公式の儀式という場で祖先たちを崇める。だから、似たような儀式がギョベクリ・テペや周辺の場所で一万一〇〇〇年前におこなわれていたのかもしれない。たとえば、カナダの先住民であるオジブワ族は「死者の祭り」を二、三年ごとに催し、祭りでは「前回の祭りから今回までに亡くなった人びとの骨が葬られるとともに、食物などの品々が大盤振る舞いされた」。オジブワ族の一部のコミュニティでは、「死者は紐にくくりつけられた木製の像で表された……太鼓の演奏が始まると、これらの像が踊ったという」

また、北米の先住民ブラックフット族も「死者に捧げるダンスパーティーを開き、死者の霊魂が招かれた」。アラスカに住む先住民チュガッチ族は毎年八月に「死者の祭り」を開き、遺族たちが「贈り物を火に投じると……燃やされた品物が死者のもとに届くとされていた」。同じく、かつて北米沿岸先住民がおこなっていたポトラッチという有名な贈答の儀式は「単独の儀式ではなく」、「死者の思い出に捧げられた一連の行事の一つ」だった。これらの行事では、「客に振る舞われる食物には、ポトラッチの対象である故人の大好物がつねに含まれていた」[14]

狩猟採集民のあいだで、祖先崇拝はどれほどよく見られるのだろうか？　狩猟採集社会のすべてでというわけではないが、ほとんどで祖先崇拝が認められると報告されている。キングス・カレッジ・ロンドンの比較宗教学教授ジェフリー・パリンダーは、次のように述べている。「アフリカの人びとの思想において、祖先たちの霊魂がとても大きな役割を果たしているのは間違いない……。アフリカの多くの部族では、神の崇拝だと本当に言えるものは見当たらず、神々の地位は祖先たちに占められている」

たとえば、シエラレオネでは「祖先のなかで、二種類のグループが崇められている……一つは、名前や偉業が知られている祖先たちで……もう一つは、はるか昔に亡くなった祖先たち」だ。一方、アフリカ南部に住む先住民のクン族は、「死者の霊魂が存在することを心からはっきりと信じている」と言われているが、クン族が「祖先を崇めたり、祖先に対する敬意を表す儀式をおこなったりする」という証拠はない。ただし、そのような証拠がないということは、つねに注意深く受け止める必要がある。なぜなら、エドワード・タイラーが述べたように、「原始的な人びとから彼らの神学についてのくわしい話を聞き出すのは、必ずしも容易ではない」からだ。ということで、祖先崇拝がどれほど見られるかという点を考えると、ギョベクリ・テペで一万一〇〇〇年前におこなわれた儀式らしきものが祖先崇拝だったとする説明は有力だと思われる。[15]

植物の栽培化と動物の家畜化

ギョベクリ・テペは、一般に**肥沃な三日月地帯**と言われる地域の最北端に位置する。肥沃な三日月地帯は、現在のイスラエルやパレスティナからレバノン、ヨルダン、シリア、トルコ南東部、そしてイラクやイランまで、およそ一六〇〇キロにわたって広がる地域だ。気候や植物の生育条件に恵まれたおかげで、この地域には、野生のコムギ（二粒系のエンマーコムギと一粒系のヒトツブコムギの両方の種）、ライムギ、オオムギ、エンドウマメ、レンズマメ、インゲンマメ、ヒヨコマメがまれに見るほど集中して生えていただけでなく、野生のヒツジ、ヤギ、ウシ（オーロックス）、ブタ（イノシシ）もたくさんいた。そのようなことで、一帯は農業が出現するにはうってつけの場所だった。肥沃な三日月地帯は、農業革命が始まった場所だと考えられている。[16]

農業革命が発展するもとになった最初の落ち穂拾いは、およそ二万年前に肥沃な三日月地帯で始まったことが見出されている。ほとんどの人は小さな集団で半遊牧的な生活を続けており、季節の移り変わりや獲物となる動物の群れとともに移動していたが、前述したように、少数の人びとが、特定の居住地でそれまでより長い期間を過ごし始めた。イスラエルにある特に保存状態のよい居住地跡では、人びとが一万九〇〇〇年前に「野生のオオムギや野生のエンマーコムギなどの穀物を利用していたこと」、それに野生のオリーブやアーモンド、ピスタチオ、ブドウを摘んでいたという証拠がある。これは、彼らが穀物を育てていたということではなく、もとから野生で育った植物を単に刈り取って種子を利用していたということだ。

ヨルダンのある居住地には「二万年前から一万年前に狩猟採集民が住んでおり、食用の草木で確認されたものが一五〇種にのぼる」。そのような考古学的発見は、めったにないものだとしても、「地中海東岸のレヴァント地方に住んでいた狩猟採集民の集団が、農業が始まる数千年前から野生の穀物を食物として利用してきた」ことをほのめかす。人類学者のダグラス・ケネットは、「農業は革命ではなかった。人びとは長いあいだ植物をいじくり回していた」と手短に述べている[17]。

現代ホモ・サピエンスの頭のよさを考えれば、前年に集めた種子を捨てた場所から新しい芽が出てきたことに気づいた人は当然いたに違いない。これは、種子を意図的に植えることへ、そして将来の種蒔きに向けて最も質のよい個体を選抜することへと無理なく結びついただろう。このようにして、植物の意図的な栽培が根づき、農業が生まれた。

植物の意図的な栽培が、肥沃な三日月地帯の複数の場所で一万一五〇〇年前から一万一〇〇〇年前に始まったという証拠がある。それは、ギョベクリ・テペの建設がおこなわれていた時期に近い。植物の栽培がおこなわれた場所としては、イスラエル、シリア北部、トルコ南東部、イラク北部、イランのザグロス山脈などがある。これらの拠点で黒曜石や海産貝、天然アスファルトの瀝青（れきせい）、顔料のオーカーなどが取引されていたという十分な証拠があるので、植物の栽培に関する情報もやり取りされていた可能性が高い。これらの場所では、「穀物やイグサ、アシの刈り入れで生じがちな摩耗パターンを示す」鎌の刃が見つかっている。調理道具の石臼、すり鉢、すりこぎなども出土している。[18]

パンやビールの誕生

やがて人びとは、コムギやオオムギなどのイネ科植物に、煮て食べる以外の用途があることに気づいた。種子をひいて粉にし、水と混ぜて焼くと、パンを作ることができたのだ。自然に発生する酵母を加えることで、パン生地が発酵して膨らんだ。また、必然的に訪れたいずれかの時点で、オオムギの粥(かゆ)と酵母が図らずも一緒に置いておかれたらしく、その結果、私たちが「麦酒(ビール)」と呼ぶ醸造酒ができた。ペンシルベニア大学の考古学者パトリック・マクガバンは、ビールだけでなくワインも肥沃な三日月地帯で早い内に発見されたと述べている。

トルコのトロス山脈、イランのザグロス山脈、黒海とカスピ海のあいだに連なるカフカス山脈は、ユーラシアのブドウの原産地と見なされている。なぜなら、そのあたりで「種の遺伝的多様性が最も大きいことが示されており、その地でブドウが最初に栽培化された可能性がある」からだ。この説に従えば、人びとは野生のブドウを摘んでから、容器に入れて貯蔵していたのだろう。ブドウの果皮には天然の酵母が含まれていただろうから、放置しておくと、ブドウはゆっくりと発酵して「低アルコールワイン――いわば石器時代のボージョレ・ヌーヴォー」になったと考えられる。その後、マクガバンによれば、「人間の氏族のなかで恐れを知らぬ者の一人が、そうしてできあがった飲み物をちょいと味見し」、それがもたらす心地よい効果を仲間たちに伝えて、みなに飲んでみろと勧めた。これは世界で初めておこなわれたワインの試飲だっただろう。そうなれば、もう後戻りはあるまい。[19]

歴史に関する説明では、ビール発見の経緯がユーモラスに取り上げられていることがあるが、実際の話、ビールの発見は植物の栽培化で重要な役割を果たしたかもしれない。半世紀以上前から、「穀物の栽培化は、生きるために最低限必要な食物を得るためではなくビールを醸造する目的でおこなわれた」という意見が学者たちからときどき出されており、そのような主張は、「パンに先立つビール」仮説と呼ばれることもある。サイモンフレーザー大学の考古学者ブライアン・ヘイデンらは、この主張についてくわしい検討をおこない、当時のビール作りで必要だったと思われる技術も突き止めた。そして、伝統的な狩猟採集社会でビール作りがなされた可能性はきわめて低く、ホモ・サピエンスが半定住生活をするようになってからビールが作られるようになった可能性が最も高いと指摘した。

またヘイデンらは、「最初期に栽培化された穀物（ライムギ、ヒトツブコムギ、エンマーコムギ、オオムギ）が醸造に向いていることが示されたこと」や、「後期亜旧石器時代［およそ一万二〇〇〇年前］には、ビール醸造の開発を妨げるゆゆしい技術的な障害や制約がなかったように見える」ことも強調した。そして、初期におこなわれたビールの醸造はそもそも宴会と関連していたとして、次のように述べた。

ビールの醸造は手間も時間もかかるプロセスで、余剰の穀物が必要だし、かなりの量の作業を管理することが求められる……。資産の乏しい一族や、ふとした気まぐれや気晴らしといった浅はかな目的で個人が手を出すようなことではない。民俗学文献からは、ビールの醸造が、余裕のある者たちによって、ほぼ例外なく社会的に重要な特別の機会のためになされる活動だということがはっきりとわかる。こうした理由から、醸造は、伝統的な世界のほとんどの地域で催される宴に欠かせない要素をなしている。[20]

前述したように、ギョベクリ・テペやハラン・チェミなどの場所では一万二〇〇〇年前から一万一〇〇〇年前に宴が催された形跡があり、近くのキョルティック・テペでは、杯のなかにワインの残留物らしきものが見つかっている。そのような宴が、亡くなった祖先などの霊魂を崇める目的で開かれていたとすると、「人間の神秘的な能力」を刺激することがよく知られているビールやワインは、そのような霊魂との交信を助けるために用いられたのかもしれない。もしそうならば、ビールやワインは宗教観念が発展する初期段階に重要な役割を果たした可能性がある。[21]

動物の家畜化の始まり

現代ホモ・サピエンスは、植物の栽培化を始めたのと同じころに、動物の家畜化に乗り出した。植物の栽培化と動物の家畜化のどちらが先だったのかについては議論がなされてきたが、おそらく互いに影響を及ぼし合ったと思われる。たとえば、栽培化された植物で人間が利用しない部分は、ヤギやブタの餌にすることができたかもしれない。同じく、家畜化されたウシやウマに鋤を引かせることによって、農地の拡大を図れたかもしれない。

最初に家畜化された動物は、ほぼ間違いなくイヌだった。イヌの家畜化は早くも三万二〇〇〇年前に始まったという主張や、家畜化が一度ならずおこなわれたという主張がなされている。アラスカ大学の生物学者デイル・ガスリーが述べたように、「イヌは、獲物を見つけたり、追いつめたり、傷ついた獲物を追跡して捕らえたりする上で画期的な助けになったと見られ、イヌのおかげで狩りの成功率は、おそらく更新世（およそ二五八万年前からおよそ一万年前まで）における平均の何倍にも高まったと考えられる」。ほかの動物の家畜化が始まった一万一〇〇〇年前には、飼い慣らされたイヌが広まっていた[22]。

イヌの次に家畜化された動物はおそらくヒツジやヤギで、それらが少なくとも一万年前に家畜化されたという証拠がある。洞窟壁画からわかるように、現代ホモ・サピエンスは動物の行動に対する鋭い観察眼を持っていたので、野生のヒツジやヤギが群れのリーダーについていくことや、生まれたての子どもを群れから引き離せば飼い慣らせることに気づいたのだろう。

ヒツジもヤギも、初期農耕民の生活にとっておおいに役立ったと考えられる。ジュリエット・クラットン＝ブロックの著書『初期の家畜化動物（Domesticated Animals from Early Times）』で述べられているように、「ヤギは、原始的な農民と半遊牧の牧畜民のどちらに対しても、あらゆる物質的欲求を満たしてくれる。衣服、肉、ミルクだけでなく、手工品を作るための骨や腱、火を灯すための獣脂、燃料や肥料にするための糞を与えてくれる」。ヤギ皮は衣服にすることもできたし、水を入れる容器としても使えた。

次に家畜化されたと考えられているのはブタ（イノシシ）やウシ（オーロックス）だが、肥沃な三日月地帯の一部の地域では、ブタがヒツジやヤギより早く家畜化されたことがうかがえる。ウシの家畜化は、きわめて重要だった。ウシからは肉やミルク、バター、チーズが得られたし、皮は衣服や履き物、盾にすることができた。糞は燃料や肥料にしたり、わらと混ぜて家の壁にしたりすることができた。さらに、獣脂は燃やせたし、角は武器として使えた。

ウシは、荷車を引かせたり、井戸から水を汲み上げるために車を回させたり、脱穀のために穀物の上を歩かせたりすることにも利用できた。したがって、南西アジアで発展した最初期の文化の一部を含む多くの文化で、ウシに敬意が払われ、おそらく崇められさえしたことは驚きではない[23]。

肥沃な三日月地帯における植物の栽培化や動物の家畜化は、滞りなくまっすぐに進んだプロセスではなかった。肥沃な三日月地帯はおよそ一六〇〇キロにも及ぶ地域であり、農業革命はおよそ一万二〇〇〇年前から七〇〇〇年前までの五〇〇〇年間にわたって起こった。農業がゆっくりと導入されていくあいだにも、狩猟採集が続けられた。カリーナ・クラウチャーが指摘したように、「旧石器段階から新石器段階への移行は数千年にわたって起こり、地域によって重要な部分が異なる」ということだ[24]。

農業と平行進化

植物の栽培化と動物の家畜化は、肥沃な三日月地帯から隣り合った地域に広がったと考えられているが、世界のさまざまな地域でも別々に起こった。農業は肥沃な三日月地帯から西に広がって、九〇〇〇年前にはトルコ西部に伝わり、八〇〇〇年前には南東ヨーロッパの特に現在のギリシアやブルガリアにあたる地域で導入された。その後も農業はゆっくりと西に広がっていき、およそ七五〇〇年前に中央ヨーロッパへ、六〇〇〇年前にはイギリスに伝わった。

最近の遺伝学的研究や言語学研究から、農業はトルコ南東部や肥沃な三日月地帯にルーツを持つ人びとによってヨーロッパにもたらされたことが確かめられており、ヨーロッパの農業が各地で別々に発展したという証拠は見当たらない。[25]

肥沃な三日月地帯から東方面については、農業は現在のイランやトルクメニスタンに広がったのち、パキスタンやインドに伝わった。七〇〇〇年前には、インダス川流域で農業が確立していた。この方面では、数千年前からあったとおぼしき古代の通商路をたどって農業が伝わっていった。たとえば、ヨルダンの村で発見された一万九〇〇〇年以上前のものとされる装身具用の貝殻は、インド洋に由来するものだったと報告されている。すなわち、農業革命が始まるよりはるか前に「遠くまで広がった社会的ネットワーク」があったことがうかがえる。また、農業は肥沃な三日月地帯からエジプトにも広がり、七五〇〇年前にはエジプトの広い地域で定着した。[26]

植物の栽培化と動物の家畜化は、肥沃な三日月地帯と隣り合わせの地域に広がっただけでなく、地理的に遠く離れた世界の複数の地域でも別々に起こった。人類学者のロバート・ウェンケとデボラ・オルシェウスキーは、著書『先史時代のパターン（Patterns in Prehistory）』で次のように要約している。「『農業革命』の特に際立った特徴の一つは、それが迅速に広まったことだけでなく、ほぼ同じころに世界のさまざまな地域で別々に起こったことだ」。確かに、この事実は平行進化を裏づける証拠の有力な一ピースだと見なされている[27]。

農業は、中国の二つの場所でおそらく別々に発展したと考えられている。中国では二万年前に陶器作りがなされていたという証拠があり、陶器は料理に用いられたと見られる。コメは長江流域でおよそ八九〇〇〇年前には栽培化され、アワは黄河の氾濫原でおよそ八五〇〇〇年前には栽培化された。中国では、ニワトリ、ヤギ、ヒツジ、ウシ、ブタの家畜化も早い時期に起こった。

遺伝的研究によれば、ブタはそのときを含めて少なくとも別々に六回、家畜化されている。肥沃な三日月地帯と同じく、陶器のかけらに残っていた物質から、中国で農業革命が起きていたころに発酵飲料が用いられたという証拠が得られている。黄河流域にある賈湖(かこ)で見つかった残留物は九〇〇〇年前のものとされ、その中身はパトリック・マクガバンによって「ブドウとサンザシのワイン、ハチミツ酒、コメを原料とする酒からなる複雑な飲料」だと突き止められた[28]。

同じころに農業が独立して発展した地域としては、パプアニューギニアの高地もある。そこでは早くも一万年前に農業が始まり、タロイモ、タコノキ、バナナ、ヤムイモ、サトウキビが育てられた。オーストラリア国立大学の考古学者ピーター・ベルウッドによれば、パプアニューギニアの初期農業は、「穀物が含まれておらず、家畜もおらず、発展性のあるシステムではなかったにせよ、本物の初期の農業と見なされるにふさわしい」という。パプアニューギニアの農業がオーストラリアに広がることはなかった。それはおそらく、パプアニューギニアの高地が辺鄙なところにあり、物理的に行き来が難しかったからだろう[29]。

農業が別々に発展した拠点としては、ほかにもペルー、メソアメリカ、サハラ以南のアフリカなどがある。ペルーの高地では、七〇〇〇年前には「イモを含めた植物の栽培化がかなり進んでいた」。海岸の地域では、ワタなどの植物が六〇〇〇年前には栽培化されつつあった。そして、ラマやアルパカ、テンジクネズミ（モルモット）の家畜化が、その後おこなわれた。

メキシコ北部からグアテマラにまたがるメソアメリカでは、ウリ類の栽培が一万年前におこなわれたという証拠があり、つづいてカボチャやマメが栽培されるようになった。アメリカ大陸でのちに主食となるトウモロコシは、中央メキシコでおよそ五五〇〇年前に初めて栽培化された。そして、農業がアフリカのサハラ砂漠に南接するサヘル地域でも独立して始まり、アワ、トウモロコシに似たモロコシ、コメ、ヤムイモが栽培化されていたと、多くの専門家が考えている。この地域でウシの家畜化も独立しておこなわれたことを示す、かなり有力な証拠もある。[30]

生者と死者

一万二〇〇〇年前から七〇〇〇年前に起きた狩猟採集から農耕への段階的な移行は、生者と死者の関係に重大な変化をもたらした。移動しながらの生活スタイルでは、誰かが死んだら、たまたま死んだ場所で葬るか始末せざるを得ない。なぜなら、遺体を連れて回るのは、どう見ても非現実的だからだ。それに引き換え、定住型の生活スタイルでは、死者を生者の近くに葬ることができる。すると、先行する世代の祖先たちの遺体がたまっていく。この時期に、亡くなった祖先たちが生者にとって、それまでよりはるかに重要になったようだ。

一面では、死者を地元に葬ることで、自分の祖先たちを思い出しやすくなる。たとえば、ある木の下に祖先たちが葬られている場合、人がその木のそばを通り過ぎるたびに、彼らのことが思い出されるというように。カリーナ・クラウチャーが指摘したように、「死者を生者の近くにとどめておくことは、故人との精神的な絆を保ちたいという願いを反映しているのかもしれないし、服喪の過程を乗り切る助けになったかもしれない」

また別の面では、亡くなった家族を生者の近くに葬ることには、土地の所有権や親族の義務に対する実際的な意味合いがある。ある人の祖先たちによって耕された土地は、祖先たちが葬られている土地であり、今の世代によって耕されている土地でもあるというわけだ。ある要約では、次のように説明されている。「しばしば、土地と祖先たちには深いつながりがある。多くのアフリカの部族では、祖先たちは土地の究極のオーナーつまり所有者である……。オーストラリアの先住民では、祖先たちが土地そのものの一部だと考えられている」

そのような取り決めは当然のごとく、おそらく歴史で初めて土地所有権という考えにつながった。そして今度は、土地所有権という考えから、誰がその土地を相続できるのか、所有者が死んだら土地をどう分割すべきなのかという問題が生じた。「そのような状況下で」、「何らかの権威に訴えることが求められ、親族の祖先たちがそのような権威の自然な源になった」という指摘がなされている。考古学者のマイク・パーカー・ピアソンは著書『生と死の考古学（Archeology of Death and Burial)』で、農業革命が起こったころの土地と人びとのこうした結びつきについて、次のように述べている。

特定の血縁集団の祖先たちが、いくつかの理由によりますます重要になっていった。作物を植えて取り入れる形で土壌を季節的に活用することが、人びとの暮らしのおもな特徴になりつつあった時期に、祖先たちの遺骨は人びとを土壌そのものに結びつける役割を果たした。そうした季節的な作業をするためには、十分な人手を動員することが欠かせなかった。そして、互いの労力を活用するに際して、生者同士を結びつける祖先の系譜を思い出して示すことが必要とされた。(31)

村の誕生

農業革命のころにおこなわれた埋葬には副葬品を伴うことがあり、農耕を中心とした生活スタイルがさらにしっかりと確立されるにつれて、この習慣がよく見られるようになった。副葬品のほとんどは実用品か装飾品で、性別により違っていた。たとえば男性には、骨角器、鎌、黒曜石の刃など、来世で穀物を刈り入れるのに役立つ品々が添えられた。女性は「貝殻や石のビーズ、首やウエストや腕にかけられた骨製のペンダント、首飾り、腕輪、ベルト」で飾られていることがあった。カリーナ・クラウチャーの指摘によれば、子どもが「四歳くらいに満たない場合、副葬品の数が最も多く」、来世で飲み物が取れるように「飲料用の小さなカップ」が添えられていることもあった。(32)

この時期に葬られた人びとには、実用や装飾用の副葬品のほか、来世に連れていけるように動物やその体の部分が添えられていることもあった。最も多かったのはイヌだ。これは故人と飼い犬の深い愛情関係を単に示しているのかもしれないし、イヌは来世で主人を助けるために埋められたのかもしれない。イヌのほか、「シカ、ガゼル、オーロックス、カメの死骸も墓の内部で「見つかっている」」。地域によっては、子どもの埋葬地にキツネの下顎の骨が一緒に埋められていた。このように、植物の栽培化や動物の家畜化が進められていたのと同じころ、亡くなった祖先たちに対する関心が、人類の歴史でより目立ちつつあった。祖先たちと農業は、歩調を合わせて進化しつつあったのだ。[33]

現代ホモ・サピエンスが自分の畑のそばに住みつくことが増えるにつれて、親族を含む拡大家族たちが、互いに近い場所に家を建てるようになった。一万一〇〇〇年前から一万年前にかけて、そのような家族の集団が徐々に大きくなって村ができた。そのころになると、ヨルダン川西岸のエリコなどの村では、人口が二〇〇〇人ほどに達していた。考古学的記録から、これらの初期の村で「近所の家々に血縁関係があった」ことが確かめられている。人びとがそのように固まって生涯を暮らすことは、人類の歴史で初めてだった。そのおかげで、人びとは何事についても集団で意見を交換できるようになった。

たとえば、種蒔きに備えてどのように最高の種子を選べばいいか、どうすれば自分たちの祖先に最も敬意を払えるかといったことについても意見を出し合えただろう。マイク・パーカー・ピアソンはこの時期について、こう要約している。「[アジア南西部]で農業が始まった一万二八〇〇年前から一万年前に私たちが目にしていると思われるのは、死者の物質的な存在感に取りつかれることが生者のあいだで始まる兆しだ」[34]

農業革命の初期、すなわちおよそ一万二〇〇〇年前から一万年前には、亡くなった家族のメンバーを、その家族が住む家の床のすぐ下に葬ることがよくおこなわれていた。最近の発掘調査から、死者をまず葬ってから、墓の真上に家が建てられたケースがあることも明らかになっている。こうしたすべての場合で、死者は生者と物理的に近い場所にとどまっていた。実際の話、「あるケースでは、床下に葬られた死者の頭が石の枕に載せられたので、上にある家の漆喰の床から頭が明らかに突き出すことになった」という。

カリーナ・クラウチャーはこう指摘している。「死者を生者から物理的に近い場所にとどめておくことが重要だったようだ。生きている者たちは、葬った祖先たちの上にある部屋で暮らした」。農業革命の後期になって初めて、村のすぐそばの共有地に死者を葬るようになり、それが基本的に最初の共同墓地になった。[35]

頭蓋骨崇拝

農業革命の初期や中期には、死後、数週間から数カ月後に遺体を掘り起こして頭蓋骨を取り出すのがふつうだった。頭蓋骨は、それから遺族の家や村の共有地に陳列された。フランスの考古学者ジャック・コーヴァンは、次のように説明している。「頭蓋骨は事実上、家の床の壁沿いに並べられた。赤い粘土の塊が家に持ちこまれ、台の代わりにされた。このように、頭蓋骨はむき出しにされ、見えるように並べて置いておかれた……。人間の頭蓋骨を芸術作品のように並べるこうした傾向は、それまでにはなかった」[36]

色を塗られた頭蓋骨もあった。漆喰を塗って人間の顔のように形作られた頭蓋骨もあった。漆喰を塗られた場合には、「石灰や石膏、泥漆喰の層が顔に重ねられ、漆喰から『肉づけした』見かけが再現されたと考えられる」。目は、貝殻をはめこんだり、「目立つように白い漆喰」を用いたり、黒いアイライナーで輪郭を描いたりすることによって作られた。漆喰を塗られた頭蓋骨の一部には「入れ墨の跡があるので、特徴や個性を与えたことがうかがえる。もしかしたら、故人が生きていたころの姿によく似せて作ったのかもしれない」。カリーナ・クラウチャーの指摘によれば、頭蓋骨のなかには「髪、頭飾り、かつら」がついているものもあったかもしれないとのことだが、このような有機物は残っていない[37]。

これまでに、少なくとも九〇個の漆喰を塗られた頭蓋骨が南西アジアの広い範囲で見つかっており、それらは一万年前から八五〇〇年前のものとされている。イギリスの考古学者ジャケッタ・ホークスによれば、「最高の部類の頭蓋骨は、じつに見事に形作られていて真に迫っているので、それらは崇拝の対象であるとともに芸術作品でもある」という。これらの頭蓋骨は、それを見た者に衝撃を与えた。そのような漆喰を塗られた頭蓋骨がエリコで初めて掘り出されたとき、発掘を率いていた考古学者は、研究仲間たちが仰天したさまについてこう述べた。「私たちの誰にも、その物体［漆喰を塗られた頭蓋骨］が……その夕方に出土することへの心構えがなかった」

ほかの遺跡で発掘にあたっていた考古学者たちも、漆喰を塗られた頭蓋骨の発見を「きわめて感情に訴える経験」と述べ、次のように語っている。「私たちは顔に引き寄せられる。そして、これらは文字どおり『過去の顔』なのだ[38]」

人間の頭蓋骨を陳列することは農業革命のあいだに南西アジアで広まっており、この慣習は**頭蓋骨崇拝**と呼ばれている。これらの頭蓋骨に残る摩耗パターンの研究から、頭蓋骨は展示されていただけでなく、多くの人が頭蓋骨に手を触れたことがうかがえる。一部の考古学者は、これを祖先崇拝の決定的な証拠としてあげている。マイク・パーカー・ピアソンは、そのような頭蓋骨が「以前には生きていた死者を表すもので、それらは、亡くなった祖先を生者がどう捉えていたかということを体現したものだ」という意見を述べた。

カリーナ・クラウチャーも同じく、こう指摘している。「死は、生者の世界との肉体的な関わりの終わりを告げるというより、むしろ生者との活動や交流の新たな段階を告げるものだった……。故人は、死を超えて一家の現役メンバーと考えられた可能性があり、ひょっとすると意思決定を左右すると見なされたかもしれない。そして死者は、生者の催しや、生者がしたことの結果に積極的な役割を果たす……。頭蓋骨は、生者の暮らしに対する死者の継続的な役割を意味している」。それこそ、家にそうやって飾られた頭蓋骨が、まさしく文字どおりに一家の世帯主と見なされたということもありうる[39]。

南西アジアで興味深いものとしては、彫像や仮面もある。そのほとんどは、農業革命後期のものとされている。彫像は、座っている女性の集団や立っている男性の集団のような人間の小像から、高さが一メートル近くあり、顔の特徴が描かれて貝殻の目が入れられている人間の像までさまざまだ。たとえば、九二五〇年前から八〇〇〇年前とされるヨルダンのアイン・ガザルという村の遺跡では、高さが九〇センチほどの全身像が一三体と、高さが四五センチほどの胸像が一二体出土しており、考古学者から「祖先をかたどった像」と一般に見なされている。

別の遺跡でも、六六五体の小像が見つかった。数は少ないながらとても興味深いのは石灰岩の仮面で、穴を開けて目や小さな鼻、口を際立たせてあり、歯がある仮面もある。イスラエルのある地域では、見た目が一つずつ異なるそのような仮面が一二個発見され、およそ九〇〇〇年前のものとされている。一部の仮面は、縁に沿って穴を開けられていたので、人間の頭にくくりつけられたか、もしかすると漆喰を塗った頭蓋骨に結びつけられたのかもしれない。一つの仮面は「赤い褐鉄鉱（かってっこう）を含む石灰岩で作られているので、血塗られた人間の顔のように見える」。この仮面には、毛髪が付着したアスファルトの小さな塊もこびりついており、もともとは頭髪がつけられていたことを暗に示している。[40]

彫像や仮面の意味

これらの謎めいた彫像や仮面には、どんな意味があるのだろう？　一部の考古学者は、「漆喰を塗られた頭蓋骨、彫像、仮面は、ある共通したテーマを形成」しており、互いにつながっていると いう意見を述べている。それらが同じ遺跡でたびたび一緒に出土することは、すべてが何らかの形で祖先の崇敬と結びついている可能性を裏づける。過去数百年間に多くのほかの文化で仮面がどのように使われてきたかという点を踏まえれば、仮面をつけた者が公的な儀式で死者を表したということもありうる[41]。

アイン・ガザルとほぼ同じころにあったとされるイスラエルのクファル・ハホレシュという村は、人びとが住んでいた跡がないという点で一風変わっている。代わりに、その村は「おもに死者の埋葬や処置をした場所だと考えられている」。その村では、頭のない人間の骨格が、穴に入れられた野生のウシ八頭分の骨に重なる形で見つかった。そばには、「楕円状に並べられた一五人分の人間の下顎骨や、動物の輪郭を描くように並べた可能性のある人間や動物の骨などもあった」。一つの墓からは「頭のないガゼルの骨と、漆喰を塗られた人間の頭蓋骨」が出土した。研究者たちは、この村が「地域における葬儀・崇拝センターで、周辺の村に利用されていた」と推測している[42]。

九〇〇〇年前から八〇〇〇年前の村だったトルコ中央部のチャタル・ヒュユク遺跡を見ると、当時の住民が霊的な関心を抱いていたことが明らかにわかる。チャタル・ヒュユクの人口はおよそ五〇〇〇人で、住民は三種類のコムギ、オオムギ、さまざまな野菜を育て、野生の果実や木の実を集め、ヒツジやヤギを飼っていた。

ジャケッタ・ホークスによれば、「住民のなかには、腕のよい木工職人、布織り職人、籠編み職人、石磨き職人、陶器職人がいた」。村の近場では、道具や武器の切れ味鋭い刃を作るための黒曜石という黒い火山ガラスが採掘された。黒曜石ははるか遠くのシリアやレバノン、キプロスに運ばれていき、見返りとして火打ち石や木材などの原料が入ってきた。これは広い取引ネットワークの一部で、科学系ライターのマイケル・ボルターによれば、「取引はチャタル・ヒュユクの富をもたらす鍵だったかもしれない」とのことだ[43]。

死が、チャタル・ヒュユクの住民の心を大きく占めていたのは間違いない。村では、これまでに発掘されたごく一部の場所から五〇〇を超える墓が見つかっており、ほとんどの遺骨は家の床に埋められていた。それぞれの家に平均で八つの墓があったが、その数は〇から六四まで幅がある。ほとんどの人骨は完全な骨格で見つかっており、そのほか漆喰を塗られた頭蓋骨が一つ見つかっている。その頭蓋骨には、赤いオーカーで塗られているという特徴がある。

チャタル・ヒュユクで出土した副葬品には、男性の墓では、石でできた棍棒状の武器の頭部、骨の柄がつけられた短剣など、女性の墓では、ビーズや貝殻の首飾り、腕輪、ペンダント、銅や骨の指輪などがある。なかでも最も珍しい副葬品は「なめらかな漆喰の額にはめこまれた黒曜石の円い鏡」で、それらは知られる限り最古の鏡だ。鏡は、おそらく死者が来世で自分を眺めることができるように、墓に入れられたのだろう。(44)

チャタル・ヒュユクで見つかったもののなかで特に興味深いのは、四〇棟ほどの建造物で、それらは考古学者から「聖堂」「歴史館」「崇拝センター」などと呼ばれている。これらの建造物ではしばしば、「複雑に配置されたウシの頭蓋骨や角」に加えて、絵が描かれたり彫刻がなされたりした漆喰の壁が見つかっている。絵のおもな主題は死で、たとえば「巨大な翼を持つハゲワシが、羽毛のついたカギ状のくちばしで、頭のない人間の遺体をつついている様子」が描かれた絵がある。グロテスクな部類としては、「女性の乳房を模倣して作られた像のなかに、キツネやイタチ、ハゲワシといった腐肉食動物の死骸の骨が隠されたもの」がある。

オーロックス(野生のウシ)もよく目につく主題で、ある家では壁一面に巨大な雄ウシの絵が描かれていた。発掘を率いた考古学者のイアン・ホッダーによれば、「多くの住居で、雄ウシの頭が絵にぶつからずに動き回るのはとても無理な気がする」とのことだ。ジャック・コーヴァンは、雄ウシが「チャタル・ヒュユクでは異常なほど執拗に描かれる主題だ」と指摘し、いくつかのフレスコ画について、「雄ウシが動いている男たちに取り囲まれている。男たちは弓で武装し、棒を投げている」と説明した。

雄ウシに加えて、女性の彫像や小像もよく見つかる。たとえば、その一つは座った女性の小像で、女性の両脇には二頭のヒョウがいて、女性の両脚のあいだには丸い物体がある。この像は女性の出産シーンだとする解釈もなされており、一部の現代の考古学者のなかで、これはチャタル・ヒュユクの地母神だという考えが生まれた。一方、女性の脚のあいだにある丸い物体は人間の頭蓋骨ではないかと述べている学者もいる。[45]

チャタル・ヒュユクのこれらの「聖堂」には、どんな意味があるのだろう? 聖堂は町のあちこちにあったので、「祖先を崇める」ための「親族崇拝センター」と呼ばれており、それらは「……長期間にわたって崇拝活動の場所だった」と見られている。漆喰を塗られた頭蓋骨のように、小像や仮面、聖堂は祖先崇拝と関連があったと思われる。

では、祖先たちは何を求められたのだろう? 現代の農耕社会の祖先崇拝について知られていることに基づけば、恵みの雨、豊作、大地の豊穣に対する願いが寄せられたのではないだろうか。また、祖先たちはきっと、家畜の多産、そしてたぶん女性の多産も請け合ってほしいと求められただろう。一方、人びとは祖先たちに、干魃や嵐などの自然災害、病気、そして何よりも死から守ってほしいということも求めただろう。一万二〇〇〇年前から七〇〇〇年前の人びとが祖先たちに助けを請うたのは、おもに生と死に関わる基本的な事柄だったと考えられる。(46)

農業の発展と祖先崇拝の関係

こうして、農業革命のあいだに、祖先崇拝は肥沃な三日月地帯や周辺の南西アジア地域でますます重要になっていったようだ。植物の栽培化や動物の家畜化は、世界のほかの地域でも別々に起こった。では、それらの地域でも、農業の発展に伴って祖先崇拝が盛んになったのだろうか？

中国では、確かに祖先崇拝が農業の発展とときを同じくして起きたように見える。黄河流域の賈湖では、九〇〇〇年前の墓が発見されている。それは、アワやコメの栽培化が初めておこなわれていたころだ。いくつかの墓では、「死者の頭が注意深く取り除かれ……代わりにカメの丸ごとの甲羅が六〜八組置かれていた」。一部の甲羅には、最多で数百個にのぼる「小さな丸い白色や黒色の小石」が入れられていた。副葬品としてはほかに、錐や石臼などの実用品、翡翠やトルコ石の宝飾品、骨製のフルートなどがあった。フルートは、中国で出土した楽器では最古の部類に入る。(47)

賈湖遺跡は、前述したように、知られる限り中国で初めてワイン作りがなされた跡が見つかったことでも知られている。パトリック・マクガバンによれば、ワインはおそらく死者を悼む宴で飲まれ、宴では故人のある子孫が、祖先たちとの交信役に指名された。七日間に及ぶ宴のあと、指名された人物が、現在のワイン二本分に相当する量のワインを飲んで交信を始めた。のちに書かれた中国のある叙情詩には、次のように描写されている。

儀式が終わった。
鐘や太鼓が鳴り響き
畏まった子孫が自らの場所に赴き、
儀式を執りおこなう祈祷者が宣言する。
「霊魂はみな酒に酔いしれている」[48]

農業がいち早く発展したほかの地域については、考古学研究が乏しい上に文書記録がないため、祖先崇拝の歴史に関する情報はほとんど得られない。植物の栽培化や動物の家畜化が進められていたのと同じころに、副葬品を添えた埋葬がおこなわれていたのは明らかだが、死者が生者からどう見なされていたのかを知ることはできない。たとえば、ペルーでは、八〇〇〇年前のものとされる埋葬地が見つかっている。一部の墓では完全な遺骨が埋められていたが、墓によっては、「肉体が腐敗したか肉を取り除いたあとに関節をはずされた骨が、ごた混ぜになった状態」で葬られており、南西アジアで発見された状況と似ている。

アフリカで農業が始まったサヘル地域では、複数の埋葬地が見つかっており、九五〇〇年前のものとされるものもある。副葬品には、鉢や、卵の殻でできたビーズなどがあった。パキスタンのインダス川流域では、初期の農業がおこなわれていたころに、トルコ石やラピスラズリ、ホラ貝の貝殻といった外来の副葬品を添えた埋葬がおこなわれた。副葬品のなかには、五〇〇キロあまり離れた場所から運びこまれたものもあった。そして、エジプトで農業が七五〇〇年前に成立すると、

「バダリ文化期（紀元前四五〇〇～四〇〇〇年ごろ）以後の墓に置かれた副葬品の証拠から、きわめて早い時期に死後の世界に対する信念があったことが示された」。その後、祖先崇拝はエジプトで強迫観念となる。それについては次章で取り上げよう。[49]

最初期の神々

世界のいくつかの地域で一万二〇〇〇年前から七〇〇〇年前に起きた農業革命は、植物の栽培化や動物の家畜化、すなわち動植物を手なずけることに結びついた。すでに見たように、農業革命に伴って生者と死者の関係にも革命が起こり、それは祖先の霊魂を手なずけることに結びついた。生者と死者の関係における革命についてはあまり記録されていないが、どちらの革命も現代ホモ・サピエンスのそれからの発展に計り知れない影響を及ぼすことになる。農業と祖先崇拝は一緒に発展した。前者は食べ物を得るため、後者は救いを得るために。

生者と死者の関係における革命がもたらした結果の一つが、最初の神々の出現だったように思われる。なお、ここで使った「神々」という言葉は、はしがきで定義した狭義の神を意味している。神々は八〇〇〇年前から七〇〇〇年前に現れた可能性があるが、もしかしたらもっと早く現れたかもしれない。ただし、神々の出現が可能となる前に、まず二つのことが起こらなくてはならなかった。

一つ目は、霊魂のなかのいくつかが、きわめて強力になることだ。これがどのように起こりえたのかは想像できる。たとえば、腕の立つ農民だったある男性が、死後、子孫たちから崇められた。男性の霊魂に祈りが捧げられ、種蒔きの時期になると、男性の所有地に生えている一本の木の根元に供物が置かれた。それから数世代にわたって豊作が続けば、その男性は強力な豊作の霊魂として知られるようになったかもしれない。同じく、武勇に優れた男性が死後に崇められ、彼の霊魂に、戦いで子孫たちを導きたまえと祈りが捧げられた。それから数世代にわたって戦闘で勝利が続けば、彼は強力な戦士の霊魂として知られるようになったかもしれない。雨のような自然の精霊も、ヤギやヒツジの生贄を捧げたら数世代にわたり豊富な雨に恵まれたといった場合には、地位が格上げされたということがありうる。

このような考えは、むろん新しいものではない。二三〇〇年前、マケドニア王に仕えたギリシアの哲学者エウヘメロスは「神々は、もとはと言えば、臣民からだんだん崇め奉られるようになった支配者たちだった」と述べた。一九世紀には、イギリスの社会学者ハーバート・スペンサーが「すべての神は祖先たち、部族の開祖たち、強さと雄々しさで知られた戦いの首長たち、名声のあった呪医たちだった……あらゆる宗教の根源は祖先崇拝である」という考えを示した。同じくエドワード・タイラーも、一部の祖先の霊魂が「神の地位に昇る」可能性があると指摘した。[50]

霊魂と神はどこで分かれるのか?

原始的な社会の研究から、霊魂と神には往々にして連続したつながりがあることが示されている。そのようなひとつながりの斜面の最下点には、両親や祖父母をはじめとする祖先たちの霊魂が位置している。より強力な霊魂は、はるか前の世代に亡くなった祖先たちを表している可能性があり、さらに強力な霊魂は、部族の創始者と見なされる祖先だ。

神々も同じく、特定の集団や部族に関わる人格神などの擬人化された神から、世界を創造したものの、その後その世界にほとんど立ち入らない、地位がより高く人間からかけ離れてさえいる神まで、さまざまな神がいる。ある者が、その連続した斜面を霊魂から神へと上がっていくと、その者はより超自然的な力を手に入れる。最も力の強い人間の霊魂と最も力の弱い神との境目は見分けがつかないほどで、夕暮れと夕闇の境目が感じ取れないようなものだ。多くの研究者が、霊魂と神はどこで分かれるかという問題に取り組んできた。たとえば、人類学者のハーバート・バセドウは、オーストラリア先住民の研究をおこない、「もともとの霊魂の祖先と神は区別しがたいこともある」と述べている[51]。

さまざまな霊魂がいるのに、より高位の神がいないように見受けられる社会もある。そのような社会を観察するまれな機会が、パプアニューギニアの高地に住む先住民集団が見つかったことで得られた。これらの険しい山間の谷には、もともと現代ホモ・サピエンスが四万年前に住みつき、農業がおよそ一万年前に始まったが、これらの集団はずっと外部世界には知られていなかった。それから一九三〇年代になって、金を探すオーストラリアの冒険家たちがやって来た。オーストラリア人たちが遭遇したのは、小さな村で石器時代の農耕民のように暮らしている複数の部族で、それらの部族では、来世に対する信仰や祖先の霊魂に対する信仰が発達していた。この発見を受けて人類学者がそれらの部族を研究し、部族民たちがオーストラリア人たちと初めて接触したときに何を信じていたのかについて記録した。

それらのパプアニューギニア人たちは複数の部族や言語集団に分類されたが、オーストラリア人に出会った人はみな、奇妙な白人の訪問者たちのことを、来世から戻ってきた祖先の霊魂だと信じていた。パプアニューギニア人たちは、「彼らは夢で会う人びとに似ており……はっきりと見える状態でおおっぴらに訪ねてきた霊魂の人びとに違いない」と思った。ある男性は、「彼らが空か地下からやって来たのではないかと思った」。別の集団は、「これらの青白い生き物は幽霊で……親戚を探すために死者の国から戻ってきたと推測した」

オーストラリア人がやって来たときに一八歳くらいだったテレンゲという名の若者について、次のような話が伝えられている。「彼らの肌はたいそう青白く、輝いているように見えた……。青白い肌を持つとされる生き物でテレンゲが唯一知っていたのは、幽霊や強力な霊魂だった。だから、これらの生き物はダマ［霊魂］に違いないということになり、畑のほかの場所からびっくりして見つめていたほかの男たちも、同じ結論に達した」。だが、ある集団は、オーストラリア人たちが排便するのを目撃し、オーストラリア人は霊魂ではないと判断した。そんな行為は、超自然的な地位にはそぐわないように思われたのだ[52]。

初めて外部から接触されたとき、パプアニューギニアの部族は、善良な霊魂と邪悪な霊魂を含む複雑な宇宙論を持っていた。善良な霊魂のほとんどは祖先の霊魂で、人間のさまざまな事柄に介入すると考えられていた。そして邪悪な霊魂のほとんどは、もとは人間ではなく、病気や死の原因になるとされていた。

特定の霊魂は特定の場所と関連づけられており、「霊魂の人びとは、しばしば鳥の形を取って、もとの人間の声で呼びかける」と言われていた。霊魂は、野生のブタやニシキヘビといった、ほかの動物の姿を取ることもあった。いくつかの部族は霊魂を崇める聖堂を建てており、そこで「ブタがたびたび生贄にされた」。公式の「テゲ」という儀式もあった。その儀式は「贈り物やブタの生贄によって、祖先たちをなだめたり霊魂のダマを鎮めたりすることを目的としていた」。一部の部族は、祖先を崇める儀式で仮面も使い、仮面をかぶった人は死者を表していた。おそらく、南西アジアで九〇〇〇年早く登場した石灰岩の仮面はこのように使われたのだろう。[53]

霊魂の上下関係から最初の神々が現れた

霊魂より地位の高い神々の出現が可能となるための二つ目の前提は、最低限必要な人数が集まることだ。たいてい一〇〇人に満たなかった狩猟採集民の集団は、祖先の霊魂や自然の精霊を崇めたかもしれないが、これらの霊魂を神に格上げする理由はほとんどなかったと考えられる。だが、狩猟採集民のいくつもの集団が一緒になって村や町に定住するようになると、さまざまな集団の人間のリーダーたちのあいだで序列をつけることが必要になったように、競合する霊魂のなかで序列を作る必要が出てきただろう。こうした霊魂の上下関係から最初の神々が現れた。つまり神々は、単に人びとの総意によって高い地位を授けられた高位の霊魂だったのだ。

農業革命のころ、植物の栽培化や動物の家畜化のおかげで安定した食料が確保されるようになり、人口が増えて最低限必要な人数が集まった。ギョベクリ・テペが祭祀センターとして利用されていた一万一〇〇〇年前、世界の人口は推定でおよそ五〇〇万人だった。それが、**メソポタミア**で世界初の神殿が神を崇めるために利用されていた六〇〇〇年前には、世界の人口は推定でおよそ一億人に増え、二〇〇〇年前には三億人にまで増えた。[54]

人口の規模と、その人口で存在する神々のタイプとの関係は、はっきりと確認されている。一九六〇年、カリフォルニア大学バークレー校の心理学者ガイ・スワンソンが、五〇の「原始的な」社会で認められる神々についての研究結果を発表した。ちなみに、五〇の社会は、人類学者のジョージ・マードックがまとめた五五六の社会の民族誌学的データベースから抽出されたものだ。スワンソンは、社会的および政治的に複雑な社会（「ある範囲の人びとに対して権限を持つ組織（家族、村なども含む）が多い」社会）と、「高神」（「世界や天界を統べる神」）の存在とのあいだに相関があると報告した。

より最近のある研究では、社会の規模（地域社会を超える政治権力の段階の数）と「道徳を説く神々」（「何をすべきで何をすべきでないかを人びとに告げる神々」）の存在とのあいだに強い相関があることが報告された。この関係について、オレゴン大学の心理学者アジム・シャリフが、「強大な神々は強大な集団のために作られた」という核心を突いたタイトルの論文で要約している。シャリフは、「強大な神々は……わりと最近の完新世（およそ一万一七〇〇年前から現在まで）に生まれた新機軸で、大きく複雑な社会でのみ現れた」と指摘した。「強大な神々」と巨大な人口との関係は、「神はあなたを見ている」という主旨の宗教論を扱う最近のいろいろな書籍でも強調されており、その話題については第8章でまとめたい。[55]

農業革命後期のいつ、どこで、霊魂より地位の高い最初の神々が現れたのかが正確にわかる手がかりはあるだろうか？　この議論のほとんどで焦点となってきたのが、謎めいた小像や、高さが一メートル近くに及ぶものもある彫像だ。そのような像は、およそ一万年前からますます多くなった。もとは鮮やかな色が塗られていた像もあり、考古学者のジャック・コーヴァンによれば、「人目を引いただろう」とのことだ[56]。

これらの小像や彫像が祖先や神々を表しているのかということが、広く議論されてきた。像が祖先を表していると主張する学者たちは、それぞれの像の外観が異なっているので、ただ一つの神のイメージを伝えようとしているようには見えないという事実を指摘する。さらに、小像の多くの目鼻立ちが、同時代に彩色されたり漆喰を塗られたりした頭蓋骨に似ており、それらの頭蓋骨は祖先だと一般に考えられている。また、小像と漆喰を塗られた頭蓋骨が一緒に見つかることもよくある。それで一部の研究者は、小像はおそらく「少し前に亡くなった家族の女性メンバー」か「祖先を抽象的に表したもので……祖先に基づく社会的・宗教的組織を表すものだろう」と結論づけている[57]。

一方、異なる立場の主張では、一部の彫像には足指が五本ではなく六本あるという点が指摘されることがあり、ジャック・コーヴァンは、これによって「［それらの］超自然的な地位が裏づけられると思われる」と主張した。チャタル・ヒュユクで数多く出土した女性小像は、神々ではないかと特に言われてきた。その遺跡で最初に発掘を手がけたイギリスの考古学者ジェームス・メラートは、それらの小像が地母神を表していると主張した。「メラートには、新石器時代の農耕民が、農業や多産を司る男神や女神に、霊的な指導を与えて豊作を恵んでくれるよう願っただろうという考えは、明白に思われた」のだ。

ジャック・コーヴァンも同じく、女性小像は「超自然的存在で普遍的な母、言い換えれば、『女性一神教』と言い表せる宗教体系の頂点に立つ女神」を表したものだと力説した。そのような主張によって、チャタル・ヒュユクは現代の一部の女性たちのあいだでフェミニズム的な「地母神運動（女神運動）のメッカのような聖地」になり、毎年「女神崇拝者たちがチャタル・ヒュユクへ巡礼の旅に出る」とされた[58]。

だが近年では、メラートやコーヴァンのような解釈は少数派となっている。現代のほとんどの考古学者は、一万年前から七〇〇〇年前に作られた女性小像について、女性にとって重要な役割を示しており多産に結びつく可能性があるものの、それ以上ではないという見方をしている。イアン・ホッダーは、チャタル・ヒュユクでは女性小像が「特別な場所で見つかるわけではない」として、次のように指摘している。


女性小像は、埋葬地や特別な重要性を匂わせる場所では見つからない。いやむしろ、小像のほとんどは先史時代のゴミ捨て場で発見されている。それに対して、チャタル・ヒュユクにおける雄ウシの絵は、確かに重要な場所で描かれているようで、聖堂だったと思われる中心地で見つかることもよくある。したがって、チャタル・ヒュユクの住民が何かを神の地位に押し上げたのだとしたら、それは女性より雄ウシだった可能性が高そうだ[59]。

新たな考古学的証拠が見つかるまでは、最初の神々が現れた時期や場所をさらに突き止めようとしても徒労に終わるだろう。神々が現れた可能性のある期間は数千年にわたり、その候補地域はイランからブルガリアまで三〇〇〇キロ以上の広範囲に及ぶ。ある地域に当てはまることが、必ずしも別の地域にも当てはまるとは限らないだろう。たとえば古代ギリシアでは、アスクレピオスは医師の始祖として敬われた地域もあったが、神として崇められた地域もあった[60]。

神々が現れていたことが確実にわかるのは、文字が発明され、歴史記録が得られるようになってからだ。次章で見るように、これはおよそ六五〇〇年前のメソポタミアで起きた。そのころの神々は十分に確立されていたように見えるので、最初の神々が現れたのはもう少し早かったのだろうが、その時期や場所を絞りこむことはまだできない。

初期農耕民の脳

現代ホモ・サピエンスが、自伝的記憶や、自らを過去や将来に投影する能力を初めて発達させたように見える四万年前から、初期の農耕民が植物の栽培化を始めた一万二〇〇〇年前までには、三万年近い開きがある。なぜ現代ホモ・サピエンスは、記憶保持道具を使ったり、仲間を副葬品とともに葬ったり、将来にうまく仕留めることを願った堂々たる動物を描いたりし始めたころに、植物の栽培化を始めなかったのだろう?　これについて、デイル・ガスリーは次のように言い表した。「農業、都市生活、文字、陶器、精錬金属、布など、完新世（およそ一万一七〇〇年前から現在まで）の祖先たちの多くの暮らしを方向づけた活発で多彩なイノベーションが、三万年にわたって見られないのはなぜか？[61]」

もちろん、それに対する一つの説明としてあげられたのは気候変動だ。気候はその三万年間のほとんどにわたり冷涼で、農業の発展には不向きだった。だとしても、およそ三万八〇〇〇年前、三万五〇〇〇年前、二万九〇〇〇年前、一万五〇〇〇年前に断続的に訪れた温暖な期間については説明がつかない。これらの温暖なころに、肥沃な三日月地帯でも、一万二〇〇〇年前以降に農業が独立して発展したほかの地域でも、なぜ植物が栽培化されたという証拠が見つからないのだろう？

もう一つの力「計画を立てる能力」

それに対する一つの説明として、現代ホモ・サピエンスの脳で自伝的記憶は発達していたものの、作物の栽培化や動物の家畜化に必要なもう一つの能力が十分に発達していなかったということが考えられる。もう一つの能力とは、計画を立てる能力だ。それは、過去を記憶したり自らを将来に投影したりする能力と同じではない。自伝的記憶は、計画を立てる能力にとってあらかじめ必要な能力だが、立案能力そのものとは別物だ。

ヒトの脳で最も重要な立案中枢だと見なされている部位は外側前頭前野（ＢＡ９、46）で、**図6・1**に示している。内側前頭前野は、ホミニンが進化する過程で外側前頭前野より早く発達し、自己認識や他者認識、内省能力の発達に重要な役割を果たすが、外側前頭前野は、それらの認知能力の獲得ではたいした役割を果たさない。その一方で、外側前頭前野のおもな役目は立案、推論、

図6・1　立案中枢だと見なされている外側前頭前野

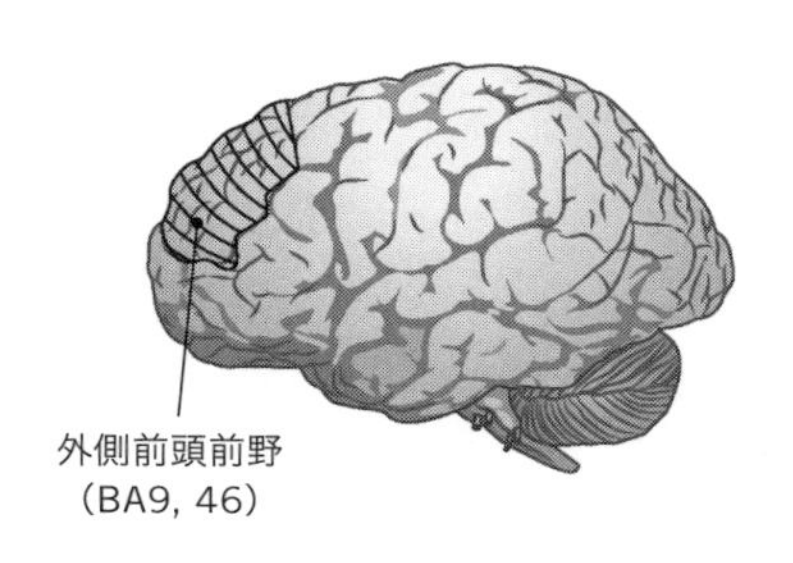

問題解決、精神的柔軟性の維持だ。これらの役目は、脳の「実行機能」と呼ばれることがある。ある研究者の要約によれば、「ヒトは並外れて大きな外側前頭前野を持っているおかげで、行動に関する問題への新しい解決策を示すという意味で『型にはまらない』ことがずば抜けてできるようになった」という[62]。

外側前頭前野が傷つくと、計画したり推論したりする能力が著しく損なわれることがある。外側前頭前野の立案や推論の機能は、神経心理学検査によって評価できる。そのような検査の一つである**ハノイの塔検査**では、将来に向けた計画を立てる能力を評価する。また、**ウィスコンシンカード分類検査**では、状況の変化に応じて計画を変える能力を評価する。これらの認知能力は、初期の農耕民が作付けを計画したり家畜を管理したりするときに欠かせなかったと考えられるたぐいの能力だ。したがって、今あげたような検査で、四万年前に生きていた祖先たちよりよい成績を収めたと思われる。外側前頭前野がよく発達し、それで脳の実行機能が優れていた人びとは、人生でより成功し、遺伝子を次世代によりうまく伝えただろう。

外側前頭前野が、ホモ・サピエンスの脳領域で十分に発達するのが最も遅い部類に入るという事実は、農業が一万二〇〇〇年前になって始まったのは、そのころにようやく立案能力が発達したからだろうという仮説を支持する。脳を誕生時のミエリン化［訳注：神経線維がミエリンという物質で覆われること。これによって情報の伝達速度が上がる］の程度によって四五の領域に分類したパウル・エミール・フレクシッヒは、外側前頭前野を、ミエリン化が特に遅い、彼いわく「最終ゾーン」の一つに位置づけた。

同じく、子どもの脳の灰白質に関する神経画像研究から、「前頭葉では、背外側前頭前野が最後に成熟し」、そこが完全に成熟するのは二〇代前半になってからだと報告されているので、外側前頭前野が進化の過程でつい最近に発達したことがうかがえる。顕微鏡下で観察すると、外側前頭前野は、細胞の見た目も前頭前野のほかの部分と異なっているので、ほかの部分とは別に発達したことが見て取れる。

また、ヒトとチンパンジーの外側前頭前野を比較すると、ヒトの外側前頭前野は、予測される大きさの二倍近くある。そのような観察結果から研究者たちは、この脳領域がおそらく霊長類にしかない領域であり、とりわけヒトでよく発達したと結論づけた。脳の発達に関する第一線級の研究者であるトッド・プロイスは、次のように述べている。「今ある証拠に基づけば、背外側前頭前野が本当に霊長類の脳における際立った特徴の一つだという結論を引き出す十分な根拠がある。さらに、この領域が霊長類の歴史を通じて大々的な改良を受けたという証拠がある」(63)

外側前頭前野の発達が続いたことに伴って、前頭前野を頭頂葉や側頭葉につなぐ太い白質連絡路の上縦束も引き続き発達しただろう。前述したように、上縦束はヒトできわめてゆっくりと発達する白質連絡路の一つだ。それはすなわち、上縦束が人類の進化でわりと最近になってつけ加わった神経経路だということを意味している。

前頭前野の灰白質と白質をヒトとほかの霊長類で比較した研究では、白質、つまり連絡路の違いのほうが、灰白質、つまり神経細胞の違いよりはるかに大きいことが報告された。したがって、なぜホモ・サピエンスが二万年前や三万年前の温暖な期間に植物の栽培化を始めなかったのかという問いに対する答えは、前頭前野とほかの脳領域との接続の数がまだ十分ではなかったということかもしれない。それが一万二〇〇〇年前になると、これらの接続ができあがっており、植物を手なずけることだけではなく、霊魂を信じる己を手なずけることもできるようになった[64]。

およそ七〇〇〇年前には、外側前頭前野や白質連絡路がホモ・サピエンスで十分に発達しており、そのおかげで現代の私たちに結びつく認知プロセスや行動が開花したようだ。私たちは、動植物のみならず、霊魂を信じる己も手なずけられる。神々の到来は、儀礼的な宗教が発展して人間の心を奪うことになる時代の幕を開けた。それが、今日まで続いている時代にほかならない。

第7章

政府と神々

——神を信じる自己

最大の神秘は、おびただしい数ある地球や銀河のなかで私たちが出任せに放り出されているということではなく、私たちがこの牢獄のなかで、自分たちの無力さを否定できるほど強力な自分たちのイメージを作り出せることにある。

——アンドレ・マルロー、「アルテンブルクのくるみの木」[邦訳は『世界の文学セレクション36／30』(中央公論社)に所収の「アルテンブルクのくるみの木」(橋本一明訳)]、一九四三年

祖先たちの一部がだんだん神に祀り上げられた

最終的に霊魂より高位の神々が現れたことは、驚くべきことではなかった。そのような神々は霊魂として数千年にわたり舞台の袖に控え、台詞の練習を重ねながら、世界の舞台にお呼びがかかるのを待っていた。

二万八〇〇〇年前から二万七〇〇〇年前にロシアのスンギールやチェコのドルニ・ヴェストニツェで副葬品を添えて親族を葬った人びとは、来世についてはっきりした考えを持っていたが、その来世に神のような監督者がいたことを示す証拠はない。一万七〇〇〇年前にフランスのラスコー洞窟で動物の壁画を描いた人びとは、動物の霊魂に対する崇敬の念を示したが、これらの霊魂が超越的なものだったという証拠はない。一万一〇〇〇年前にトルコのギョベクリ・テペで集(つど)った人びとは、祖先たちの霊魂を崇めたかもしれないが、祖先たちはまだ神々の地位を得ていなかったように見える。

しかし、次の四〇〇〇年間のどこかで、祖先たちの一部がだんだん神に祀り上げられたらしい。こうしてついに神々が姿を現した。そして、神々はひとたびお出ましになると、居続けることになった。

メソポタミア：文書化された初めての神々

文書に残された最初の神、つまり、その存在を裏づける決定的な証拠があるのは、メソポタミアの水の神エンキだ。それがわかるのは、エンキに捧げられたおよそ六五〇〇年前の神殿が、現在のイラク南部にある古代メソポタミアの都市エリドゥで発掘されたからだ。メソポタミアや周辺の南西アジア地域では、それに先立つ年月に人口が急増した。ある研究では、一万年前から六〇〇〇年前までに、人口が一〇万人から五〇倍の五〇〇万人に増えたと推定されている。五五〇〇年前には、メソポタミアのエリドゥのような都市の人口は三万五〇〇〇人を超えていた。五〇〇〇年前には、**ウルク**という都市には推定で五～八万人が住んでいたとされ、そこは世界最大の都市だった。ということで、まさに最初から、霊魂より高位の神々は大人口と結びついていた[1]。

一般に世界の文明発祥の地と見なされているメソポタミアは、六五〇〇年前から四三〇〇年前にかけて世の中に知られるようになった。社会階級の面でも経済の面でも、メソポタミアは複雑な社会だった。職業が細かく分かれており、農家、監督官、人夫、漁師、醸造職人、パン職人、商人、兵士、芸術家、建築家、書記、聖職者などがいた。経済の中核をなしていたのが交易だ。

織物、羊毛、革、ゴマ油、オオムギが輸出され、それらと引き換えに、銅がオマーンから、ラピスラズリがアフガニスタンから、カーネリアン（紅玉髄）がパキスタンから、貝殻や真珠がインドから、木材がレバノンから、黒曜石がトルコ中部から、そして鉛や銀、象牙、奴隷がさまざまな地域から輸入された。交易ルートには海路と陸路があり、交易はたいそう重要だったことから、メソポタミア人は利益の拡大や保護を図るため、ほかの国々に常設の交易基地を置いていた。メソポタミア人は、鋤、ろくろ、二輪戦車、帆船、法典、度量衡を初めて使ったと考えられている。

そして何より重要なこととして、彼らは文字を持っていた。そのおかげで、彼らについて多くのことがわかっている。こうして史上初めて、ホモ・サピエンスが何をおこない、何を考えていたのかを表す恒久的な記録が残された[2]。

エリドゥのもともとの神殿は質素な祠で、広さが四平方メートルほどの部屋に「入り口が一つ、祭壇が一つ、供物台が一つ」あるだけだった。その神殿が発掘されたとき、考古学者たちは「数百にのぼる魚の骨が供物台に載せられたままになっており、一匹のハタの完全な骨格も含まれていた」のを見つけた。エリドゥをはじめ、メソポタミアの都市に築かれた神殿は、長い年月の内に何度も改築され、より大きく複雑な造りになっていった。

たとえば、**ウル**という都市のある神殿は、おのおのが一〇〇段からなる三組の階段をのぼって入る構造で、「頭部がさまざまな色に塗られた何万本もの小さな円錐形の粘土釘」で覆われており、それらの粘土釘は「[壁に差しこまれて]色とりどりの三角形、ひし形、ジグザグなどの幾何学模様を描いていた」。その神殿はとても壮麗だったので、旧約聖書に登場するバベルの塔の起源になったのではないかと考えられている。また、いくつかの神殿の内壁は、「人間や動物を描いたフレスコ画で覆われ」、金や銀、カーネリアン、ラピスラズリなどの貴金属や宝石で飾られていた[3]。

メソポタミアの神々

メソポタミアの各都市では、「都市全体が、世界が創造された日にその都市と対応づけられた主神に属しているという理論に従って、神殿が最も大きく、最も高く、最も重要な建物だった」。エンキが都市エリドゥの神だったのと同じく、アヌ（アン）が都市エレク［訳注：ウルクの旧約聖書に登場する名称］の神、ウトゥが都市ラルサの神、エンリルが都市ニップールの神、イナンナが都市ウルクの女神、ナンナが都市ウルの神、シャラが都市ウンマの神、ニンギルスが都市**ラガシュ**と近くの都市ギルスの神だった。神が地上にいるときは、実際に神殿に住んでいると信じられていた[4]。

エンキをはじめとするメソポタミアの神々については、どんなことがわかっているのだろう？デンマークの考古学者トーキル・ヤコブセンはメソポタミアの神々について幅広い研究をおこない、「メソポタミアにおける宗教の最初期の形式は、豊穣や収穫の力、および人間の生存を確保する自然の力の崇拝だった」と結論づけた。そのようなわけで、最初期のメソポタミアの神々には、太陽の神ウトゥ、月の神ナンナ、風の神エンリル、水の神エンキが含まれていた。これらの神々から、二つの大きなテーマが明らかに見て取れた。一つは、生きるために必要な食物をもたらす大地の豊穣の重要性で、もう一つは人間の死後の運命だ。このように、知られている限り最初の宗教思想において、生と死というテーマは互いに関係していた[5]。

知られている最初のメソポタミアの神殿が水の神エンキに捧げられたことは、自然や豊穣というテーマにかなっていた。エンキは「肥沃をもたらす甘い水」や「土壌の主」と呼ばれた。メソポタミアの神を賛美する歌によれば、エンキの務めには次のようなものがあった。

チグリス川とユーフラテス川の清い河口をきれいにし、
草木を生い茂らせ、
雲を厚くして、すべての耕地に豊かな雨をもたらし、
畝に植えた穀物に頭をもたげさせ、
砂漠に牧草地を広げること。

土地の豊穣をもたらすことに加えて、エンキは動物や人間の多産をもたらす責任も負っていた。ヤコブセンによれば、メソポタミアの言語では「水と精液に区別がなく、一つの言葉で両方を表す」という。[6]

メソポタミアでは初期にドゥムジという神もいて、生と死のテーマを併せ持っていた。まず、ドゥムジは「肥沃と作物の神」であり、特に穀物を司っていた。ドゥムジは、食物貯蔵庫の女神であるイナンナの夫でもあった。ヤコブセンの説明によれば、「これら二つの力が結婚しているということは、豊穣と収穫の力が貯蔵庫の守り神によって掌握されることを意味する」。すなわち、その神のもとにある社会集団への十分な食料供給が確保されるということだ。このように、ドゥムジとイナンナは、生命と、飢餓からの保護を象徴していた。[7]

ドゥムジは穀物の神として、「オオムギの力、特にオオムギから醸造されるビールの力」でもあった。ドゥムジは、「ビール造りを担う特別な女神」であるニンカシの手を借りた。ちなみに、ニンカシという名前は「口を満たす女性」を意味する。ビールはメソポタミアの最も一般的な飲み

物で、数人が大きな共用のビール壺を囲んで座り、みなで分け合ってストローで飲むものだった。そのような場面が、五八五〇年前のものとされる粘土の印章に描かれている。メソポタミアの最初期の神々にビール醸造の責任を持つ神々がいたことは、ビール醸造がきわめて重要だったことを物語っている。何を隠そう、「アルコール」という言葉の起源はメソポタミアにある。[8]

残念ながら、春と夏がやがて終わる（死ぬ）ように、ドゥムジもやがて死んだ。メソポタミアのある文書によれば、ドゥムジは「追いはぎに襲われて」殺され、冥界に連れていかれた。冥界からは、誰も、たとえ神でも、ずっと逃れることは許されなかった。イナンナは、冥界の女神エレシュキガルに保護されていた夫を捜して見つけた。そして交渉の末に合意を取りつけ、その取り決めにより、ドゥムジは冥界を毎年六カ月のあいだ離れることを許された。その期間に穀物が育って収穫されるが、その後、ドゥムジは冥界に戻って残りの六カ月を過ごさなくてはならなかった。このように、ドゥムジの物語は季節の循環を説明するよう意図されたものだった。これが原型となって、似たような物語がいくつも生まれている。バビロニアの神タンムズ、エジプトの神オシリス、ギリシアの女神ペルセポネの物語などがそうだ。[9]

ドゥムジの物語で死が重要な意味を持っていたことは、初期メソポタミアの宗教で死が重要だったことと整合性が取れている。古代メソポタミアでは、冥界は「地面の下にある広大無辺の空間」だと想像され、地上と冥界を隔てる川を舟で渡った果てに七人の門番が控えていると思われていた。そして、女神エレシュキガルはラピスラズリでできた神殿に住んでおり、冥界の住人はみな裸だと考えられていた。

死者は太陽神ウトゥと月神ナンナの裁きを受け、太陽神と月神は、死者がどんな人生を送ったかに基づいて死者の運命を定めると信じられていた。太陽神と月神は、「よき親であり、よき息子であり、よき隣人であり、よき市民であり、徳を施した」者に目をかけた。たとえば、「弱者をいたわり、慈善をおこない、一生にわたって役務を果たし……悪口を言わず、人のことを褒める」といったおこないが徳行とされる。メソポタミア人は、死者を家の床下か共同墓地に葬った。ほとんどの墓には、副葬品として宝石や短剣などの私物が入れられていた。そのほか、冥界への旅で必要となる食物やビールを入れる杯や椀、壺も置かれていた。ラガシュという都市では、ある墓に次のような副葬品が添えられていた。「七壺のビール、四二〇個の平たいパン、二袋の穀物、一着の衣類、一個の枕、一台の寝台」[10]

メソポタミアで死や冥界に対する関心が高かったことを示すものとして、『ギルガメシュ叙事詩』（邦訳は月本昭男訳、岩波書店など）もある。これは後代まで伝えられているメソポタミアの叙事詩の内最も有名なもので、「世界初の古典文学」と一般に見なされている。ギルガメシュは、およそ四七〇〇年前に都市ウルクを治めた王だった。ギルガメシュの無二の親友で仲間の冒険家でもあったエンキドゥがこの世を去ると、ギルガメシュは自分の命もいずれ尽きることに気づき、死を怖れるようになった。『ギルガメシュ叙事詩』には、次のように書かれている。「エンキドゥ、私が愛したわがきょうだい、死すべき人間の運命が彼を襲った。私は彼のために七日間、昼も夜も、蛆が彼にまとわりつくまで涙にくれた。わがきょうだいの死により、私は死を怖れる……私がひどく怖れる死の顔を私に見せないでおくれ……愛するエンキドゥが塵となり、私もやがて死んで土のなかに横たわるというのに、どうして黙(もだ)していられようか、どうしてくつろいでいられようか[11]」

それからギルガメシュは、不死の秘密を求めて旅に乗り出した。彼は旅で地球の果てまで赴き、ある女性にこう告げられた。「おまえが探し求める生命は、決して見つかるまい。神々は人間を創られたとき、人間に死ぬ運命をあてがい、生命を手中に収めたのだ」。だが、ギルガメシュはくじけずに突き進んで冥界まで行き、神々が不死を与えた唯一の人間であるウトナピシュティムに出会った。ウトナピシュティムが神々から不死を授かったのは、大洪水のときに方舟(はこぶね)を造って人間を救ったからだ。ウトナピシュティムは、のちの旧約聖書に登場する「ノアの方舟」物語のモデルだと考えられている。

ウトナピシュティムはギルガメシュにこう話した。「永遠はない……古(いにしえ)の日々より、永遠などない。眠りと死、それらは何と似ていることか。それらはまるで描かれた死のようだ」。とうとうギルガメシュは、神々の決定を覆すことはできず自分もエンキドゥのようにいずれ死ぬのだと悟り、こう嘆いた。「すでに夜の盗賊が私の手足をつかみ、私の部屋には死が宿っている。私がどこで足を休めようとも、そこで死を見出す」。ギルガメシュはウルクに戻り、ふたたび王の務めに就いた。以前より年を取っていたが、賢くなっていた。やがて、ギルガメシュは本当に息絶えた。叙事詩には、こう書かれている。「釣り上げられた魚のごとく、彼は手足をだらりと伸ばして寝台に横たわる。輪なわに捕らえられたガゼルのように[12]」

神々が政治的責任や社会的責任を引き受ける

メソポタミアの神々に関するトーキル・ヤコブセンの研究によれば、自然や生命、死に結びつく神々が、神々のなかでも「最も古く最も本来の」タイプだ。このような神々が中心だったころがメソポタミアの宗教における第一段階で、この段階では「人間の生存にとって重要な神々の力――初期の経済の中心となる力――の選び出しと崇拝心の育成、そして神々と有意義な関係を持ちたいという人間の欲求から生じた神々の着実な人間化」が起こった。これらの神々はメソポタミアの宗教を六五〇〇年前からおよそ五二〇〇年前まで支配し、この時代は歴史家から「ウルク時代」と呼ばれている。[13]

それに続く五二〇〇年前から四三五〇年前までの「王朝時代」に、メソポタミア社会の本質も神々の本質も変化した。各都市国家に君臨する世俗の支配者や王が力を増し、神殿に住まう神々の力の一部を奪うようになったのだ。王たちは神々の権限をいくらか握っていき、それとともに神々も世俗の権限をいくらか引き受けていった。こうして、かつてはもっぱら太陽の神とされたウトゥは、正義の神にもなった。月の神ナンナは、ウシに対する責任も負った。そして雷雨と洪水の神ニンギルスは、「擁護者および軍事指導者」としての責任も引き受けた。[14]

このメソポタミアの宗教における第二段階では、神々に限られていた特権を王たちが我が物にすることがますます増えた。およそ四二〇〇年前に王位に就いたナラム・シンは、自分は神だとまで宣言した。その二〇〇年後にメソポタミアを支配したシュルギは、「生涯にわたって、そして死後も神として崇められた」。メソポタミアの王の神としての地位に曖昧な点があったことが、ウルの豪奢な王墓に関する混乱をもたらしてきた。一六基の墓には、来世で使うための財宝がずらりと並んでいた。ある墓では、死者は金のヘルメット、銀のベルト、銀の鞘がついた金の短剣を身につけ、金の椀を抱えていた。死者のまわりには、金や銀のランプ、金や銀の斧頭、それに「かなりの量の宝石」が置かれていた。それらは「冥界の神々への贈り物」だったのかもしれない。ほかの墓でも、金や銀や銅の器、楽器、槍や短剣や銛(もり)などの武器、ゲーム盤に加えて、「金や銀、銅、ラピスラズリ、カーネリアン、瑪瑙(めのう)や貝殻でできた宝飾品」が見つかった[15]。

しかし、これらの王墓が一九二〇年代に初めて発掘されたときに国際的な関心を引いたのは、いくつかの墓に最多で七三人の殉死者が葬られていたことだ。ある墓では、女王の「上半身が金や銀、ラピスラズリ、カーネリアン、瑪瑙のビーズで覆われており、それらはビーズで作られたケープの残骸だった」。女王は死出の旅で、竪琴やハープを抱えて二列で向き合った一〇人の女性、一一人の男性に付き添われていたほか、一台の二輪戦車、二頭の雄ウシ、それに「膨大な数の品」を伴っていた。別の墓では、王の死に六人の兵士、さらに五七人の男女がつき従い、二台の荷馬車、六頭の雄ウシ、多くの武器、食物の捧げ物と思われる大量の動物の骨が墓に収められていた。殉死した人びとは、毒をあおったと見られた。なぜなら、ほとんどの者のそばに小さな杯があったからだ。これらは人間の埋葬だろうか？　それとも神々の代理者の埋葬だろうか？　はたまた神々自身の埋葬なのか？　フランスの考古学者ジョルジュ・ルーが古代イラクについて書いたように、「ウルの墓地で繰り広げられたドラマは、いまだ謎に包まれている[16]」

メソポタミアの神々は擬人化されていた

メソポタミアの神々やその神殿は、「各都市における集団のアイデンティティ」を表していた。神々のとりわけ印象的な特徴の一つは、神々が超自然的な力を持っており不死だったにもかかわらず、「完全に擬人化された」存在として思い描かれたことだ。人間のように、「神々は計画を立てて行動し、飲み食いし、結婚して子どもをもうけ、大所帯を支え、人間らしい情熱や弱点に囚われている」

それぞれの神が擬人化されていたので、神殿に据えられた神の彫像には、一日に二回の食事に加えて衣類や娯楽も必要だった。食物としてはパン、魚肉団子、新鮮な果物などが捧げられた。飲み物はビールやワインなどで、それらは供物台に置いておかれた。神々は「その地域が提供できた最高に美しい装い」に身を包み、長年のあいだに、「一度にまといきれないほどのローブや宝飾品、そのほかの付属品が積み上がった」

たくさんあった祝日の内宗教関連の祝日には、神々の彫像は神殿の外にかつぎ出され、通りを練り歩いた。そして特別な祭りでは、ほかの神々を訪ねるため、彫像がほかの都市まで運ばれたりもした。人間に家族がいるように、神々の多くにも親戚がいると考えられていたので、たとえばニップールにあったエンリル神の彫像は、エリドゥにいる兄と考えられていたエンキ神を訪ねるために持ち出された。

ジョルジュ・ルーによれば、「神殿に供物を捧げ、おもな宗教儀式に参列し、死者のことを気にかけ、祈って罪をあがない、人生のほぼすべての瞬間を縛るかぞえきれないほどの規則やタブーを守ることが、一人ひとりの市民の務めだった」。ペンシルベニア大学の言語学者でメソポタミアの専門家でもあるサミュエル・クラマーも、同じく次のように述べている。人びとは「人間は土から作り出され、たった一つの目的のために創られたと固く信じていた。その目的とは、神々に食べ物や飲み物や住まいを届けて、神々が神のみぞなせる業にいそしめる暇を十分に得られるように、神々に仕えることだ」。このように、メソポタミアでは神々が生活を支配していた。[17]

神々や神殿は、メソポタミアの社会生活を支配しただけでなく、都市の経済生活も支配した。神殿が都市周辺の土地のほぼ三分の一を所有しており、神殿の職員が穀物や野菜、果樹を育て、灌漑を管理し、ヒツジやヤギやウシの群れを飼っていた。一部の神殿地区は規模がきわめて大きくなり、織物、金属細工品、革製品、木製品の製造工房を擁するまでになった。グアバという都市のある神殿は六〇〇〇人の労働者を雇っており、そのほとんどが女性や子どもだった。神殿の職員は、メソポタミアのほかの都市やほかの国々との交易を調整した。神殿は地域社会の銀行としての機能も果たし、三三パーセントの金利で商人に金を貸しつけた。ある文書によると、「商人は、利益を一種の神聖な資本として再利用するため、利益の一部を神殿に儀礼的に納めたようだ」。神殿のなかには、「家族が子どもを養えないときに」子どもたちについての責任を引き受けるところもあった。それは、「神殿が、社会から退けられた者やはみ出した者――孤児（みなしご）や婚外子、そしておそらく形態異常の人――を庇護下に置くという長年の伝統」を反映している。[18]

このような多岐にわたる社会的・経済的活動をおこなうためには、神殿の職員がたくさん必要だった。メソポタミアの記録を見ると、その様子がわかる。たとえば、ニップールの神殿の職員リストには、次のような職が含まれている。高位聖職者、哀歌担当聖職者、浄化聖職者、高位巫女、宝物保管係、会計、書記、職工、石材彫刻家、敷物製作者、食卓係、理髪師、執事、ウシ飼い、船頭、搾油者、粉屋、占い師、そして蛇遣い。蛇遣いは神殿の娯楽機能の一環で、「歌手や楽士の集団を丸ごと抱えている」神殿もあった。メソポタミアの社会はきわめてよく組織化されており、「同じ職業の者たちが、高度に専門化された集団に分かれていた」。たとえば、漁師は、淡水の漁師と海の漁師に分けられており、「蛇遣いさえ『会社』を組織しており自分たちの長がいた[19]」

神々が戦争を始める

五二〇〇年前から四三五〇年前まで続いたメソポタミア国家の第二段階では、都市国家間の戦いがだんだん多くなった。第一段階には、戦争がときおり起こったが、都市は防備を固めておらず、紛争はたいてい平和的に解決された。しかし第二段階になると、「巨大な城壁が……どの都市も取り囲み……地域のなかでも大きな都市が、ますます大きくなった。それは、城壁で守ってほしいと村の住民たちが保護を求めたからだ」

都市国家は一〇〇〇人から一万人の男たちからなる軍隊を配置し、戦争では槍や盾、城門や城壁を破るための破城槌(つち)、移動式の櫓(やぐら)である攻城塔(こうじょうとう)が用いられた。攻城塔は「あらかじめ組み立てて下流に浮かせておく場合もあった」。勝利した軍隊は、敗北した都市をしばしば略奪して破壊し、住民を殺したり奴隷として連れ去ったりしたほか、その都市の主神が住む神殿を破壊することもあった[20]。

これらの戦争の原因は、覇権の拡大を狙った都市国家の謀、土地争い、灌漑水路や交易路の主導権に関する対立などだったようだ。しかし、メソポタミアの記録では、そのような原因に触れられていることはまれで、戦争はむしろ神々の衝突として描かれている。たとえば、確かな記録が残っているラガシュとウンマの戦争は、それら二つの都市に挟まれた土地をめぐる論争によって引き起こされたらしい。争っている土地にウンマが侵入し、それでラガシュは戦いに駆り立てられた。この戦争ではラガシュが勝利し、その結果、「平原には……死体が累々ところがっていた」という。この勝利を記念して、ハゲワシが人間の死体をむさぼる様子を示した石碑が建てられた。メソポタミアの記録では、その戦争は「ウンマの神シャラに対するラガシュの神ニンギルスの勝利」として表された。[21]

このように、メソポタミアの神々は、文書記録が残されている初期の戦争と密接なつながりがあったようだ。ある記述によれば、「軍隊には、神々の審査を受けるために軍事作戦を提出した占い師が同伴し、占い師が軍隊を率いることすらあった」。勝利を収めた都市は、戦利品の一部を自分たちの神殿に捧げた。言い換えれば、「しかるべき神殿に奉納をしないことは、神々に対する思い上がりと見なされたに違いない」。神々は、戦を煽ったり、「ともすると憎しみや激しい怒りを示し」たりするとして描かれた。たとえば、「『顔をしかめた』」エンリル神が、「『キシュの人びとを死刑に』処して『エレクの家々を塵になるまで』押しつぶす」というように。そのような戦争の成り行きは、細かく伝えられた。たとえば、ウルの都市が略奪された様子は次のように書かれている。

すべての通りや道路に骸（むくろ）が横たわり、
かつては踊り子であふれた野原に、
屍（しかばね）がうずたかく積み重なっていた。

国の血が今やその穴を埋めていた、
鋳型に流しこんだ金属のように。
骸は溶けた——日なたに置いておかれたバターのように[22]。

ここまでの要点として、世界初の文明であるメソポタミア文明で六五〇〇年前から四〇〇〇年前にいた神々について、どんな結論が引き出せるだろうか？　まず、最初期の神々が生と死の根本的な事柄に責任を負っていたことがはっきりとわかる。たとえば、十分な食物を確保したり、人びとの死後の運命を守ったりすることが神々の責務だった。だが文明が複雑になるにつれて、神々は、法の執行や孤児への保護施設の提供といった政治的・司法的・社会的責任を引き受けるようになった。

神々の神殿は、社会事業の中心地になった。さらに神々は、ほかの神々をいただくほかの都市と戦争を始める大義名分として使われた。したがって、メソポタミアの都市国家間の戦争は、知られている限り最初の神々同士の争いだった。神々が部分的に世俗化されつつあったのと同時に、世俗の支配者たち——メソポタミアの場合は王たち——が、神々の権力の一部をせしめつつあった。このように、祭（宗教）と政（政治）、すなわち聖と俗は、まさに最初から絡み合っていった。

そして、メソポタミア人が最初の神々のことを、人間と同じような見た目で人間と同じように振る舞うと想像した点も興味深い。つまり神々は、「人間と同じ外見、性質、欠点、情熱を持っている」と見なされたのだ。古代ギリシアの哲学者クセノパネスも、人間が自分たちの神々を擬人化する傾向について書きとどめており、仮にウマやウシが彼らの神々を描けたら、「ウマは神々の姿をウマのように、ウシは神々の姿をウシのように描いただろう」と予想した。一八世紀に活躍したフランスの哲学者モンテスキュー男爵は、もっと歯切れよくこう言い表した。「もし三角形に神がいたら、神には三辺があっただろう[23]」

以上からわかるように、世界初の文明が宗教という柱にしっかりと結びつく形で成り立っていたのは明らかだ。ジョルジュ・ルーが指摘したように、神々や、神々に関する思想は「メソポタミア人の市民生活や私生活で圧倒的な役割を果たした。彼らの施設を形作り、芸術作品や文学を特徴づけ、王たちが果たす高貴な役割から臣民たちがこなす日常の業務まで、あらゆる形の活動に行き渡っていた[24]」

ほかの初期文明における神々

メソポタミア文明は、六五〇〇年前から四二〇〇年前にかけて成熟した。そのころ世界では、ほかに少なくとも六つの地域で文明が発展しつつあった。なかにはメソポタミアの思想に影響を受けた文明もあったが、独自に発展した文明もあった。あいにく、文書記録が残っているのは、**エジプト文明**と、のちに記録が書かれた中国北部の文明しかない。それでも、メソポタミアと同じく神々が現れたのかを見極めるため、これらの文明について少し調べてみると参考になる。対象となる文明は、エジプト、パキスタン、南東ヨーロッパ、西ヨーロッパ、中国、ペルーで発展した文明だ。

エジプト

豊富な文書記録や威容を誇る記念建造物があることから、エジプト文明はメソポタミア文明に次いで重要な初期文明と見なされている。エジプトは、文字の概念や多くの思想をメソポタミアから取りこんだ。七五〇〇年前には、ナイル川流域で農業が十分に根づいた。毎年起こるナイル川の氾濫により肥沃な農地が形作られ、食物の余剰が生じて人口の増加につながった。五五〇〇年前には、上エジプト［訳注：現在のカイロ南方からスーダン国境にかけての地域］のナカダやヒエラコンポリスなどの町では、人口が一万人以上あった。

行政上、エジプトは四二の地域に分けられ、五一〇〇年前には初代ファラオのもとに統一された。エジプトの社会は階層化されており、奴隷、農民、職人、芸術家、技術者、役人、書記、医師、神官、そしてファラオを含む王族や貴族がいた。経済は中央集権化されており、品物は定価で売られ、神殿が経済活動の中心だった。エジプトの富のおもな源は交易で、穀物や亜麻、パピルス、完成品を輸出し、金をスーダンから、黒檀や象牙、野生動物をエチオピアから、木材をレバノンから、オリーブ油をギリシアから、銅やスズをトルコから、ラピスラズリをアフガニスタンから輸入した。

エジプトの人びとは世界で初めて本物の船を造り、数学や医学に熟達していた。
エジプトが統一された五一〇〇年前には、神々を祀るための神殿が築かれていた。そのような神殿は「瞑想の場ではなく……、神々の住処（すみか）」だった。メソポタミアと同じように、エジプトの最初期の神々は自然の力を表しており、生と死に関連する事柄に携わっていた。このような神々には、太陽の神ホルスやのちに現れた太陽の神ラー、月の神トト、天空の女神ヌト、大気の神シュウ、嵐の神セトなどがいた。そしてやはりメソポタミアと同じく、多くの神がいつのまにか二次的な世俗の務めを受け継いだ。たとえば月の神トトは、筆記、知識、計算、時の管理も司るというように。そして、メソポタミアの状況と同じく、エジプトの神々も人間に似ていると見なされた。[25]
初期にはアメン（アモン）という神もいた。アメンはもともと、上エジプトの局地的な豊穣神だった。だがのちに、すべての神のなかで最も重要な神と見なされるようになり、太陽の神ラーと一体化してアメン＝ラーになった。エジプトで最も重要な豊穣神はオシリスで、オシリスはナイル川の氾濫と豊作に結びつけられていた。メソポタミアのドゥムジ－イナンナの神話が再現されるように、オシリスは妹のイシスと結婚しており、オシリスを妬んだ弟のセトから殺されるが、イシスによって復活した。その後、オシリスは冥界の神となるが、引き続き地上にも戻ってきて豊作をもたらした。
しかし、エジプトの宗教で目立つ特色は、死に対するこだわりだ。ギリシアの歴史家ヘロドトスはエジプト人について、自分が出会ったことのある人びとのなかで最も「信仰心が篤い」と述べており、エジプト人が「仰々しい宗教儀式をのべつまくなしに執りおこなうこと」に興味をそそられた。初期文明についてくわしく記した古典学者のエディス・ハミルトンは、エジプトについて「華麗な帝国――そして死が最大の関心事だった」と評し、次のように述べた。

かぞえきれないほど多くの人が、かぞえきれないほどの年月にわたり、死を自分に最も近く最もなじみあるものと考えた。それは、死者を中心に据えたおびただしい数のエジプトの芸術作品があるからこそ、そう信ずるに足る特殊な状況だ。エジプト人にとって、持続する現実の世界は、日常生活の道に沿って歩く現実の世界ではなく、死のために目下進むべき現実の世界だった。

エジプト学者のサルマ・イクラムの見方では、「死は人生行路の一部だった。死は移行や転換を示すもので、人が死ぬと、生命は別の形、すなわち肉体的なものではなく霊的なものとして続いた」[26]

エジプトにおける最初期の死者の埋葬地は砂漠のなかの簡素な墓で、副葬品はほとんどなかった。だが五五〇〇年前には、発展しつつある町の多くに大規模な墓地があり、埋葬はだんだん手の込んだものになっていった。一部の埋葬室は、「煉瓦で覆われ、故人の地位や富に応じて、さまざまな副葬品を置く複数の区域に分かれていた」。ヒエラコンポリスという都市に造られた初期のある墓は、「戦い、狩り、川の旅を表す場面」を描いた壁画で飾られていた。[27]

五〇〇〇年前には、貴族と庶民の埋葬地が隔てられており、アビドスやサッカラといった都市に王家の墓が造られていた。王家のある埋葬地は、高さがおよそ一一メートル、長さがおよそ一二〇メートルの壁で囲まれていた。また別の埋葬地では、「王の召使いたちの墓が、王の埋葬地のまわりにきちんと列に並べられていた……召使いたちは、来世で王に仕えることができるように、自ら進んで死んだか、有無を言わさず死に追いやられたようだ[28]」

しかし、埋葬地に工夫を凝らすことは始まりに過ぎなかった。エジプトでは、王家の地下墓所の上に石を積み上げて、土台が長方形の台状の覆いを造ることが一般的になっていた。おそらく記念物として築いたのだろう。その後、ジョセルという名のファラオが四六〇〇年前、この考えを練り上げた。ジョセル王はサッカラで、最初の石の台の上に一回り小さな台を築き、その上にさらに小さな台を築き、という具合に石を積み重ねていき、全部で六段の石の台からなる高さ六〇メートルほどの建造物を築いた。事実上、エジプトで最初のピラミッドを作り出したのだ。

ジョセル王以降、ファラオが変わるたびに、どのファラオも先代の墓より豪華な墓が必要だと主張したことから、ピラミッドの建設が爆発的に増えた。それが極致に達したのが、四五〇〇年前にクフ王が建設したギザの大ピラミッドだ。クフ王のピラミッドは底面積が五万三〇〇〇平方メートル、高さが一四七メートルあり、二〇〇万個を超える石灰岩の巨石が使われた。石のなかには、重さが一五トンに達するものもある。当然ながら、そのピラミッドは古代世界の七不思議の一つにかぞえられた。

埋葬地をそれほど凝りに凝ったものにした背景には、どのような考え方があったのだろう？　幸い、エジプトでは文書記録が残されているので、この疑問に答えることができる。エジプト人は、人間は死後も生き続ける、ただし生前とは異なる形で生き続けると信じていた。

一つの形である「カー」は、生前の肉体とまったく同じものだった。もう一つの形である「バー」は、その人の霊魂や魂だった。人が死ぬと、冥界の神オシリスが死者の心臓を天秤の一方の皿に載せ、他方の皿と釣り合うかどうかを比べた。他方の皿に載っていたのは、真実や英知、正義、宇宙的秩序の原理を象徴する女神マアトの羽根だ。その人がよき人生を送ったのなら、心臓が軽くて天秤はバランスが取れるので、その人には、エジプトの用語で来世を表す「葦の原」で永遠の命が保証された。しかし、罪を犯したせいで心臓が重ければ、天秤は傾き、その人は永遠の命を得られなかった。

「カー」はその人が生きていたときの姿とまったく同じだったので、生前の姿を保つために遺体をミイラにすることが重要だった。ミイラ作りの科学と技法はエジプトで高度に発展し、エジプト文明の際立った特徴と見なされている。最も入念で費用がかかるミイラ作りは、そのプロセスに三カ月以上かかり、王族や富裕層にしか手が届かなかった。下々の者たちは、部分的なミイラ作りで間に合わせるよりなかったが、貧しければミイラ作りはまったくなされなかった。

完全なミイラ作りは、次のようにおこなわれた。頭蓋骨の底に穴を開けて脳が抜き取られた。取り出された脳は、大切ではない部分として捨てられた。続いて腹部が切開され、肺、肝臓、胃、腸が取り除かれた。これらの臓器は生命にとって大事だと考えられていたので、四つの「カノプス壺」という容器に収められた。壺はそれぞれ、各臓器の面倒を見る特定の神と結びつけられていた。カノプス壺は肉体とともに保管された。なお、心臓は決して取り出されなかった。なぜなら、オシリス神が天秤に載せて量るのに必要だと考えられたからだ。

次に、遺体は脱水のためナトロンの液に七〇日間浸けられた。これが終わるころには、遺体は乾燥して砕けやすくなる。それから遺体には、所定の儀式にのっとって丁寧に包帯が巻かれた。この作業に一五日間かかる。遺体の一部、たとえば指などが折れて取れてしまったら、いざというときのために用意されていた人工の指に置き換えなくてはならなかった。肉体が完全にそろっていて、できる限り生前の姿のままに見えるようにすることがきわめて重要だったのだ。[29]

人間がミイラにされたほか、動物もときおりミイラにされた。場合によっては、その動物を故人がかわいがっていたという理由で、ミイラ作りがおこなわれた。一方、来世で故人を助けるように、動物がミイラにされることもあった。また、特定の神の化身だと考えられたため、動物がミイラ化されることもあった。たとえば、アメン神はヒツジとして、ハトホル女神は雌ウシとして、ホルス神はタカとして現れることがあると考えられていた。[30]

エジプト人は、来世の人生はこの世の人生と似ていると信じていたので、所持品を来世に携えていく準備をしていた。そのようなわけで、エジプトの墓では副葬品がたくさん添えられ、文明の後期になるとその傾向がいっそう強まった。古代エジプトに関するキャロル・アンドリューズの著書によれば、裕福な人物の副葬品には次のような物が含まれていることがあった。「マットレスと枕を備えたベッド、クッションつきの椅子や腰掛け、箱や衣類箱、衣服のキルト、かつらやサンダル、ステッキや職杖、ワインを入れる壺や巾着型の袋、さまざまな宝石類、鏡、石製の容器や扇、ゲーム盤、テーブルや台」。所持品を来世に持っていこうとする涙ぐましくも空しい試みとして、ある王のミイラは二二個の腕輪と二七個の指輪をはめていた。[31]

エジプト人の来世に向けた準備の周到さは、一九二二年にツタンカーメン王の荒らされていない墓が見つかったときに広く知られるようになった。墓の壁には、天空の女神ヌトが葦の原でツタンカーメンを歓迎する様子や、冥界の神オシリスがツタンカーメンを抱いている様子が描かれている。墓は、四〇個の容器に入れられた乾燥食物、一一六籠の果実、四〇壺のワイン、衣類の入った象眼細工の箱、ベッド、椅子、武器、二輪馬車などであふれるほどだった。そして玄室の中央に、ロシアのマトリョーシカ人形のような入れ子式の棺（ひつぎ）が安置されていた。見事な赤色珪岩（けいがん）製石棺のなかに金箔を張った人型棺があり、そのなかに金箔を張った別の人型棺があり、そのなかに純金の人型棺があり、そのなかで黄金のマスクをつけたツタンカーメンが安らかに眠っていた。

エジプト人の埋葬と結びつく副葬品は三種類あった。一つ目は食物だ。エジプト人は、たとえ人が死んでも、彼らの「カー」はなお食べる物を必要とすると信じていた。そこで、食物が墓の内部だけでなく、外の供物台にも置かれた。そこなら「カー」が近づけると考えられたのだ。墓の外に置かれた食物は、遺族によってたびたび補充された。食物を盛る椀のいくつかには、故人に宛てた特別な願いが刻まれた。病気や財政に関するような、この世でのもろもろの問題について、死者に助けを求めたのだ。王族や富裕層の「カー」は、ご馳走をたくさん食べた。それは、サッカラで葬られた王女の墓に次のような食物が置かれていたことからわかる。ウズラ、オオムギの粥、ハトのシチュー、焼き魚、ウシの関節やあばら肉、腎臓、パン、ワイン、果物、チーズ、デザートのケーキ。五一五〇年前のスコルピオン一世の埋葬室には、七〇〇壺ものワインが置かれていた。それらはヨルダン渓谷から輸入されたものだった。[32]

エジプト人の埋葬に結びつく副葬品の二つ目の種類で、おそらくエジプトに独特なのは、「シャブティ」と呼ばれる小像だ。最初期のエジプト人の墓では、王族や富豪の召使いたちが主人のそばに葬られた。来世でも、召使いとして主人に仕えることができるようにしたのだ。この慣習はやがて、召使い自身ではなく、召使いの像であるシャブティを埋葬することに取って代わられた。

シャブティは、来世にたどり着いたら息を吹き返すと信じられていた。当初は、わずか数体のシャブティが置かれただけだったが、のちには、しばしば三六五体のシャブティが墓に入れられるようになった。一年のそれぞれの日に、召使いになってもらうためだ。多くの墓では、シャブティに向けて書かれた命令も添えられた。それらはシャブティに務めを思い出させるためのもので、たとえば次のようなものがあった。「おおシャブティよ、もしおまえのご主人様が死者の世界で、畑を整えよ、土地を灌漑せよ、砂を東から西に運べ、などと仕事を仰せつけられたら、おまえが『はい、ただいま』と答えるべし[33]」

エジプト人の埋葬に結びつく副葬品の三つ目の種類は、死者への説明を記した手引き書だ。これらの説明には、ふたたび息をし始めるための呪文、両脚に力を入れるための呪文、来世への行き方、来世に着いたらすべきことなどが含まれていた。数々の説明がまとめられた巻物は『死者の書』と呼ばれ、多くの墓で見つかっている。『死者の書』は、いわば旅行ガイドブックの来世編だ。また、墓の壁に描かれている凝った絵の場面の多くは、死者向けのビジュアルな説明書で、ビールの作り方の案内まで含まれている。

エジプトの神々には、死者に対する責任を負う神が多くいた。オシリス神が冥界を統べたほか、ハトホル女神は死者を冥界への旅で導き、冥界に着いた死者は、すべての神々の母であるネイトに迎えられた。心臓が天秤に載せられる死者の裁きは、オシリス神と真実や正義の女神マアトによっておこなわれ、「ミイラを包む主」として知られたアヌビス神が天秤を支えて手助けした。

エジプトではメソポタミアをも超えて、聖と俗があらゆる点で結びついていた。人類学者のブルース・トリッガーが述べたように、エジプト人は「宗教」を意味する言葉を持っていなかった。なぜなら、「宗教は、日常生活とは切っても切れなかったからだ」。神々は全能と見なされ、ファラオは地上に降りてきた神の化身とされた。神殿の維持や管理を担っていた神官たちは、神々の意志を解釈する立場として力を増していった。のちのファラオたちは自らを生き神とまで称し、神々として崇められた。というわけで、政治は宗教の一側面に過ぎず、宗教がエジプト人の生活を支配していた。葦の原に着いて神々とともにいつまでも暮らすことが、どのエジプト人にとっても人生の目標だった。ギザに建てられたような巨大ピラミッドや、テーベに建てられたような大神殿は、今の人生が、永遠(とわ)の命に至る道の途中で立ち寄るかりそめの場に過ぎないことを目で見える形で示す証拠だった。[34]

パキスタン

エジプトとパキスタンの初期文明には、共通点が二つあった。どちらの文明も、発展する過程でメソポタミアの思想に影響を受けた。そして、どちらの文明にも文字があった。ただし、パキスタンの文字は解読されていない。パキスタンの文明は四五〇〇年前から四〇〇〇年前に栄え、当時は地理的に見て最大の文明だったと考えられている。この文明は一般に「**インダス文明**」や「ハラッパー文明」と呼ばれる。ハラッパーは、この文明のおもな都市の一つだった。

ハラッパー人は、すばらしい技術的業績を残したことでよく知られている。インダス文明で最大の都市だった**モヘンジョダロ**は、およそ四万人の人口を抱え、陶器職人、職工、煉瓦職人、金細工職人、建築家などがいた。通りは整然とした格子状に配置され、井戸や地下に通した管で水を運び、一部の家には「屋内にトイレがあり、都市全域を網羅する下水設備に下水管がつながっていた……インダス川流域の都市部に認められる計画性の高さは、最初期の文明のなかで群を抜いていた」。ハラッパー人は度量衡も用いたほか、アフガニスタンからメソポタミアにかけての地域と幅広く交易し、金や銅、鉛、ラピスラズリ、トルコ石、アラバスター、カーネリアンなどの品々をやり取りした。インダス川流域に農業が導入されたことは、メソポタミアとの交易が直接もたらした結果だったようだ[35]。

ハラッパー人が書いた文字のほか、神々を思わせる図柄が刻まれたテラコッタの印章が見つかっている。注目に値するのは、角(つの)のあるかぶり物をつけた三つの顔を持つ人物の図柄で、その姿は、ヒンドゥー教徒に今も崇められているシヴァ神の初期バージョンだと広く見なされている。テラコッタでできた女性の小像もたくさん見つかっており、それらも「大地母神の一般的な表現」だと解釈されている。ハラッパー遺跡の最も完全とされる研究の一部を手がけたイギリスの考古学者サー・モーティマー・ウィーラーは、男根崇拝がおこなわれていたという証拠に強い印象を受け、シヴァ神のように、男根崇拝もリンガ崇拝［訳注：リンガはシヴァ神のシンボルである抽象化された男根像」として初期ヒンドゥー教徒に伝えられたと推測した。

モヘンジョダロのハラッパー人による宗教的慣習らしきものとしてはほかに、小さな神殿や「神官集団が沐浴をするためとおぼしき」大浴場などがある。かつては、ハラッパー文化のほとんどが、おもな交易相手であるメソポタミアから取り入れられたと考えられていたが、より最近には、ハラッパー文化の多くの要素が独自に発展したのではないかと言われている。[36]

ハラッパー人は、家の隣や共同墓地に遺体を葬った。遺体が火葬されたのちに遺灰が埋められることもあった。これまでに発掘された墓では、副葬品として陶器、宝飾品、斧などの武器、枕などが見つかっている。あるハラッパー人は、金やオニキス、碧玉、トルコ石でできたビーズとともに葬られていた。またあるハラッパー人は、「遠方のヒマラヤ山脈から運びこまれたニレやヒマラヤスギ、中央インドから持ちこまれたシタンで作られた優美な棺で永遠の眠りについていた」。ウマが埋葬されていた墓も二つあった。ウマは主人のそばに埋められたらしい。したがって、ハラッパー人が来世に対して大きな関心を抱いていたのは明らかだ。[37]

南東ヨーロッパ

七〇〇〇年前から五五〇〇年前にかけて、南東ヨーロッパのおもに現在のブルガリアやルーマニアにあたる地域で一つの文明が発達し、そこは「当時の世界で特に洗練され特に進んだ技術を持つ地域の一つになった」。その文明の文化は、しばしば「古ヨーロッパ文化」と呼ばれる。農村には強固に造られた二階建ての家が並び、ウシやヒツジ、ブタの群れがいて、そのような村が「世界最先端を行く金属職人」などの職人たちを支えた[38]。

この文化でよく見つかる遺物として、「粘土、大理石、骨、銅、金」でできた数千体にのぼる女性小像がある。これらについて大々的な研究をおこなったカリフォルニア大学ロサンゼルス校の考古学者マリヤ・ギンブタスは、小像を「生と死の再生の大女神」のさまざまなバリエーションだと考えており、この主題に関する研究成果を幅広く発表した。ギンブタスはまた、ほかの小像について説明するため、当時はさまざまな女神が崇められていたとも提唱した。近年、ギンブタスの解釈はほかの考古学者から疑問を持たれているが、それに代わる説明はまだ出てきていない。小像は確かに謎めいている。多くは、小像が座る椅子を伴っており、陶器の壺にいくつもまとめて格納された状態で見つかっているものもある[39]。

あちこちで見つかる女性小像の正しい解釈が何であれ、この文化で生きていた人びとが来世に熱烈な関心を抱いていたのは明らかだ。一九七二年、ブルガリアのヴァルナで、地下電線の埋設工事中に古ヨーロッパの驚くべき集団墓地が見つかった。六五〇〇年前のものとされるおよそ三〇〇基の墓には、とりどりの副葬品が添えられており、なかには世界で初めて作られた金の工芸品もあった。たとえば、金の王冠、笏（しゃく）、円盤、ペンダント、ビーズ、腕輪、腕飾り、板状胸飾り、武器の柄、さらに金のペニスカバーまであった。

とりわけ贅を尽くした四つの墓には、全部で二二〇〇点にのぼる金製の品々が収められており、重さは合わせて五キロ近くに達した。特に興味を持たれたのが、人骨の入っていない三五基の墓だ。そのいくつかには贅沢な副葬品が置かれており、三つの墓には粘土製の仮面が入っていた。仮面は金の耳飾りや冠で飾られ、人の頭があるはずだったところに注意深く置かれていた。これらの墓が、海の藻くずとなった人など、よその地で死んだために遺体を回収できなかった人びとの墓だった可能性はあるだろうか？　説明がどうであれ、死者をヴァルナで葬った人びとが複雑な社会組織を作り上げ、来世についてはっきりした考えを持っていたのは明らかだ。[40]

ヴァルナで出土した金製の品々は、高度な金属細工によって作られたものだった。ヴァルナ集団墓地の発掘にあたったイギリスの人類学者コリン・レンフルーは、次のように述べている。「冶金の発達は、実質的に同じイノベーションが世界の異なる地域で異なる時期に何度も独自に起こったことを示す、とりわけ鮮やかな例の一つだ……鉱石を精錬して銅にしたり、銅とスズで合金の青銅を作ったりすることは、技術的な見地から言えば、どの場所でおこなわれようとも、ほとんどの場合は詰まるところ同じものだ」。レンフルーは、冶金が、南西アジアや南東ヨーロッパ（ヴァルナを含む）、イベリア半島にあたる南西ヨーロッパ、中国、南北アメリカといったまったく異なる地域で別々に発達したと主張し、平行進化の存在をほのめかした。[41]

西ヨーロッパ

西ヨーロッパにおける神々の出現は、メソポタミアやエジプト、パキスタン、南東ヨーロッパよりさらに曖昧なところが多い。ただ明らかなのは、来世へのひとかたならぬ関心が広まっていたことだ。たとえば、フランスでは一万年以上前、一人の少女が、およそ一五〇〇個の貝殻とシカやキツネや魚の椎骨でできたビーズで飾られて葬られた。同じく、「一部に幾何学模様が刻まれた……

七〇本のアカシカの犬歯」で飾られた若い女性が、「五本の石柱に支えられた二枚の大きな石灰岩の石板の下に」葬られた。これらの埋葬がおこなわれたのは、この地域で最後の洞窟壁画が描かれてから一〇〇〇年あまりが過ぎたころだ。また、ロシア北部では、七〇〇〇年以上前の墓地に四〇〇基を超える墓があり、七〇〇〇〇点の副葬品が添えられていた。副葬品のなかには、穴を開けた動物の歯でできた装身具、動物や人間の小像、狩猟道具などがあった。[42]

およそ八五〇〇年前以降、西ヨーロッパにおける初期の多くの墓で、石が用いられるようになった。スウェーデンからポルトガルにかけての大西洋岸沿いでは、巨石で人間の墓が造られた。最も素朴なものでは、三、四個の巨石の上に重さが九〇トンに達するほどの冠石が載せられた。こうしたテーブル状の墓は「ドルメン（支石墓）」と呼ばれる。もっと複雑なものでは、いくつもの巨石で通路が造られ、通路の先にある石室に遺体が葬られた。これらは、形状によって「羨道墓（せんどうぼ）」や「通廊墓」と呼ばれる。墓ではそれから、この構造全体を覆うように小さめの石が積み上げられ、「ケルン」と呼ばれる石塚が作られた。フランスには、少なくとも六〇〇〇にのぼるそのような巨石墳墓がある。また、デンマークやスウェーデン南部には五〇〇〇以上、アイルランドには一二〇〇以上の巨石墳墓がある。[43]

そのような墓では、埋葬室が一室あることもあれば、数室あることもある。通路や埋葬室の石に記号が刻まれていることもあるが、意味はわかっていない。埋葬室には、一体から数百体の遺体が収められていた。副葬品はわりとまばらだが、貝殻や石灰岩、トルコ石のような宝石でできた装身具、火打ち石の刃、斧、矢じりなどの道具や武器、もとは飲み物を入れていた容器などの陶器などが添えてあることもある。一部の墓では、死者の手足が切断されており、大きな石板が体の上に置かれていた。これはおそらく、死者が蘇って生者に嫌がらせをしないようにするための処置だろう。埋葬室につながる通路はしばしば巨石でふさがれ、墓の封印がなされていた。[44]

このような巨石墳墓のなかには、じつに壮大なものもある。たとえば、バルネネのケルンは、ブルターニュ地方のモルレーという町に近い海を見下ろせる場所にあり、六五〇〇年前に築かれた。それは、メソポタミアのエリドゥという都市で神殿が建てられたり、ヴァルナで集団墓地が使われたりしていたころにあたる。

バルネネのケルンには別々の一一本の通路につながった一一室の埋葬室があり、いくつかの部屋から、火打ち石の刃、磨製石器の斧、矢じり、陶器などの副葬品が見つかった。ケルンは長さがおよそ七〇メートル、幅がおよそ二五メートル、高さがおよそ八メートルあり、一万三〇〇〇トンを超える石が使われている。ケルンの外側の石は、もとは階段ピラミッドのような外観になるように積まれていた。それは、二〇〇〇年後にエジプトで築かれた階段ピラミッドと似たような形だ。フランスの作家・政治家のアンドレ・マルローは、フランスの文化相だったころにバルネネのケルンを「巨石のパルテノン」と呼んだ。[45]

西ヨーロッパで巨石墳墓が造られたのは、「新しい農民層の移住と深いつながりがある」と言われてきた。これらの農耕民は南東ヨーロッパからやって来たと考えられ、自分たちの信仰をもたらしたようだ。学者たちは、このような信仰に祖先崇拝が含まれていたと考えている。埋葬室の多くは大勢の人が公共の儀式で集まれるほど広く、松明を灯すことで、石に刻まれた彫刻には劇的な陰影が浮かび上がっただろう。彫刻を施した石に霊的な意義があるだろうということは、長らく認識されてきた。たとえば一八〇五年には、これらの巨石墳墓を目にしたある文筆家が「彼らの宗教の風変わりな特質」について意見を述べている。最近の発掘調査でも、次のような見解が示された。「墓への入り口の前で重要な催し物や儀式がおこなわれた……そこでは陶器のかけらが大量に見つかっているが、それらは儀式で使われた壺などに由来することがある」[46]

五〇〇〇年前以降、西ヨーロッパで農業がますます広がった。そのころになると、「以前より大きな集落が作られ、なかには土塁や材木の塀で砦らしきものを備えたところもあった」。巨石墳墓は引き続き築かれたが、墓とともに大規模な建設プロジェクトが手がけられた。それがよくわかる遺跡のなかでは、イギリスのネス・オブ・ブロッガー遺跡がほとんど知られていない一方でストーンヘンジが最も有名だが、ストーンヘンジのおよそ三〇キロ南に位置するエイヴベリーの巨石遺跡が最も完全な形で残っている[47]。

ネス・オブ・ブロッガーは、スコットランドの北の海に浮かぶオークニー諸島にある。近くにある環状列石（ストーンサークル）のリング・オブ・ブロッガーは昔から知られてきたが、ネス・オブ・ブロッガーの互いにつながった複雑な石の建造物群は最近になって見つかったばかりだ。そのような建物の一つは、長さがおよそ二四メートル、幅がおよそ一八メートルで、石の屋根が載っており、石にはチョウの形をした模様が刻まれている。その建物は「神殿か集会場」だったと考えられており、発掘の指揮を執る考古学者から「大聖堂」と呼ばれている。

近くにある一つの埋葬室では、ワシの鉤爪が混じった一万六〇〇〇本にのぼる人骨が見つかっている。また、石の建物には祭りがおこなわれた痕跡もあり、人間の小像も見つかっている。ネス・オブ・ブロッガーの発掘はまだ初期段階なので、宗教的意義に関する手がかりは、今後さらに見つかるだろう。[48]

ストーンヘンジもエイヴベリーも、直立するストーンサークルや、それを囲む巨大な土塁、埋葬室からなるが、エイヴベリーのほうが保存状態がよい。エイヴベリーの建造物は、丘の頂上にあった古代の村からおよそ一・六キロ離れた場所に建てられた。村の住民は、コムギを育て、野生の果実や木の実を摘み、シカやキツネやウサギを狩り、ヒツジやウシ、ブタ、イヌを飼っていた。村落地には、春と秋に動物が屠られ、そのときにほぼ間違いなく宴や祭りが催されたという証拠がある。周辺地域には当時、およそ一万人の人口があったと推定されている。[49]

およそ四七〇〇年前、エイヴベリー地域の住民は、底面積がおよそ二万二〇〇〇平方メートルで高さが四〇メートル近くに及ぶ巨大な土のピラミッドを造り始めた。今日、その塚は「シルベリーヒル」と呼ばれ、上空から見ると、ほぼ完璧に均整の取れた円い形をしている。シルベリーヒルの建築は骨角器や木製の道具でおこなわれ、枝編み細工の籠で土が運ばれた。建築には一八〇〇万人時を要したと見積もられている。これは七〇〇人の人間が一〇年間働いたことに等しい作業量だが、シルベリーヒルの建築は二〇〇年以上にわたっておこなわれた。[50]

シルベリーヒルが造られていたころ、一・六キロ離れた場所で、さらに巨大な建造物が築かれていた。外側には高さ五・五メートルほどの土手が、内側には深さ九メートルほどの溝が同心円状にめぐらされ、周囲はおよそ一・六キロに及んだ。すなわち、溝の底から、隣り合った土手の頂上までは一四・五メートルあったということだ。環状の土手の内側には、重さが六五トンある九八個の巨石が環状に立てられた。この外側のストーンサークルの内側に、小さなストーンサークルがさらに二つ造られた。一方は二九個、もう一方は二七個の立石からなる。上空から眺めると、この巨石複合体は巨大な顔のようにも見え、内側の二つのストーンサークルが目のような印象を与える。[51]

エイヴベリーのおもな目的は、本来は明らかに宗教的なものだった。これは、溝に推定で五〇〇人分の遺体が葬られていたことから裏づけられる。埋められていたものの多くは、完全な骨格ではなく解体された骨で、頭蓋骨や下顎骨、長骨の集まりだ。エイヴベリー遺跡について幅広く研究してきたイギリスの考古学者マーク・ギリングスとジョシュア・ポラードは、「骨は、どこかよそにあった死体置き場から選び出されたもの」で、エイヴベリーに「置かれた時点ですでに古くなっていた遠い祖先の遺骨だったかもしれない」と推測した。これらの埋葬地では、副葬品は驚くほどまれにしか見つからない。ギリングスとポラードによれば、副葬品には「イヌの下顎骨、イノシシの牙、焼かれた骨のかけら、シカの枝角のかけら」など、「かなり奇異な品々」が含まれている。そのような副葬品は、「儀式用の七つ道具」だったかもしれないと、二人の研究者は推測した。[52]

エイヴベリーが大がかりな複合遺体安置施設だった可能性は、ストーンサークルからシルベリーヒルを横目に通り過ぎて二・四キロ離れた丘の頂上までつながる、立石を対に並べた通りがあることによって裏づけられる。丘の頂上は、今では「聖域（サンクチュアリ）」と呼ばれており、かつてはいくつかの木造建築物とそれらを囲むストーンサークルがあった。巨石建造物に関するイギリスの第一人者とされる考古学者のオーブリー・バールは、サンクチュアリを「遺体が完全に乾燥し、骨を取り出して近くの埋葬室に運べるようになるまで保管した一連の遺体置き場」と見なした。[53]

近くには墓がいくつもあり、その一つである「ウェスト・ケネット・ロング・バロウ」は土と石で造られた長さ一〇〇メートルほどの埋葬室で、サンクチュアリから歩いてすぐのところにある。これは、ヨーロッパで知られている限り最も長い石造りの埋葬室だ。ウェスト・ケネット・ロング・バロウでは四六体の人骨が見つかっており、そのほとんどは解体されていた。一つの埋葬室では火葬後の遺灰が見つかり、別の埋葬室には頭蓋骨が並べてあった。そのような埋葬室は「死者の一時的な収容所ないし保管所」として使われたと考えられており、「[遺骸]の取り出しが、運び入れと同じくらいよくあった」とされる。この長墳(ロング・バロウ)にある多くの埋葬地では、陶器の壺や碗、杯が添えられていた。おそらく、死者が来世で使うためのものだろう。[54]

エイヴベリーには宗教的な機能だけでなく天文学的な機能もあった、と唱えている学者もいる。エイヴベリーは、近くのストーンヘンジと対比されてきた。ストーンヘンジでは、春分と秋分における日の出と日の入りの方向に合わせて立石が並べられた。天文学的な説明はエイヴベリーにも当てはまる可能性があるが、これまでのところ納得のいく説は提示されていない。もっとも、天文学的な説明と宗教的な説明は相容れないわけではなく、共同墓地として始まったストーンヘンジで示されているように、むしろ二つの説は互いに補い合う。多くの文化で、太陽神の崇拝と、ほかの神々や祖先の崇拝が組み合わさってきたので、ストーンヘンジやエイヴベリーでもそうだった可能性がある。

文書記録がまったくないため、エイヴベリーはいつまでも解明できないだろう。ただ確実に言えるのは、バールの言葉を借りれば、「新石器時代に、生者は死や死者に取りつかれていた」ということだ。ストーンヘンジやエイヴベリーなどの遺跡は、「地域の人びとが季節ごとの儀式に携わり、死者の処置によって凄みが加わる儀式で供物を捧げる風景を思い起こさせる」。考古学者のマーク・ギリングスとジョシュア・ポラードはそれについて、次のように要約した。

エイヴベリーのような記念建造物の圧倒的な量感は、力を最もじかに感じさせる。畏敬の念を呼び起こす中世の大聖堂の構造と同じく、サークルの囲いと石の配置のいずれもの規模が荘厳な感覚を呼び起こす。ここでは、人間に対する力が、おそらく人体を支配するほどの誇大なスケールで行使され、その建設に必要とされる膨大な労働力に対する意識を芽生えさせる。そのような規模の工事は、地上の権威にせよ超自然的な権威にせよ、エイヴベリー創設の背後にあった権威を正当化するのに役立ったかもしれない。

エイヴベリーに神々がいたかどうかを知ることはできないが、建造物の途方もないスケールは、神々がいた可能性と釣り合うように思われる。もしかすると、上空から見下ろしたときにストーンサークルが巨大な顔のように見えることも重要かもしれない。というのは、天上の神々が、その顔を眺めたかもしれないからだ。[55]

中国

五〇〇〇年前から四〇〇〇年前にかけて、中国北部で竜山文化が栄えた。竜山文化は「中国の最古の文明」と呼ばれ、紙、印刷術、羅針盤（らしんばん）、火薬、外輪推進、そしてメソポタミアとは異なる文字体系をもたらした「特に華々しく複雑な古代文明の一つ」の始まりだと言われている。一帯では農業や交易が盛んで、当時の人口密度は世界のどの都市より高かったと考えられている。村落間で戦争が続いていたため、多くの村が練り土の壁で囲まれていた。壁は、高さがおよそ六メートル、厚さがおよそ九メートルに及ぶものもあった。斬首や虐殺がおこなわれたという証拠もある。(56)

竜山文化の際立った特徴の一つは祖先崇拝だった。祖先との交信は、雄ウシやスイギュウ、ブタ、ヒツジの肩甲骨である「甲骨」を用いた占いを通じてなされた。占いでは、亡くなった祖先に具体的な問いが投げかけられた。次に、骨を火であぶってひび割れさせ、生じたひび割れのパターンが祖先からの答えとして受け止められた。占いに用いられた跡のある骨が、中国北部の全域で大量に見つかっている。

竜山時代には、まだ文字は使われていなかったが、それに続く殷（いん）時代に文字が登場したので、その文字記録が竜山時代について知るために活用されてきた。それによると、亡くなった祖先たちは、生きている者のために神々と掛け合うことを当てにされていたようだ。「上帝（じょうてい）」と呼ばれた最高神に働きかけられるのは王族の祖先だけだったが、下位の神々には、身分のより低い人びとの祖先も影響を及ぼすことができた。上帝は本来、ある祖先の霊魂だったと考えている中国史学者もいるが、もとは自然現象を神格化した自然神だったと考えている中国史学者もいる。そして、上帝のほかにも「たくさんの自然神がおり、川の神、山の神、……太陽の神……など、いろいろな神がいた」[57]

この時期、中国では堂々たる建造物が築かれた。北京の北東に位置する城子山遺跡では近年、およそ四三〇〇年前のものとされる「基壇上に建てられた巨大な神殿」が発掘された。基壇は幅が一六五メートル、長さが九〇〇メートルあり、「ワシントンDCにある国立公園『ナショナル・モール』のほぼ半分の大きさ」だと言われている。城子山遺跡では今も発掘が続けられており、その宗教的意義はまだわかっていない。だが、基壇の下に設けられた地下の一部屋で、「翡翠(ひすい)に似た軟玉(ネフライト)という宝石の目をはめこまれた陶器製で実物大の女性の頭部」が見つかった。それは、南西アジアで見つかった五〇〇〇年早い時期の彫刻の頭部に似ている。女性の頭部は、祖先か女神を表したもののようだ[58]。

竜山文化では、死や来世に対する関心の高さも目立つ。死者を葬るときには、社会的地位によって「はっきりと区別された埋葬」がおこなわれた。上流階級の墓では、遺体は木製の棺に収められ、辰砂(しんしゃ)という赤い顔料の粉で覆われることもあった。一部の墓には「一〇〇点から二〇〇点もの副葬品がぜいたくに添えられており、たとえば次のようなものが含まれていた。龍の模様が描かれた赤い陶器の皿、ワニ革で覆われた木製の太鼓、石磬(せっけい)という打楽器、太鼓のような陶器、鮮やかな色が塗られた木製の机や台や容器など、翡翠や宝石の指輪、丸ごとのブタの骨格」

ある若い男性の墓には、陶器の容器が四個、宝石や翡翠の道具が一四個、翡翠の指輪が二四個、「琮(そう)」と呼ばれた翡翠の円筒状の玉器(ぎょくき)が三三個置かれていた。琮の機能はわかっていないが、動物や人間の頭部が刻まれているものもある。殷時代の墓から見つかった容器は、当時、さまざまな種類のビールやワインで満たされたことが示されている。そのほかの上流階級の墓からは、本人以外の人骨も見つかっており、殉死の証拠だという解釈もなされている。使用人が主人に引き続き仕えられるように、来世に送られたのかもしれない[59]。

ペルー

文書記録はないが、ペルーの海岸沿いには五五〇〇年前から四〇〇〇年前にかけて高度に進んだ文明があった。複雑な灌漑システムを中心とする農業により、マメやカボチャ、グアバ、果実のパカイやルクマ、そしてワタが作られた。海からは、カタクチイワシなどの魚、ハマグリ、イガイが水揚げされ、アシカまで獲られた。北岸沿いに連なるさまざまな川の流域の住民は、互いに取引をおこなったほか、アンデス山脈高地やアマゾン川流域の住民とも交易した[60]。

この時期におけるペルー沿岸の著しい特徴は、石や土からなる基壇状構築物が一〇〇以上造られたことだ。その多くでは、頂上に神殿らしきものが建っていた。これまでに確認された最古の遺跡は、カスマ川流域にあるセチン・バホだ。考古学者たちが二〇〇八年、この遺跡で五五〇〇年前の石造りの円形広場が見つかったと発表した。考古学者たちは、その広場が「社交の場だった可能性があり、もしかしたら一種の祭祀センターだったかもしれない」という説を立てた。セチン・バホには、基壇からなる高さがおよそ一六メートルのピラミッドもある。三七〇〇年前のものとされる近くのセチン・アルト遺跡には、高さが四四メートルでサッカー場の一四倍の広さがある基壇のピラミッドがある。それは、「おそらく新世界で紀元前二千年紀に築かれた最大の単独建造物だろう」

と言われている。[61]

スーペ谷の太平洋沿岸にあるアスペロ遺跡は、五〇〇〇年前のものとされている。その遺跡には基壇のピラミッドが六つあり、高さは最も高いもので一〇メートル少しある。「フアカ・デ・ロス・イドロス」と呼ばれる一つのピラミッドでは、「未焼成の白っぽい灰色の粘土で作られた少なくとも一三体の小像が、小さな部屋の床と床のあいだに埋めて隠されていた」。「フアカ・デ・ロス・サクリフィシオス」と呼ばれる別の基壇のピラミッドでは、「生まれて二カ月に満たない赤ん坊が、貝殻のビーズで作られた帽子をかぶり、綿布でくるまれた状態で毛布のなかに安置されていた」。この埋葬は、「公共建築に奉納されたもの」と解釈されている。[62]

古代ペルーの遺跡のなかで、最も有名で最も広く発掘が進められているのはカラル遺跡だ。この遺跡はユネスコの世界遺産に登録されており、アスペロ遺跡から二〇キロほど離れたスーペ谷にある。当時、スーペ谷では、全部でおよそ二万人が暮らしていたと推定されている。カラル遺跡の建造物群は、面積がおよそ六五ヘクタールあり、「六つの大きな基壇状構築物、数多くの小さな基壇状構築物、二つのくぼんだ円形広場、ずらりと並んだ住居、基壇や建物のさまざまな複合建築物」などがある。最も大きい基壇のピラミッドは、高さが三〇メートルほどあり、床面積はサッカー場が四つ入る広さだ。この遺跡で見つかった最古の遺物は、四六〇〇年前のものとされている。[63]

カラル遺跡では、祭壇のようなものも確認されている。最大のピラミッドでは、殉死と見られる大人一人と子ども数人が葬られていることがわかった。別のピラミッドでは、クジラの椎骨が「パカイという木の二本の幹とともに見つかり……儀式に関連した場面で使われたのは疑いない。木の幹は地中に打ちこまれており、植物繊維の織物で覆われていた」という。骨製の笛、コルネット、フルート、パンパイプ、ガラガラといったさまざまな楽器も出土している。それらは儀式で使われたのかもしれない。そのほか吸入器も見つかっており、幻覚剤が使われた可能性がうかがえる。[64]

この時期のペルー南部の沿岸では、死者がミイラにされていたことも興味深い。ミイラ作りは、エジプトでその慣習が始まるより一〇〇〇年以上前にペルーで始まったのだ。初めは、死体にただ塩を振りかけ、砂漠の太陽にさらしてからからに乾燥させるだけだった。だがその後、ペルー南部やチリ北部に住んでいたチンチョロ人はミイラ作りの腕を磨き上げたとのことで、フロリダ大学の考古学者マイケル・モーズリーは次のように述べている。

チンチョロの葬儀屋は、次にあげるような変わった技術を完成させた。遺体を解体する。脳や内臓を取り除く。劣化を食い止めるために臓器や組織や皮膚を処置する。遺体の構成要素を組み立て直す。脊柱や腕、脚に植物の茎や木の支持物を埋めこんで補強する。体腔に繊維や羽毛や粘土などを詰める。体表を粘土で覆い、顔の細部を形作ったり色を塗ったりできるようにする。頭皮を、かつらや人毛を埋めこんだ粘土に置き換える。

ペルーの一部の地域では、ミイラは明るい色の綿織物か毛織物でくるまれた。副葬品はあまりないが、「道具、食物、さらにはペットのサルやオウム」が死者のために添えられていることもある。ミイラ作りはペルーの高地でもおこなわれ、遺体は埋葬塚の内部にある石張りの回廊に安置された。

場合によっては、「鳥の模様が彫られた貝殻の円盤や、ネコのような顔のモザイク模様が施された石の円盤」などの「装身具や織物が添えられた」[65]

どうやらペルー人たちはこの時期に神々を崇めていたようだが、それについてはまだよくわかっていない。ある遺跡で見つかった彫刻は、「杖の神」と呼ばれている。それは四〇〇〇年前のものとされ、「両足を開き、両手にそれぞれヘビと杖を持った、牙を持つ生き物」が刻まれている。その姿は、この彫刻が作られてから三〇〇〇年以上あとにインカ族が崇めた神とそっくりだ。[66]

ここまでの話をまとめると、祖先の霊魂より高位の神々は、七〇〇〇年前より前のいずれかの時点で現代ホモ・サピエンスの前に姿を現し始めたようだが、文書記録が登場するまで、そのような神々がいるという信念を裏づける決定的な証拠はない。そのような証拠は、メソポタミアでは六五〇〇年前、水の神エンキを崇めるために築かれた神殿という形で現れる。

それからの二五〇〇年間で、神々はエジプトや中国で確実に現れた。おそらく、パキスタンや南東ヨーロッパ、ペルーでも現れたと考えられ、ことによると西ヨーロッパでも姿を見せたかもしれない。中国やペルーでは、神々がほかの地域に関係なく現れたのはほぼ間違いないので、これは平行進化をほのめかすものだが、そのほかの地域で神々が独自に現れたのかはよくわからない。

そのようなことで、四五〇〇年前、世界で最大の都市だったウルクのメソポタミア人は、女神イナンナを祀った神殿でイナンナを拝んだ。エジプト人は、ギザの大ピラミッドに畏れ入った。このピラミッドは、神の化身であるファラオのクフ王を崇めるために造られたもので、建築から三八〇〇年にわたり、世界で最も高い人工建造物となった。

パキスタンではハラッパー文明が栄華を極めており、モヘンジョダロで暮らす四万人の人びとが、神々を祀るための神殿だったらしき場所に詣でた。西ヨーロッパでは大勢の人びとが、ネス・オブ・ブロッガーやストーンヘンジ、エイヴベリーの祭祀センターとおぼしき場所に集った。ペルーのカラルでは、高さが三〇メートルに及ぶものもある大きな基壇状構築物が、おそらく神々に関わる何らかの儀式のために大群衆を収容した。そして四三〇〇年前には、似たような基壇状構築物が中国で造られた。

以上からわかるように、およそ四五〇〇年前には、現代ホモ・サピエンスは神々を信じるホミニン（ヒト族）として目覚めつつあり、神々への信仰はそれからこのかた、ヒトという種の典型的な特徴の一つであり続けている。神々は数千年にわたって、次にあげるような自然現象や哲学に絡む疑問に対し、動物の霊魂や祖先の霊魂より納得のゆく答えを与えてくれた。太陽は夜になるとどこに行くのか？　なぜ月は形を変えるのか？　なぜ星々は動くのか？　何が風や雨、雷や稲妻、洪水や干魃を引き起こすのか？　世界はどこから生まれたのか？　なぜ私はここにいるのか？

そして、何より重大な疑問がこれだ。私は死んだらどうなるのか？　神々の存在は、青ざめた死が控えていると知りながらも人間が人生の段階を律儀に踏んで日々の務めをこなしてきたなかで、この上ない慰めとなってきた。人生の旅で、神々という象徴的で偉大な支えに付き添われてきたことは、孤独への癒しを生む頼もしい源泉であり続けてきた。そのような支えは、人生のドラマにいずれ避けられぬ終わりが来ると囁く内なる声を鎮めてくれる。ギリシア神話で描かれるステュクス川のような、この世と冥界を隔てる川の岸辺は、四五〇〇〇年前にも不安を掻き立てるように私たちを手招きしたが、それは今も変わらない。

おもな宗教の誕生

しかし、話は神々自身で終わりではない。メソポタミアで見たように、神々はひとたび現れると、政府に取り立てられ、いくらかの司法的・社会的・経済的責任を担った上に軍事的責任まで引き受けた。聖と俗、すなわち神々と政府は、手を携えて発展した。フランスの社会学者エミール・デュルケームは、「ほぼすべての立派な社会的制度が宗教のもとに生まれた」と主張した。イギリスの歴史家アーサー・トインビーも同じく、「偉大な宗教は、偉大な文明がよって立つ礎だ」と言い切った。神々と政府の関係はこうして、その後に現れる文明をある程度まで決めることになる[67]。

四〇〇〇年前から二八〇〇年前にかけて、メソポタミアの都市国家は混乱に陥りアッシリア人に敗れた。アッシリア人の最高神はアッシュールで、アッシュールと同一視されるバビロニアの天の神アンシャルは大地の女神キシャルと結婚しており、二人から天空の神アヌ、水や知恵の神エア、そして冥界の神々が生まれた。

アッシリア人は、南西アジアの支配権をめぐってバビロニア人と争った。バビロニアの主神マルドゥクは、もとは豊穣と戦士の神だった。マルドゥクは主神として、たとえば太陽と月を天のしかるべき場所に位置づけ、それらの運行を定めた。その後、ヒッタイト人が、バビロンを略奪したのち、三五〇〇年前ごろにその地域の強大な勢力となった。ヒッタイト人の主神は嵐と戦いの神テシュブで、テシュブは太陽の女神ヘパトと結婚していた。トルコ中央部のヤズルカヤ遺跡では、テシュブとヘパトがヒッタイトの男神たちや女神たちの行列を率いている姿が岩場に彫られている。

エジプトでは、新王国のファラオたちが南はヌビアまで、そして北はシリアにまで覇権を広げた。これがエジプト帝国の黄金期だった。エジプトでは、アメンホテプ四世がファラオの座にあった一七年間を除いて、同じ神々がずっと崇められた。アメンホテプ四世は自らの名を「アクエンアテン」に変え、太陽の神ラーを「アテン」と呼んで、エジプトの宗教を伝統的な多神教から太陽神のみを崇める一神教にしようとした。この時代は、知られている限り世界初の一神教信仰がおこなわれた例として、よく引き合いに出される。だがアクエンアテンがこの世を去ると、息子のツタンカーメンやそれ以降のファラオたちは昔ながらの多神教を復活させた。

パキスタンでは、アーリア人がイランやアフガニスタンから侵入してきたこともあり、ハラッパー文明が黄昏を迎えた。アーリア人はインド北部へと広がり、三七〇〇年前から三一〇〇年前に古代インドの聖典『リグ・ヴェーダ』〔邦訳は『リグ・ヴェーダ讃歌』（辻直四郎訳、岩波書店）など〕を編んだ。『リグ・ヴェーダ』はやがて、ヒンドゥー教と仏教の両方の土台になった。『リグ・ヴェーダ』には多くの神が謳われている。たとえば、豊穣の神インドラ、冥界の神ヤマ、火の神アグニ、天空の神ヴァルナ、太陽の神スーリヤなどで、スーリヤのシンボルは「卍（まんじ）」だ。

南東ヨーロッパでは、古ヨーロッパ文明にやはり陰りが見えてきたが、ほかの文明が勢いを増してきた。そのようなおもな文明の一つが、ミノア文明だ。ミノア文明はクレタ島で興り、およそ三六〇〇年前に最盛期を迎えた。ミノア人は、男神はほとんど信仰しなかったが、多産、豊作、動物、冥界を司る女神など、さまざまな女神を崇めた。その後、ギリシア本土からミケーネ人がクレタ島に攻め入り、クレタ島ではミノア文明がミケーネ文明に取って代わられた。ミケーネ人は自分たちの文明を発展させ、このミケーネ文明にはゼウス、ヘラ、アテナ、ポセイドン、ヘルメス、ディオニュソスといった多くの神々がいた。数百年後、ギリシア人がこれらの神々を取り入れ、独自の宗教を発展させた。

中国では、殷王朝が黄河流域の大部分や中北部の平原地帯を六〇〇年以上にわたって統一した。殷王朝時代、文字が独立して発明され、中国で最初期の都市が建てられた。主神の上帝は農業の神で、風や雨、雷、稲妻を司っていた。

ペルーでは二九四〇年前、アンデスの山中、標高およそ三二〇〇メートルに位置するチャビン・デ・ワンタルで神殿が築かれた。神殿に収められていたのは、ペルー中央部や北部を支配していたチャビンの宗教の主神体だ。「ランソン」と呼ばれたそのご神体は、高さがおよそ四・五メートルある白い花崗岩の像で、狭い石の通路の奥に立っていた。この神殿の発掘にあたったイェール大学の考古学者リチャード・バーガーは、次のように語っている。

ランソンによって描写される神は、人間によく似ている。腕、耳、脚、そして親指がほかの指と対置している五本指の手は、人間のものだ……口角が上向きの口、というより、うなり声を上げているような形の口からむき出しにされた大きな上切歯、つまり牙は、とりわけ注目に値する……ランソンの眉と髪は渦巻くヘビで表され、頭飾りは、牙のあるネコ科動物（ジャガー）の頭が彫られた柱からなる……ランソンのある回廊が狭くて入りにくいことは、それが近づきがたく強大で凶暴な神であることを物語っている。[68]

チャビン神殿が特に興味深いのは、「小さな排気孔や排水溝が迷路のように張りめぐらされていること」だ。これについて、フロリダ大学の考古学者マイケル・モーズリーは、次のように述べている。「排水溝に水を流し、それからその音を回廊空間に入れてからふたたび外に放つと、まさに文字どおり、神殿に咆哮（ほうこう）を上げさせることができただろう！　もしこれが本当なら、この祭祀センターは、神殿の前に集まった大勢の熱心な信者にとって、この世のものとは思えないものに見えたはずだ[69]」

枢軸時代

二八〇〇年前から、私たちの知る神々や宗教が現れる最終段階が始まった。そのころには世界が大きく変わっていた。農業革命が始まったころに五〇〇万人だった現代ホモ・サピエンスは、二〜三億人に増えていた。経済的な征服や軍事的な征服によって、人びとはますます大きな政治的単位にまとまり始めていた。たとえば、中国では殷王朝やそれに続く周王朝が、それまでより大きな領土や人口を束ねた。南西アジアでは新アッシリア帝国が、トルコ南西部、シリア、レバノン、イスラエル、パレスティナ、イラク、イラン、エジプト、そしてサウジアラビアの一部までを支配した。

新アッシリア帝国が滅びたのち、ペルシア帝国が一帯を支配し、やがてアレクサンドロス大王がペルシア帝国を滅ぼした。アレクサンドロス大王は、ギリシアからヒマラヤ山脈にまたがる版図を手に入れた。

偉大な帝国は、偉大な神々や偉大な宗教を要する。自然の力、生、死を司る原初の神々は、三〇〇〇年前のメソポタミアやエジプトの都市にはふさわしかったが、さまざまな民族が入り混じった何百万人もの国民を抱える帝国には、もはや似つかわしくなかった。新たな世界秩序に対応するために統治が体系化されなくてはならなかったのと同じく、神々や宗教も体系化されなくてはならなかった。なぜなら、神々や宗教は、そのような統治と一体化している部分だからだ。統治者たちは、自らの権力の一部を神々から引き出した。

こうして、二八〇〇年前から二二〇〇年前（紀元前八〇〇年から紀元前二〇〇年）の六〇〇年に及ぶ**枢軸時代**が生まれた。儒教、ヒンドゥー教、仏教、ゾロアスター教、そしてユダヤ教はすべて、この時代に始まり、その後、ユダヤ教からキリスト教とイスラム教が生まれた。これらの宗教は、合わせると、現在生きている人びとの六〇パーセントに精神的（スピリチュアル）な支えを与えている。この時代には、古代ギリシアで信仰された宗教をはじめ、ほかの宗教も成立したが、それらはやがて廃れた。古代ギリシアの神々の居場所は、今では神殿ではなく博物館や美術館だ。[70]

孔子、老子、古代インドの哲学書『ウパニシャッド』［邦訳は『ウパニシャッド翻訳および解説』（湯田豊訳、大東出版社）］を書いた多くの著者、仏陀、預言者のエリヤや第二イザヤ、エレミヤ、エゼキエル、そしてソクラテス、プラトン、アリストテレスはみな、枢軸時代に生きた。さらに言えば、孔子、仏陀、第二イザヤの人生は、時期的に重なりさえしていた。この時代は、ドイツの哲学者カール・ヤスパースによって「枢軸時代」と名づけられた。それはヤスパースいわく、この時代が「歴史の軸」を象徴していたからだ。ヤスパースはこう述べた。「これらの偉人たちはあまたの成果を残したが、それらすべては、それらの数世紀のあいだにほぼときを同じくして、中国やインド、西洋で別々にあげられたさまざまな成果をほのめかすものに過ぎない」

イギリスの哲学者ジョン・ヒックは、枢軸時代に「究極のものを思い描くおもな方法となる、すべてのおもな宗教的選択肢が特定され確立された……これほど革新的で重大なことは、人間の宗教生活でそれ以来、起きていない」と指摘した。フランスの哲学者エリック・ヴェイユは、この時代にユダヤ人の文明やギリシア人の文明が独特の形式を獲得したと補足し、「私たちの芽生え始めた思考体系とほぼ接触がなく、その影響を受けなかったことが明らかなほかのいくつもの文明が、驚くほど似たような発展を示している」と述べた。

宗教学者のカレン・アームストロングも著書『神の歴史』(邦訳は高尾利数訳、柏書房)で、同じくこう述べた。枢軸時代に「人びとは新たなイデオロギーを生み出した。それらのイデオロギーは、きわめて重大かつ影響力のあるものであり続けている」。さらにアームストロングは、次のようにつけ加えた。「はっきりとはわからないさまざまな理由により、おもだった文明はみな同時並行的に発展した」[71]

これらの宗教の発展について調べると、注目すべきこととして五つの側面が浮かび上がる。一つ目は、それらすべての宗教が死の問題に対して答えを与えたことだ。たとえば、バビロンの「王の道」に刻まれた銘文は、市民たちに「マルドゥク、わが主は永遠の命を与えてくださる」と力強く語っていた。この原則は、ウィリアム・ジェームズが一〇〇年前におこなった宗教に関する古典的な研究で、次のように要約されている。「神がいることによって生じるはずの第一の違いは、私の想像では一人ひとりの不死であり、それに尽きる。神は不死を生み出すお方であり、不死を疑う者は誰だろうと、さらなる裁きもなく不信心者としてあしざまに言われる」。それより四〇〇年前、神が与える不死について、マルティン・ルターが似たようなことをきっぱりと言った。「もし来世の命を信じないのなら、あなたの神にはキノコ一本くれてやる価値もない[72]」

二つ目は、おもな宗教が、死という苦悩への解答だけでなく、ほかの恩恵も与えることだ。そのような恩恵としては、集団に所属することで心の支えが得られることや、物理的な保護や社会福祉、職や富を増やす機会に恵まれることなどがある。むしろ、宗教によっては心理的恩恵や社会的恩恵がひときわ目立つようになる可能性があり、そのような恩恵が宗教の起源だったように見えるかもしれない。社会学的な観点からすれば、宗教社会学者のロバート・ベラーが主張したように、神々は「人間の宗教に関する限り、まったく必要ではない」と思えてしまうかもしれないのだ[73]。

三つ目は、前述したように、おもな宗教が、たいてい人びととの政治的統治体制とともに発展することだ。聖と俗が手を取り合う形で発展し、切り離せないことも少なくない。そのようなことで、古代メソポタミアでは神々を祀る神殿が、経済の土台となる工房や交易を牛耳った。さらに、政治指導者たちは神々と手を組み、場合によっては、自らが半神ないし神の地位にあるとうそぶいた。一九世紀、ドイツ帝国の首相オットー・フォン・ビスマルクは、次のように述べてこの原則に触れている。「政治家の務めは、歴史のなかを歩む神の足音に耳を傾け、神が通り過ぎるときにその裳裾をつかもうとすることだ[74]」

四つ目は、新しい宗教が絶えず登場し、それぞれの成否が、おもに信者の経済的、政治的、軍事的な成功によって決まることだ。たとえば、仏教やキリスト教が世界的な宗教になったのは、仏教は古代インドのアショーカ王によって、キリスト教はローマ帝国のコンスタンティヌス帝によって初めに受け入れられたから、というところが大きい。逆に、古代ギリシアの宗教は、当初は世界のおもな宗教の一つだったのに生き残らなかった。その理由は、アレクサンドロス大王が紀元前三二三年に没したことを受け、ギリシアの都市国家同士がいつ終わるともしれぬ内戦に明け暮れて政治的に弱体化し、それとともに彼らの神々が昔の面影を失ったからだ。そのあと、使徒パウロがギリシア人にキリスト教の伝道を始めたわけだが、死の問題に対してイエス・キリストが与えた解答――死者は復活してよき人は永遠の命を与えられる――は、ゼウスが与えた解答――死者はみな地下の冥界にくだる――より、はるかに人びとの心に届いた。

最後の五つ目は、新しい宗教が主として、より古い宗教から神々や神学理論を借りてくることによって起こることだ。たとえば、古代ギリシアの神々のなかで、愛と美の女神アフロディテはキプロスに由来し、「海上交易者によってギリシアにもたらされた」と考えられている。そのキプロスは、アフロディテをアッシリアやフェニキアから取り入れた。それらの地域では、アフロディテはアスタルテという女神で、さらにさかのぼれば、バビロニアではイシュタル、その前のメソポタミアではイナンナだった。同じように、アフロディテに愛されたギリシア神話の美青年アドニスは、かつてはフェニキアのおもな神の一人で、フェニキアの港市だったビュブロスでは、アドニスに捧げる大きな神殿が建てられた。それより前の時代を見ると、アドニスはもともと、バビロニアのタンムズという神から、さらにその前にはメソポタミアのドゥムジという神から取り入れられたと考えられている。

神々を借りてくるという考えは、新しいものではない。ギリシアの旅行家で歴史家でもあったヘロドトスは二四〇〇年前、「さまざまな宗教体系に組みこまれていて、異なる名やアトリビュート［訳注：特定の人物を象徴する持ち物］を持つ神々が、実際にはよく似た役割を持っている」と指摘し、とりわけ「ペルシア人はアフロディテに対する崇拝をアッシリア人のアスタルテ礼賛から取り入れた」と推理した[75]。

神々と同じく、宗教観念もほかの宗教から借りてこられることがあった。たとえば、ユダヤ教とキリスト教では、人間の創造、大洪水、バベルの塔といった着想がメソポタミアの宗教から取り入れられたと考えられている。また、紀元前五八七年に始まったバビロン捕囚のあいだに、ユダヤ人は全能の最高神を中心とするゾロアスター教に触れた。ユダヤ人が捕囚を解かれてユダ王国に戻ったのち、全能である一神教の神という概念が旧約聖書で初めて目立つようになった。

ゾロアスター教から借りてこられた可能性がある着想としてはほかに、「サオシュヤント」つまり救世主もある。ゾロアスター教では次のように考えられている。サオシュヤントは、「世界の歴史でときどき、世界が道徳的に堕落してついに邪悪な力に屈する恐れのあるときに現れる」。そして最後に現れる救世主が、「最後の審判の日」の到来を告げる。その日、「それぞれの人の善行と悪行が天秤にかけられる」。また、ゾロアスター教の信者は、複数いる救世主の内三人が、この宗教の開祖ゾロアスターを父とする形で処女たちから生まれると教わった。(76)

このように、枢軸時代は、現代ホモ・サピエンスの進化における輝かしい時代の集大成だった。枢軸時代に至るわずか四〇〇〇年間で、最初の神々や文明が現れ、すみやかに広がり、それに続いて世界のおもな宗教がすべて形作られた。人類学者のロビン・ダンバーはかつて、「宗教は、私たち人間が性質の面で類人猿のいとこたちと本当に異なるものの一つだ」と述べ、次のように問いかけた。「なぜ、動物界で唯一、宗教が私たちの種をそれほど束縛するのか?」。その答えは、人間が賢く、自らを意識し、思いやりがあり、自分を省みることができるだけでなく、将来について思いをめぐらせるときに過去を活かせる自伝的記憶を持っていることにある。こうした能力のおかげで私たちは、カレン・アームストロングの言葉を借りれば、ホモ・レリギオースス(宗教的な人間)になったのだ。(77)

死という苦悩は、人類の脳の進化がもたらした避けがたい結果だったが、神々や宗教は、この人間が生まれ持った終わりなき苦悩に一つの解決策を与えてきた。それによって人間は、死を免れぬ運命を持ちながら不死の命を持つハイブリッドになった。文化人類学者のアーネスト・ベッカーはピューリッツァー賞受賞作の『死の拒絶』(邦訳は今防人訳、平凡社)で、人間を「肛門を持つ神々」と呼んでこの矛盾を捉え、こう述べた。「人間は文字どおり二つに分かれる。人間は、圧倒的な威厳をもって自然から抜きん出ているという自らの輝かしい独自性を自負している。それでも、数フィート下の土に還り、あてどなく物言えぬまま朽ちて永久(とこしえ)に消え失せる。その恐るべき苦悩のなかで、それを抱えて生きていかなくてはならない[78]」

第8章 神々の起源を説明するほかの理論

この人間とはなんたる自然の傑作か、理性は気高く、能力はかぎりなく、姿も動きも多様をきわめ、動作は適切にして優雅、直観力はまさに天使、神さながら、この世界の美の精髄、生あるものの鑑、それが人間だ、ところがこのおれには、塵芥（ちりあくた）としか思えぬ。

——ウィリアム・シェイクスピア、「ハムレット」

［『ハムレット』（小田島雄志訳、白水社）より引用］

神々が現れてからこのかた、神々をめぐる推測が続けられてきた。

いかにも、神々の存在は、今日まで残っている文学作品で最古の部類に入る『ギルガメシュ叙事詩』で目立っていたわけだが、神々をめぐる推測は、過去二〇年でますます目立ってきた。とりわけ、「自分の人生で神は大事だと答える」人がわずか二一パーセントしかいないヨーロッパで、そのような動きが出てきている。[1]

脳の進化理論

本書では、進化論によって神々に迫る方法を伝えてきた。この取り組み方はもともと、チャールズ・ダーウィンが唱えたものだ。ダーウィンは、「すべてのものに満ちている霊的な働き（力）を信じることは、広くおこなわれているようだ」と指摘し、「霊的な力を信じることは、一人ないし複数の神がいると信じることに難なくつながる」と述べた。ただし、ダーウィンによれば、こうした信仰が芽吹けるようになる前に、「人間の推論力がかなり進歩」しなくてはならなかった。[2]

本書では神経科学研究の成果を用いて――言うまでもなく、ダーウィンは利用できなかった――、第1章から第5章で「人間の推論力」における五つのおもな進歩について語った。ホミニン（ヒト族）の脳が大型化し、さまざまな脳領域間の結びつきがますます強くなるにつれて、人類は、賢さ、自分について考える能力、他者が何を考えているかについて考える能力（心の理論）、さらには自分について考えている自分について考える内省能力を身につけた。そしてついに、およそ四万年前、自伝的記憶という、それまでにはできなかったやり方で自分を過去や将来に投影する能力を手に入れた。こうして私たちは、現代ホモ・サピエンスになったのだ。

過去や将来に自分を投影する能力は、現生人類の思考に言い知れない影響を及ぼした。なぜなら、その能力によって人間は、自分がいつか死ぬのだということがわかるようになったからだ。ダーウィンと同時代に生きた人類学者のエドワード・B・タイラーは、人間が死について理解しようと追い求めるなかで、魂や霊魂が失われることが生と死の決定的な違いだと断定されたという見方を示した。過去と現在と将来をまとめる新たな能力のおかげで、人間は、寝ているあいだに見る夢に、かつてはできなかったやり方で意味づけすることもできるようになった。

タイラーが指摘したように、人間は夢のなかで亡くなった祖先たちの訪問を受け、そこから死者の霊魂は来世で生き続けるという結論を導いた。これは当然のごとく、死者の霊魂に協力を求めたり死者の霊魂をなだめたりする試みにつながった。

人間は死後も別の形で生き続けられるということが定められるや、神々の種(たね)が蒔かれた。哲学者のサム・ハリスは著書『信仰の終焉(The End of Faith)』でこう述べている。「たった一つの命題——あなたは死なない——は、いったん信じると、人生に対する反応を決定し、死後の生はないということはとても考えられなくなる」

亡くなった家族は死後も存在していると信じられていたので、彼らに助けを請うことは理にかなっていた。こうして、祖先崇拝が生まれた。祖先崇拝はだんだん手の込んだものとなって儀式化されていき、しまいには少数のきわめて有力な祖先が天空の天井を突き破り、神々と見なされるようになった。これは世界のいくつかの地域で別々に起きたようだが、文書記録が残されるようになるまでは、それについて確かめることはできない[3]。

過去と現在と将来をまとめる能力は、計画を立てる能力を著しく高め、これがそのまま農業革命につながった。農業革命をきっかけに人口が増え、都市化が進むにつれて、世俗の権力者たちが規則や法律を作り出し、それを人びとに守らせるために神々と手を結んだ。こうして最初の宗教が誕生し、宗教は地域社会の司法的、社会的、経済的なニーズに神という権威で箔をつけた。国家や文明が発展するにつれて、宗教も発展した。神々や宗教の威光は、それらと結びついている文明の威力に直接左右された。これは現在まで変わらず続いているパターンだ。**図8・1**に、これらの出来事を模式的に示している。

そのようなわけで、本書で述べてきた脳の進化理論では、神々および、のちに登場した、神々に結びついている儀礼的な宗教は、人類の脳が発達したことによって生まれたという結論をくだす。これまでの章でくわしく述べたように、現代の脳研究から、私たちの認知能力が、これらの認知能力と結びつく脳領域が進化したのと同じ順序で獲得されたことがわかるので、脳の進化理論は解剖学的な証拠によって裏づけられる。ダーウィンが、「霊的な力」を信じることが神々への信仰につながったという見方をしたように、タイラーは、「人の魂が肉体から独立して……来世に存在する」と信じることが、神々と宗教のいずれもの出現につながったと見なした。タイラーは、この成り行きを次のように要約している。

［魂が引き続き存在するとする］このおおいなる信念は、原始的な部族における未熟で原始的

図 8・1　神々や宗教の起源

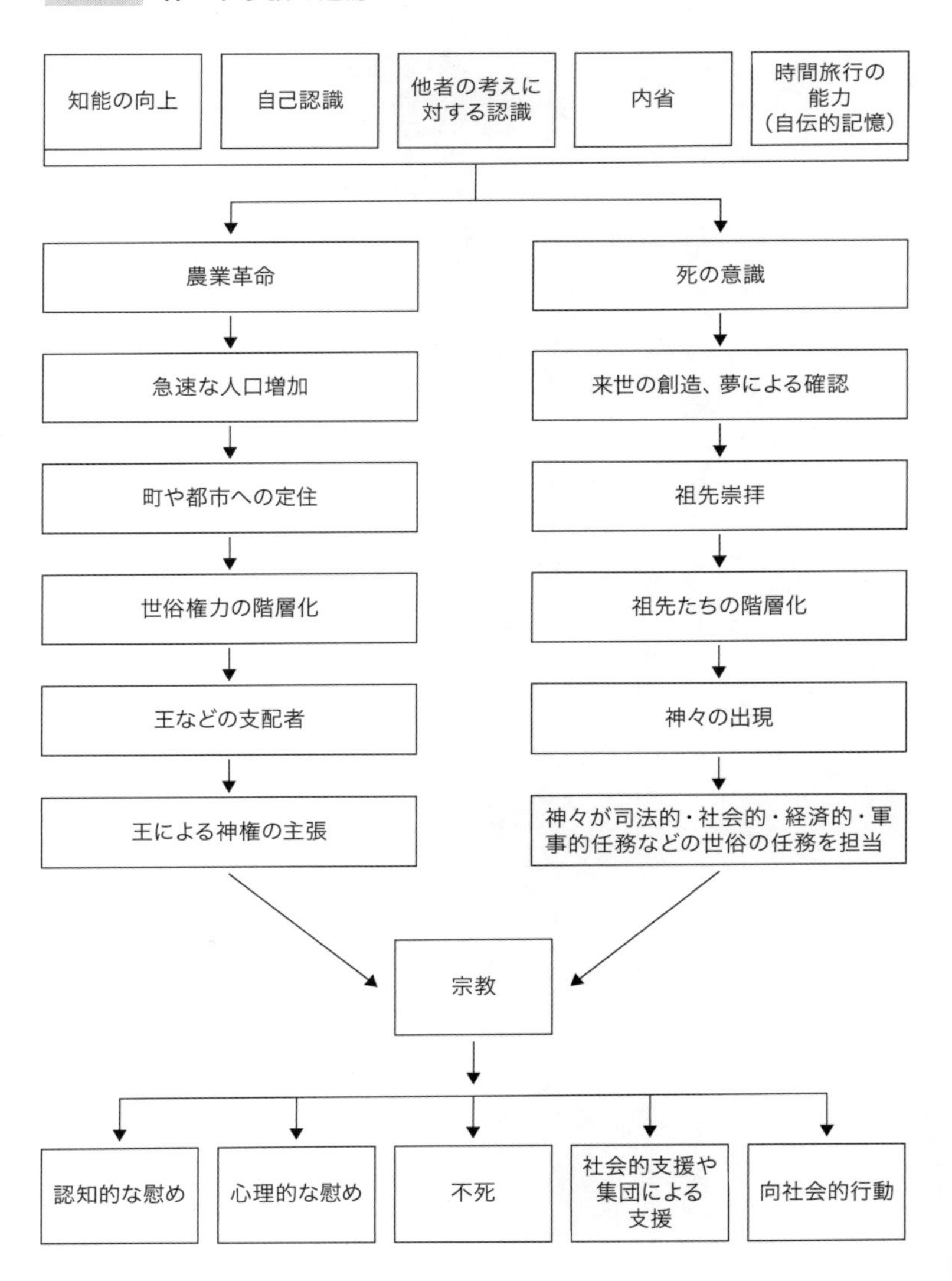

な形の兆しから、現代宗教の中心にある確立された体系へとたどれるかもしれない。来世で魂が存在するという信念は、それを抱いたとたんに、善良な振る舞いを促す刺激となり、苦しみや死の恐怖のなかでも希望をつないでくれる。それに、現世では幸福と不幸の割り当てが公平なのかという難しい問題に対しても、それが来世では正されるという期待によって、答えを出してくれる。[4]

このように、脳の進化理論では、なぜ神々が現れたのかと、なぜ神々が、実際のそのときに現れたのかの両方を説明できる。そして平行進化に基づき、脳の進化理論では、神々が地球上のさまざまな場所で別々に姿を現したことも説明できる。さらに、どのようにして地域社会の司法的、経済的、社会的なニーズが地域社会の霊的なニーズと結びつくようになったのかについても説明できる。俗と聖は手を取り合って発展した。互いが互いを支え、互いが互いに依存していたのだ。

神々や宗教の起源について説明する理論は、ほかにもこれまでにいくつか提唱されている。これらの理論には重なり合う部分がかなりあり、神々や宗教の起源を研究している多くの学者が複数の理論を取り入れている。話を単純化し過ぎるかもしれないという点をあらかじめお断りした上で、これらの理論について以下にかいつまんでまとめておこう。

社会的役割に目を向けた理論

神々や宗教の起源を社会的な要因から説明する理論（社会的理論）は、エミール・デュルケームの研究に基づくところが大きい。デュルケームは一九世紀に活躍したフランスの思想家で、現代社会学の創設者としてしばしば引き合いに出される。デュルケームは、神々や宗教の起源は霊魂や夢にあるのではなく、むしろ社会構造や社会制度にあると考えており、次のように述べた。「宗教の本質は、その表面ではなく表面下に見出せる……宗教のおもな価値は儀式にあり、宗教は儀式を通じて、個人の集団に対する忠誠心を抱かせたり、新たにさせたりする。これらの儀式はその後、ほぼ付け足しのように、祖先の魂や神々に関する概念という形を取る何らかの象徴への必要性を生み出す」

デュルケームにとって、「宗教はきわめて社会的なもの」であり、宗教の起源はそれが果たす機能にある。もっと言えば、神々は宗教に欠かせないわけではない。デュルケームは、「宗教と社会は分かちがたい関係にある」と見ており、一九一二年に出版した著書『宗教生活の原初形態』（邦訳は古野清人訳、岩波書店）で、宗教を「神聖な物事に関連した信仰と慣行の統一体系で……そのような信仰と慣行は、それらを信奉するすべての者をまとめて『教会』と呼ばれる一つの道徳的集団にする」と定義した。[5]

デュルケームは、宗教に関する現代の社会的理論のほとんどに強い影響を与えた。その一例が、『ニューヨーク・タイムズ』紙の記者ニコラス・ウェイドの主張だ。ウェイドは著書『宗教を生みだす本能』（邦訳は依田卓巳訳、ＮＴＴ出版）で、「宗教の進化論的な機能は……人びとを団結させて、自分の利益より集団の利益を優先させることだ」と主張した。したがって、ウェイドによれば、「宗教的な傾向が強い集団は団結力が強く、あまり団結していない集団よりかなり有利だっただろう」とのことだ。ウェイドは、宗教は「信頼の輪を生み出すので、そのメンバーたちは互いに助け合うことがある……［そして］宗教は、メンバーたちの社会的行動、つまり、互い（内集団）に対する行動と、自分たちの宗教を信じない人びと（外集団）に対する行動の両方を方向づける」と述べている。

これと似たような見解を、ウィリアム・アンド・メアリー大学の人類学者で霊長類学者でもあるバーバラ・キングが著書『進化しつつある神（Evolving God）』で示している。キングは、帰属意識が霊長類でぜひとも必要とされるということに気づき、「宗教はそもそも帰属意識の上に成り立っている」と主張した。そして、帰属意識の必要性から宗教が生じたとして、次のように述べた。「この世で帰属意識が必要とされることが、人間の宗教的な発想につながり、唯一神や神々や霊魂のいる別世界へと想像が膨らんだ。類人猿に似た祖先たちに認められるこれらの基本的要素から、神々に祈り、賛美歌で神を称え、目に見えぬ霊魂の力を前に恐れおののくことに対する心の奥底からの欲求が生まれた[6]」

ビンガムトン大学の人類学者デイヴィッド・スローン・ウィルソンも社会的理論を支持する著名な学者で、宗教に属することによる社会的な利点を強調する。ウィルソンは著書『ダーウィンの大聖堂（Darwin's Cathedral）』で、新参の移民たちの例を引き合いに出した。彼らは教会の信者になることによって、「車の購入、家探し、職の斡旋、ベビーシッターの紹介、社会保障関連情報の入手、……子どもの入学手続き、市民権の申請、裁判への対処」などで助けを得られ、「物質的な恩恵をかぞえ上げればきりがない」とのことだ。社会的利益は、古代メソポタミアで、水の神エンキなどの神々を祀った神殿の信徒たちにももたらされた。つまり、そのような利益は宗教組織に初めから備わっている一面だった。[7]

ほかの地域組織と同じく、宗教ももちろん、信者たちにさまざまな社会的利益をもたらすし、重要な社会的ニーズを満たす。第7章で述べたように、これは、文書記録としての宗教がメソポタミアで初めて現れたときからずっとそうだった。しかし問題は、宗教が社会的ニーズを満たすかどうかではなく、社会的ニーズを満たすことが神々や宗教の起源なのかどうかということだ。

社会的理論を支持する学者の主張では、神々の影が薄いこともある。たとえば、ニコラス・ウェイドは著書『宗教を生みだす本能』で「神々は、教会が影響力を発揮する上で必ずしも不可欠とは限らないかもしれない」と主張している。そのような理論のもとでは、雷神である北欧神話のトールやギリシア神話のゼウスは雷電を剥奪された格好で、そのような存在は代わりに警官や地域のまとめ役として姿を現す。[8]

向社会的行動に目を向けた理論

人間が他者を助けようとする振る舞いから神々の起源を説明する理論（向社会的行動理論）は、

社会的理論の特別なタイプと見なせる。向社会的行動理論の要をなすのは、人間は神々に見られている、言い換えれば、人間はすべてを見て知っている天空の目に監視されているという考え方だ。

そのような理論では、社会的規則や道徳、集団規範を守らせる上での神々や宗教の重要性を押し出し、「宗教は特定の社会秩序が途絶えないようにするために発明された」と唱える。秩序を守らせるためにとても役立つのが、すべてを見て知っている神がいるという信念だ。そのような神々の利用価値を示した古典的な実験として、大学のカフェに「正直箱」、つまり無人集金箱を置いた実験がある。原則としては、飲み物を飲んだら、その箱にお金を入れることになっていた。実験では一〇週間にわたり、「正直箱」に花の絵か両目の絵が週ごとに交互に貼られた。すると、両目の絵が貼ってあった週には、花の絵が貼ってあった週のほぼ三倍の金額が集金された。この結果を受け、この実験をした研究者たちは、「目のイメージは協力的に振る舞う気にさせる。なぜなら、それは実験参加者たちのなかで、見られているという感覚を引き起こすからだ」と結論づけた。おもしろいことに、似たような研究が小学生を相手におこなわれたときには、目の効果はなかった。それはおそらく、子どもたちが成熟した認知能力をまだ身につけていなかったからだろう[9]。

神はあなたを見ているというこのテーマを扱っている書籍が、最近三冊出ている。三冊すべてで、宗教的信仰の基盤として、第3章で論じた心の理論の重要性をまず取り上げている。それらによれば、いったんホミニンたちが心の理論を手に入れ、他者、それに神々も考えや感情を持つことを理解すると、彼らが宗教の形成へと向かう旅に踏み出すことは避けられなかったという。ベルファストにあるクイーンズ大学の心理学者ジェシー・ベリングは著書『ヒトはなぜ神を信じるのか』（邦訳は鈴木光太郎訳、化学同人）で、「神は心の理論から生まれた」とはっきり述べている。[10]

このテーマは、ブリティッシュコロンビア大学の心理学者アラ・ノレンザヤンの著書『大きな神々：宗教はどのようにして協力や争いを変えたか（Big Gods: How Religion Transformed Cooperation and Conflict）』や、オックスフォード大学の生物学者ドミニク・ジョンソンの著書『神はあなたを見ている：神への恐れはいかにして私たちを人間にするか（God Is Watching You: How the Fear of God Makes Us Human）』でさらに考察が進められている。どちらの書籍でも、神々の概念は、心の理論や神々が私たちを見ているという信念から生じたと主張する。そして、そのような信念があると、私たちは仲間のホミニンと協力する気になり、協力するほど自分の集団が経済的、社会的により成功し、自分たちの遺伝子が次世代により受け継がれるという。[11]

ジョンソンは、善と悪や人生の意義について説明したいという人間の欲求を満たすために神々が現れたとして、次のように述べている。「私たちの脳は、人生における偶然性の意味を探ることをせずにはいられないように配線されている。それは人間の本質なのだ」。この欲求を満たすため、私たちは神々を発明した。さらに言えば、「人間社会は神々を一回だけでなく何千回も発明してきた」。神々は人間を見ており人間のおこないを知っているので、協力的な行動を促すことによって人間に前向きな力を及ぼす。要するに、「基本的な考えは、超自然的な存在、つまり個人的な利己心を抑えて人びとをより協力的で生産的にする、恐怖と畏敬の両方を集める存在が、人間のおこないを肩越しに覗きこみ、絶えず目を光らせているビッグ・ブラザー［訳注：ジョージ・オーウェルの小説『１９８４年』に登場する架空の統治者］のように働くということだ」。ジョンソンによれば、そのような社会はより成功を収め、進化の観点から見て、彼らの遺伝子が次世代に伝えられる可能性がより高かった[12]。

ほかにも数人の著述家が、道徳的で向社会的な行動を促すのに神々や宗教が重要だという点を力説してきた。もとはカトリックの修道女だった宗教学者のカレン・アームストロングは著書『神の歴史』（邦訳は高尾利数訳、柏書房）で、「神の概念がなければ、絶対的な意味も真理も道徳性もない。倫理は、単なる好みや雰囲気、気まぐれの問題になってしまう」と主張した。社会学者のロバート・ベラーも、そのような考えを推している。ベラーは著書『人類進化における宗教（Religion in Human Evolution）』で宗教を、「それを信奉する者たちを一つの道徳的集団にまとめる、神聖なものに関連した信仰や慣行の体系」と定義し、地域社会でともにする娯楽や儀式、神話といった営みが、社会がますます複雑になるにつれて、どのように儀礼的な宗教につながったのかを説明した[13]。

宗教を社会的行動の推進メカニズムと見なすたぐいの考えは、ボストン大学の心理学者パトリック・マクナマラからも示された。マクナマラは著書『宗教体験の神経科学（Neuroscience of Religious Experience）』で、宗教的信仰や宗教的慣習が個人に及ぼす影響に注目した。マクナマラは「現在の自己」を「上級自己」や「理想的な自己」と区別した。そして「宗教は、一人ひとりの精進する目標となり現在の自己を評価できる理想的な自己を提示することによって、この上級自己を作り出す」と主張した。

マクナマラによれば、宗教的慣習は「[現在の]自己をより高く、よりよい自己に変容させることを目的としている……宗教が自己に関心を寄せるのは、それが自己の変容を図ろうとするからだ」とのことだ。マクナマラは、宗教的慣習がどうやって、彼いわく「脱中心化」という自我から脱するプロセスを通じて脳に影響を及ぼすのかを説明した。そして、「上級自己は社会的な自己であり、それは社会的協力の達人と言える」ので、宗教の最終目標は一人ひとりの行動を改善して社会的協力を促すことにあるとした。[14]

神々が向社会的行動を促すのに何らかの役割を果たすのは明らかだと思えるが、それがどの程度の役割かという点については議論の余地があるかもしれない。だが問題は、神々が向社会的行動や協力を促すかどうかではなく、それが神々の起源かどうかということだ。神々は、向社会的行動理論で主張されるように、ホモ・サピエンスが向社会的行動の意義を求め、それを働きかけることを必要としたから現れたのだろうか？　あるいは本書で主張するように、ホモ・サピエンスが死や来世について理解したことに応えて現れたのちに、向社会的な役割を帯びたのだろうか？

心理学的側面や慰めの効果に目を向けた理論

神々や宗教の起源を心理学的側面から説明する理論（心理学的理論）で最も有名なのは、精神分析学者のジークムント・フロイトによって提示されたものだ。フロイトによれば、父親像としての神々を創り出したいという欲求は、**エディプス・コンプレックス**を解決したいという無意識的な欲求から起こる。エディプス・コンプレックスは、男の子が父親を殺して母親と結婚したいと願う子どものころに生じるもので、ギリシア神話に登場するオイディプス王（エディプス王）が父を殺して母と結婚したことにちなんでいる。したがって、フロイトにとって「宗教は心の奥底に秘められた葛藤や弱さに反応することでのみ生じ」、無意識的な葛藤が精神分析によって解決されると、宗教に対する欲求はもうなくなる。[15]

宗教が無意識的な欲求を満たすとするフロイトの理論は不信の目で見られているが、多くの現代の理論で、宗教は、慰めを求める無意識的な欲求や意識的な欲求を満たすのに役立つと強調されている。死を自分の存在の終わりとして受け入れるしかないというより、天国に行くなり、生まれ変わるなり、何らかの形の来世に入るなりすることを待ち望めるほうが、心が安らぐのは明らかだ。ほとんどの宗教で、来世はたいそう魅力的な場所として描写されている。たとえばモルモン教では、天国は三段階あるとされ、その最高の段階である「日の栄えの王国」について、モルモン教の創始者で預言者とされるジョセフ・スミスは「通りは美しく……金が敷きつめられているようだ」と言い表した。そして、忠実な信者たちは、その天国で永遠に暮らすとされた。

モルモン教のある神学者によれば、天国では、「私たち一人ひとりは自分のような見た目だが、太鼓腹、いぼ、変形などを含めて欠点はなくなり、非の打ちどころがない容姿――今や不死の物質をまとった死ぬ前の霊魂そのものの姿――が自分のものになる」という。人びとは日の栄えの王国で家族として暮らし、「赤ん坊や子どものころに命を落とした人は、過去はアダムにまでさかのぼり未来は永遠に続く家系のなかで、大喜びの両親に大人になるまで育てられる」とのことだ。[16]

来世があるという約束を神々が現れる重要な要因と見なすほとんどの宗教学者が、そのほかにもいくつかの要因をあげている。それで、ケンブリッジ大学のイギリス人動物学者ロバート・ハインドは、著書『なぜ神々は存続するのか（Why Gods Persist）』で次のように書いている。「神に対する信仰は、人間に備わったさまざまな傾向に関連している。そのような傾向として特にあげられるのは、出来事の原因を理解すること、自分の人生を支配していると感じていること、逆境のなかで安心を求めること、死の恐怖に立ち向かうこと、人間関係をはじめとする社会生活のさまざまな側面を望むこと、そして人生の一貫した意義を求めることだ」

同じく、ジョンズ・ホプキンズ大学の神経科学者デイヴィッド・リンデンは、著書『つぎはぎだらけの脳と心』（邦訳は夏目大訳、インターシフト）〔文庫版『脳はいいかげんにできている』（夏目大訳、河出書房新社）〕のなかで、「宗教は慰めを与えてくれる。とりわけそのおかげで、自分がいずれ死ぬという運命に向き合える」と認めた。リンデンはまた、宗教がもたらすほかの利点も同じように重視しており、特に「宗教は特定の社会秩序を保つのに役立つ」、そして「宗教は難しい問いに答えてくれる」と指摘している。[17]

このような慰めに関するテーマに神経化学的側面を加えた理論が、ライオネル・タイガーとマイケル・マガイアの著書『神の頭脳（God's Brain）』で展開された。二人は、「予測のつかないことを経験したり未知のことにぶつかったりすると」、脳で「嫌なものを避けようとする身体状態や心理状態を生じる」化学的な変化が起こると主張した。そのようなストレスへの反応として、脳は脳内の神経伝達物質を自動的に調節し、著者らの言う「脳の慰め」をもたらす物質を作り出すという。

著者らによれば、宗教は「脳の慰め」を達成するおもな手段であり、そのメカニズムとして次の三つがある。第一に、宗教の社会的側面は、神経伝達物質のセロトニン、ドーパミン、ノルアドレナリン（ノルエピネフリン）への応答能を増すことによって喜びを生み出す。第二に、宗教儀式は体の緊張をほぐす。そして第三に、宗教的信仰は「生き方や社会生活の複雑さ」をわかりやすくする。したがって、宗教を理解するためには、「宗教が脳にどのような影響を及ぼすのかを見る」必要があるというわけだ。それで二人の著者は、次のように主張している。「脳にとっての宗教は、脚にとってのジョギングのようなもの……つまり、私たちの頭にある臓器にとっての社会情緒的で組織化された一種の運動である」[18]

学者のなかには、死の恐怖や来世を望む気持ちが宗教の発展にとってきわめて重要だとする考えに異を唱えている者もいる。たとえば、ワシントン大学の人類学者パスカル・ボイヤーは、次のように主張した。「人は死を怖れるが、宗教は死が終わりではないと信じさせてくれるという、いかにもありがちな単なる思いつきの説明では、明らかに物足りない。なぜなら、人間の心は、ストレスや恐怖が引き起こすあらゆる状況に対して、十分な慰めとなる幻想を生み出すわけではないからだ」

ボイヤーは死の恐怖を、人間を襲う多くのストレスや恐怖の一つに過ぎないと見なしているように思われる。また、フォーダム大学の人類学者スチュアート・ガスリーは、信仰体系に来世という概念がない宗教もあると述べた。それを踏まえて彼は、「多くの宗教で、来世、すなわち幸せな来世がないということが認められるので、宗教が望みをかなえる［慰めをもたらす］とする理論のおもな二つの枠組み――信仰は、不死を望む気持ちが動機となっており、不死を望む気持ちは、死後に報いがあることを願う気持ちが動機となっている――が土台から揺らぐ」と主張している。[19]

死の恐怖や来世を願う気持ちが神々の出現における最大の要因だと唱えたからといって、神々や宗教に伴うほかの側面にも慰めをもたらす効果があるということが否定されるわけではない。ハインドはこう指摘している。「自分に味方してくれ、懇願されれば介入してくれる強力な存在がいると信じると、心が慰められる」

神々を信じるということは、誰かが万物を統べているということや森羅万象には意味があるということも、それとなく意味する。これは、地震や洪水、竜巻、台風などの天災が起きたときには、とりわけ慰めとなる。神々はまた、愛する人の死やいたいけな子どもの不慮の死に直面したときや、善良な人が教会に行く途中で雷に撃たれたり倒れてきた木に直撃されたといったときにも慰めとなる。ハインドが指摘したように、「そのような事柄は、宗教体系が『心の安らぎ』という一貫した世界観を与え、ともすれば収拾がつかなそうに見える人間のさまざまな経験に秩序らしきものを与えるという主張に要約されるかもしれない」。遺伝学者のテオドシウス・ドブジャンスキーが述べたように、「宗教は、人間が互いに和解したり、人間より偉大な何らかの力によって自分たちが放りこまれた手強い神秘の宇宙と人間が和解したりすることを可能にする[20]」

パターン探索傾向に目を向けた理論

神々や宗教の起源を説明する心理学的理論は、心の慰めをもたらしてくれるかもしれないが、人間が持つパターン探索傾向を重視する理論（パターン探索理論）は、知的な慰めか認知的な慰めとでもいうようなものをもたらしてくれるかもしれない。そのような理論が近年、目立ってきている。

パターン探索理論をいち早く打ち出した書籍の一つが、スチュアート・ガスリーが一九九三年に出版した『雲のなかの顔：宗教に関する新理論（Faces in the Clouds: A New Theory of Religion）』だ。前述のガスリーは、次のように主張した。「宗教は、擬人主義、すなわち人間でない物や出来事に人間の特徴があるとする見方が体系化されたものだと捉えると、一番よく理解できるかもしれない」。はっきり言えば、「擬人主義は宗教体験の核心であり……人間の思考や活動に染み渡っている……宗教は擬人主義の最も体系的な形式だ」

ガスリーによれば、私たちはおのずと雲のなかに顔を見てしまいがちなだけでなく、雷や稲妻といった自然現象を神々が起こしたものだと考える。ガスリーは、擬人化には進化上の利点があると主張し、その理由として、「世界は予測できず曖昧なので、解釈する必要があるから」と述べた。そして進化的な観点から、ガスリーはこう述べている。「ハイカーにとっては、クマを巨岩と勘違いするよりも、巨岩をクマと勘違いするほうがよい[21]」

過去二〇年にわたり、パターン探索理論を唱える何人かの学者が、ガスリーと同じような路線で主張を展開してきた。心理学者で科学系ライターでもあるマイケル・シャーマーは、著書『私たちはどのように信じるのか（How We Believe）』でこう主張した。「人類は進化により、優れたパターン探索生物になった……人類は、パターンを探して因果関係を見つける機能を持つ『信念エンジン』なる仕組みを進化させた……パターンを探し出すのが特にうまかった者たちが……最も子孫を残した」

前述のパスカル・ボイヤーは、著書『神はなぜいるのか？』（邦訳は鈴木光太郎・中村潔訳、NTT出版）で、「宗教を、すべての人間の脳に共通する認知プロセス、つまり正常な心の働きという本質的な部分の観点から」説明し、「信仰や信念は、概念や推論が『宗教以外の領域』のために働くのと同じように宗教のために働いたことによる副産物に過ぎないと思える」と述べた。

同じく、タフツ大学の哲学者ダニエル・デネットは、著書『解明される宗教』（邦訳は阿部文彦訳、青土社）で、宗教的信仰は、人間に備わった、「行為の主体を過敏に検出する装置」が生み出したものだと主張した。デネットは、それについて次のように述べている。「神々に対する人間の信仰の根底には、ささいなことに反応する本能がある。その本能とは、動く複雑なものには何でも行為主体性——信念や願望などの心理状態——があると見なす傾向だ[22]」

人間がパターンを探す生き物だというのは事実で、それは過去二〇〇万年間に人類が発達させた知能によって直接もたらされた結果だ。しかし、第4章で述べたように、根本的には知的訓練であるパターン探索が、それだけで神々の出現を導いたのだろうか？　二万八〇〇〇年前にロシアのスンギールで凝った副葬品とともに仲間を葬った人びとや、一万一〇〇〇年前にトルコのギョベクリ・テペを築いた人びとは、そのような労働にとてつもない資源を注ぎこんでいた。ということは、彼らは心からの信念に突き動かされてそうしたに違いない。パターン探索に、それだけの力があるだろうか？

神経学的側面に目を向けた理論

近年、機能的核磁気共鳴画像法（ｆＭＲＩ）が広く利用できるようになり、宗教思考に関連する脳領域を特定しようとする研究活動が活発になっている。そのような研究は**神経神学**に分類されることがあり、パトリック・マクナマラが著した『宗教体験の神経科学（Neuroscience of Religious Experiences）』によくまとめられている。[23]

多くの研究で、側頭葉が着目されてきた。なぜなら、側頭葉てんかん患者が、発作中に神を見るなどの宗教体験をすることが、ときおり報告されるからだ。カリフォルニア大学サンディエゴ校の神経科学者ヴィラヤヌル・ラマチャンドランは、そのような発作の前に患者の四分の一が「神がいると感じたり、神とじかに対話しているといった感覚を抱いたりするなど、深い感動を覚える霊的体験をする」と報告した。

同じく、ローレンシャン大学の心理学者で『神への信仰の神経心理学的基盤（Neuropsychological Bases of God Beliefs）』の著者でもあるマイケル・パーシンガーは、「神と出会う体験は、側頭葉の正常でむしろ組織的な活動パターン」であり、「個人的ストレス、愛する人の喪失、予期される死の苦悩といった微妙な心理学的要素によって急に引き起こされる」小発作の一種だと主張した。パーシンガーは次のように考えている。「神と出会う体験をする生物学的能力は、ヒトという種が生き延びるために欠かせなかった……神と出会う体験は、側頭葉の構造と関連する現象であり……もし側頭葉が実際とは違うように発達していたら、神と出会う体験は起こらなかっただろう[24]」

頭頂葉、なかでも側頭葉と接する領域（側頭頭頂接合部）も、神経神学研究の対象になってきた。この脳領域は、刺激を受けると、宗教的な文脈と受け取られることもある幽体離脱の感覚や「何者かが存在する感じ」を生み出す。ちなみにパーシンガーの研究では、側頭葉とともに頭頂葉が調べられている。同じく、イタリアのコジモ・ウルジェジらは八八人の脳腫瘍患者を調べ、「自己超越」という宗教的感情は下頭頂小葉の活動に関係すると報告した。哲学者で著述家でもあるマシュー・アルパーは、側頭葉から頭頂葉にかけての領域を「脳の神なる部分」と同タイトルの著書で呼び、いつの日か、彼いわく「神切除術」によって「脳の神なる部分」を手術で取り除けるようになるかもしれないと冗談交じりに提案した。[25]

海馬や扁桃体をはじめ、大脳辺縁系の関連する領域も神経神学研究で注目を集めてきた。パロアルト退役軍人省病院に勤める心理学者のラウン・ジョゼフは、大脳辺縁系には「神なる神経細胞」や「神なる神経伝達物質」が含まれているという学説を立てた。デューク大学の研究者たちが最近おこなった研究では、海馬の萎縮が「人生を変えるような宗教体験をした実験参加者で観察された」と報告されている。パトリック・マクナマラは「数百の臨床例と少数の神経画像研究において、扁桃体、前頭前野の大部分、側頭葉前部が宗教体験の表現に再三にわたり関わっているというのは特筆すべきことだ」と述べた。マクナマラはこれらを、宗教に関連する脳回路に分類した。[26]

マクナマラの結論と一致するように、前頭葉は神経神学の研究でも重要な位置を占めている。たとえば、ペンシルベニア大学のアンドリュー・ニューバーグとユージーン・ダギリは、フランシスコ修道会の修道女や仏教の僧侶が瞑想しているときに活性化される脳領域を調べ、「前頭葉、なかでも前頭前野の活動が高まった」と報告した。瞑想中の修道女や僧侶では、それと同時に頭頂葉の活動の低下が見られ、彼らは自分について「時間も空間も超えた状態に入っている」と言い表した。信仰心を、前頭葉の特定の領域、たとえば眼窩前頭皮質や前帯状皮質、あるいは前頭葉と頭頂葉の領域の組み合わせと結びつけている研究者もいる[27]。

さらに、宗教観念の形成を、視床や尾状核といったほかの脳領域に結びつけている研究者や、ドーパミンやセロトニンといった特定の神経伝達物質に結びつけている研究者もいる。ただ、現時点で明らかだと思われるのは、脳のなかにたった一つの「神なる中枢」はないということだ。むしろ宗教体験は、これまでの章で述べた、自己認識、他者認識、内省、それに自伝的記憶を仲介するネットワーク――言い換えれば、私たちのヒトらしさを生む脳のネットワーク――に似た脳の広いネットワークによってもたらされる。マクナマラも同じように、「宗教体験に関与する脳領域と、自己感覚や自己意識に関与する脳領域は解剖学的にかなり重なる」と指摘している。また、宗教的経験のタイプによって、異なる脳領域が活性化されることも明らかだ。たとえば、瞑想は前頭葉の領域を活性化させるが、激しい感情を伴う経験は扁桃体を活性化させる。同じく、ある研究で、一部の実験参加者に「神との親密な関係」を経験するように求め、ほかの実験参加者に「神の怒りに対する恐れ」を経験するように求めると、活性化された脳領域が両者で異なっていた[28]。

遺伝的側面に目を向けた理論

双子の研究から、宗教性には遺伝的な要素があることがほのめかされている。ティーンエイジャーの双子を対象としたある研究では、一卵性双生児でも二卵性双生児でも「信仰心の強さに遺伝がおよそ二〇パーセント影響していることが見出された」。また、広く引用される別の研究では、別々に育てられた一卵性双生児と二卵性双生児の信仰心がさまざまな方法で評価され（たとえば、どんな宗教的信念を持っているか、宗教職に関心があるかなど）、「信仰心には遺伝が五〇パーセント影響する」と報告された。

ただし、この研究論文の著者らは、遺伝の影響は「伝統主義といった性格特性を通じて働くのかもしれない」と警告している。言い換えれば、似たような性格特性を受け継ぐ人びとが、宗教的な考えにより引きつけられるのかもしれないということだ。そのような場合には、遺伝の影響は、信仰心そのものではなく性格特性に出るだろう。[29]

研究者のなかには、「万人に認められる霊的／宗教的な傾向は……遺伝的に受け継がれた……『霊的な』遺伝子と呼べるものの……特性を表している」とまで唱えている者も少数ながらいる。もしそうならば、「人類には、霊的現実、唯一神や神々、魂、来世といった概念を信じる遺伝的な傾向がある、つまりそのような素質が『生まれつき備わっている』」ということになる。[30]

そのような遺伝子を突き止めようとする最も野心的な試みに取り組んだのが遺伝学者のディーン・ヘイマーで、ヘイマーは二〇〇四年、著書『神の遺伝子（The God Gene）』を出版し、雑誌

『タイム』のカバーストーリーに取り上げられた。ヘイマーは信仰心を測る基準として、「霊性の自己超越尺度」というテストを用いた。そのテストには、自然とのつながりや超感覚的知覚への興味といった質問が含まれている。そしてヘイマーは、実験参加者がテストで出した得点の差の内わずか一パーセントの原因となる遺伝子を突き止め、それを「霊的対立遺伝子」つまり「神の遺伝子」と呼んだ。「神の遺伝子」と呼ばれた遺伝子は、ドーパミンやセロトニンといった脳内の神経伝達物質を調節する。それらの物質が放出されると、「深い喜びや満足感、安らぎがもたらされる」とヘイマーは言う。ヘイマーの研究は、信仰心の基準の選び方に問題があることや統計学的な根拠に乏しいこと、そして、仮に人間の特性が遺伝で決まるものだとしても、ほとんどの特性が何百もの遺伝子によるものなのに、たった一つの遺伝子を「神の遺伝子」と呼んだことに対して、多方面から批判を浴びている[31]。

もう一つ、信仰心に対する遺伝的基盤を確立しようとした試みとして、空想的なものだとしても幅広く引用されるのは、心理学者のジュリアン・ジェインズが一九七六年に出版した『神々の沈黙』(邦訳は柴田裕之訳、紀伊国屋書店)だ。ジェインズは、およそ三〇〇〇年前までは、脳の右脳と左脳に分かれた心、つまり彼いわく「二分心」が別々に働いていたと主張した。

およそ三〇〇〇年前に遺伝子が変化し、脳の両半球が統合された。そして、人間は生み出される幻聴を神々の声として解釈し、それで宗教が誕生したという[訳注:二分心があったころの人間は意識を持たず、右脳で聞く神々の声(幻聴)に従って自動人形のように振る舞っていた]。ジェインズは、それを次のようにまとめている。「これらの幻聴を引き起こす神経構造は、宗教心の基盤と神経学的に結びついている。そのわけは、宗教や神々そのものの起源が二分心にあるからだ」。だがジェインズの主張は、人間の脳の進化について知られていることのほぼすべてと食い違っている。[32]

神々は進化の産物か、それとも副産物か？

神々の起源を説明する理論に関する最後の疑問は、神々が現れたのは進化による適応の産物で、進化上の利益をもたらしたのか、それとも神々が現れたのは進化によるただの副産物で、ある著述家の言葉を借りれば「原始的な心の名残である遺物」だったのかということだ。この問題をめぐっては、熱のこもった議論が続けられており、著述家のほとんどが、神々の出現は進化適応の賜物だという立場を取っている。[33]

進化適応派の主張で最も多いのは、神々は集団が生き残る可能性を高めるというものだ。この理論によれば、「信仰心を持つ集団には積極的に協力するという強みがあるので、神の概念が文化的に広まっていた祖先たちの社会は、神の概念を持たない社会を打ち負かしただろう」とのことだ。この主張では、同じ神々を信仰する集団は、資源を進んで分かち合う傾向が強く、外部の脅威から集団を守ることにより意欲的で、全体的に協力する度合いが高いと想定する。これに関して、ニコラス・ウェイドは次のように要約した。「ほかの面が同じならば、宗教的な傾向が強い集団は団結力が強く、あまり団結していない集団よりかなり有利だっただろう。より成功を収めた集団は、子どもをより多く残したと思われる。そして、宗教的な行動を引き起こす本能につながる遺伝子が世代ごとに多くなり、人類全体に広まっただろう」。これは筋の通った仮説だが、これを裏づけるデータを私はいっさい知らない。それに、群選択の妥当性に疑いを持ち、進化論が当てはまるのは個体のみだと述べている遺伝学者もいる[34]。

個体のレベルで、神々を信じることには進化上の利点があるとも言われている。ディーン・ヘイマーは、「神の遺伝子」は「人間に生まれながらの楽観的な見方……」を与える点でメリットをもたらし、「楽観主義は、最後には死を免れられないにもかかわらず、生きて子孫をもうけることを続ける意志となる」と主張した。マシュー・アルパーも同じく、「脳に何らかの遺伝子変異があるおかげで、死の意識から引き起こされるたとえようのない不安に耐えられる人は、生き延びる可能性がより高い」と書き留めている。そしてパトリック・マクナマラは、宗教に触発された「統合された自己（上級自己）」は、「行動目標を追求したり……戦争や戦闘で……敵から逃れたりすることがよりうまく」、協調性が高い可能性があると主張した[35]。

神々は進化的に有益だという考えを支持する主張としてはほかに、神々を信じると体や心の健康によいというものがある。多くの研究から、教会に欠かさず通う人びとは、そうでない人びとに比べて、高血圧や心臓病、肺気腫、肝硬変、不安、うつ病になったり自殺したりする割合が低いと報告されている。ただし、教会通いをする人は、これらの病気の原因になりかねない喫煙や過度の飲酒をすることも少ないかもしれない。さらに、そのような研究のほとんどは高齢者を対象としておこなわれてきたが、教会に通うことが進化上有利になるのは、それによる健康への影響が子どもをもうけられる年齢の人びとに及ぶ場合に限られる。[36]

この議論で反対の立場を見てみると、宗教について研究する学者で、神々を進化の副産物として捉えてきた者はあまり多くない。本書であらましを述べた脳の進化理論では、神々は人間が自伝的記憶を獲得したことによって生まれた副産物で、人口が増えて社会が組織化されたことを受け、神々が現れたあとに宗教が誕生したという考えを示している。

神々は進化の副産物だとする立場を支持するほかの著述家としては、たとえばパスカル・ボイヤーがいる。ボイヤーは前述の著書『神はなぜいるのか？』で、神々や宗教は、人間に備わっているパターン探索傾向の副産物だと主張した。パリのフランス国立科学研究センターに所属する人類学者のスコット・アランは、著書『われわれが信じる神々のなかで（In Gods We Trust）』で「宗教そのものには進化上の役割はない」と述べた。また、オックスフォード大学の生物学者リチャード・ドーキンスは著書『神は妄想である』（邦訳は垂水雄二訳、早川書房）で、宗教は、「それ自体には生物の生存に直接役立つ効果はない。しかし、宗教はそのような効果を持つほかの何かの副産物かもしれない」と主張した。[37]

神々が進化の副産物だとすると、神々は中立的なもので、それら自身は進化に影響を及ぼさないと、ふつうは考えられるだろう。だが、これが真実かどうかはわからない。というのは、神々は究極的には進化にとって有害かもしれないからだ。神々が進化に悪影響を及ぼすシナリオとして、「神をめぐる争い」が考えられる。これは、誰の神が正しい神なのかについて決着をつけようとする戦争だ。第7章で述べたように、そのような戦争が古代メソポタミアの都市国家間で起こり、それがどうやら世界初の文明の終焉を招いたらしい。旧約聖書の神をめぐる争いでよく知られているのは、カナン人の豊穣神バアル神の信者と、イスラエル人を守る唯一神ヤハウェの信者との戦いだ。その戦いでは、ヤハウェの預言者エリヤがバアルの預言者と対決して勝ち、バアルの預言者四五〇人を殺した。[38]

現代ホモ・サピエンスの歴史は現在に至るまで、神をめぐる争いにまみれている。『殺戮の世界史』（マシュー・ホワイト著、邦訳は住友進訳、早川書房）には、人間が犯した歴史上の残虐行為で特にひどいものが一〇〇件あがっているが、一〇〇件の内二五件が神をめぐる争いだった。そのような争いは、世界が終わりを迎えて栄光に満ちた神の世界が実現されるとする終末論的な思想や、現代ホモ・サピエンスを滅亡させうる大量破壊兵器と結びつけば、きわめて危険なものとなる。サム・ハリスは著書『キリスト教国への手紙（Letter to a Christian Nation）』で、この幻影を呼び起こした。

もしもアメリカ政府の重要な一部が、世界が今にも終わろうとしており、世界の終末は輝かしいものになるだろうと本気で信じていたらどうなるかを想像してみるといい。純粋に宗教上の教えに基づいて、アメリカ人の半数近くがこんな終末論を信じているように見える事実は、道徳ならびに知性の危機と見なされるべきだ……宗教がかつて何らかの必要な役割を果たしたかもしれないとしても、宗教が今やグローバルな文明の構築にとって最大の妨げになっているという可能性が排除されるわけではない。

そのような筋書では、進化に中立的なはずの副産物が、最後の審判を歌った「怒りの日（ディエス・イレ）」の合唱のごとく核の雨を降らせ、人類の存在にとどめを刺しかねない。[39]

これからも新しい神々が生まれる

人間は神々を必要とする。フョードル・ドストエフスキーは、それをこう言い表した。「人間には、自分が住む小さな惑星が必要なのとまったく同じように、深遠で無限なるものが必要なのだ」

神々を求める気持ちは、私たちをヒトたらしめる脳のネットワークと一体となっており、儀礼的な宗教は私たちの文化に社会面で深く組みこまれているので、たとえ神々や宗教がもはや必要ではないとしても、どちらも近い内にあっさりと消えることはありそうもない。アメリカだけでも、アルファベットのAで始まる「叡智のアガシャ聖堂（Agasha Temple of Wisdom）」からZで始まる「ジゴン・インターナショナル（Zygon International）」まで、一五〇〇以上の宗派がある。そのほとんどは小規模な宗派だが、二五の宗派には少なくとも一〇〇万人の信者がいる。

世界のほかのさまざまな場所でも、神々や宗教は人びとの生活できわめて大事な役割を果たし続けている。たとえば、チリのサンティアゴにあるホタベチェ・メソジスト・ペンテコステ教会は、一万八〇〇〇人を収容する。韓国のソウルにある汝矣島（ヨイド）純福音教会では、本部聖殿に一万二〇〇〇人が入り、そこに入りきれない人のための複数の礼拝堂に二万人が入り、日曜日には礼拝が七回おこなわれる。

イギリスの人類学者サー・ジェームズ・フレイザーの指摘によれば、「私たちの種の大半が、人間の虚栄心をおおいにくすぐり、人間の悲哀をおおいに慰めてくれる信仰をおとなしく受け入れ続けるのは、ほぼ確かだろう」とのことだ。フレイザーは次のように言葉を続けている。「永遠の命の擁護者たちが、決して揺るがないとまではいかないにせよ、確固たる地位にわが身を置いてきたことは否定できない。なぜなら、たとえ魂の不死を証明することはできないとしても、目下の知識では、魂の不死が誤りだと証明することもやはりできないからだ[40]」

というわけで、神々や神々に伴う宗教は、おそらく今後も新たに生まれては廃れていくだろう。過去二〇〇〇年以内に生まれてすでに数百万人の信者を抱えている宗教の例として、パキスタンのアフマディーヤやアメリカのモルモン教がある。アフマディーヤは、ミルザ・グラーム・アハマドによって設立された。アハマドは、自らがイスラム教徒に待ち望まれていた、約束された救世主（メシア）［訳注：ユダヤ教に由来する宗教の救世主］にしてマフディー［訳注：世界が終わる前に現れるとされるイスラム教の救世主］だと主張した。アハマドの教えによれば、イエス（キリスト）は先に生まれた預言者で、磔（はりつけ）にされたが十字架上で生き延び、その後、「イスラエルの失われた一〇支族」を捜していたカシミールで、高齢のため亡くなったという。

アフマディーヤは、アフリカ系アメリカ人のイスラム教徒に大きな影響を及ぼしてきた。一方、モルモン教は、正式には「末日聖徒イエス・キリスト教会」として知られ、ジョセフ・スミスによって設立された。スミスは、天使の導きによって、古代のある宗教の記録が刻まれた金の板を地中から掘り出したと主張した。この宗教は、二六〇〇年前にアメリカ大陸に渡ってきたイスラエルの民によって設立されたものだったそうだ。モルモン教では、イエスは十字架にかけられて亡くなったのちに復活し、アメリカにやって来て、そこを新たな「約束の地」と呼んだと説く。そして、モルモン教はこの古代宗教の続きなのだと主張する。[41]

新しい神々や宗教は今後も引き続き生まれるだろうし、廃れる神々や宗教もやはりあるだろう。古代メソポタミアの天空神アヌ（アン）、古代エジプトの太陽神ラー、古代ギリシアの主神ゼウス、古代ローマの主神ユピテル（ジュピター）といった多くの古い神々は、世界の博物館や美術館に優雅な趣を添えており人びとから賛美されているが、畏怖の念で崇められているわけではなく、神の創造物というより芸術的創造物と見なされている。そのような施設は、正しくは、今は亡き神々を祀った神殿と見なされるべきだろう。

古い神々のなかには、ニューエイジやほかの現代宗教に取り入れられているものもある。エイヴベリーやストーンヘンジでは、ドルイド在俗会という団体が、ドルイド教の神々を称える歌で夏至や冬至を祝う。これらの巨石建造物ができてから二〇〇〇年が過ぎるまで、ドルイド教はなかったにもかかわらず。また、トルコのチャタル・ヒュユク遺跡は、女神崇拝者の巡礼地になっている。[42]

もともとは古い神々を崇めるために築かれた記念建造物の現状を見てみると、必要とされる歴史的視点も得られる。イギリスのグロスターシャー州にある、おそらく五〇〇〇年前に造られた巨大な埋葬塚は、「凧を揚げたり模型航空機を飛ばしたりするのにもってこいの場所」だと言われている。二四人分の骨格が見つかった近くの塚では、「夏の日曜日の午後にピクニックをする人びとが訪れないことは、まずない」とされる。

オハイオ州のニューアークという都市では、「ホープウェル文化」と呼ばれる農耕文化を担った先住民によって二〇〇〇年前に築かれた壮大な「大円形塚（グレイト・サークル・アースワークス）」という神聖な埋葬塚が、現在ではマウンドビルダーズカントリークラブの一八ホールからなるゴルフコースに組みこまれている。埋葬塚のいくつかはティーグラウンドになっており、いくつかはホールを取り囲むバンカーになっている。たとえば九番のティーグラウンドは、高さ二・四メートルほどの埋葬塚の頂上にあり、二一九ヤード、パースリーのホールは、もとは大昔に造られた八角形の塚と大きな円形の塚を分ける通路に沿っている。その道は、宗教行事で厳かな行進がおこなわれたルートだったらしい。同カントリークラブのウェブサイトには、次のような文言が書かれている。「今から二〇〇〇年後の考古学者は、これらの埋葬塚を調べたときに、そこかしこでロストボールを見つけて途方に暮れないだろうか？」[43]

しかし、古い神々や宗教的記念物のほとんどは、人類の歴史のなかに埋もれてしまっている。古代エジプトのラムセス大王（オジマンディアス）の、砂漠に立つ「胴体を失った二本の巨大な石の脚」のように。

汝（なんじ）ら強き者たちよ、我が勲（いさお）を見よ、そして諦めよ！
ほかには何の痕跡もない。
その朽ち果てた巨大な残骸のまわりには、どこまでも草木なく平らな砂漠が彼方へと広がるのみ。[44]

［著者］
E.フラー・トリー（E.Fuller Torrey）
多くの精神医学の研究プロジェクトをリードする第一人者で医師。マギル大学医学部で博士号を、スタンフォード大学で人類学の修士号を取得。その後、スタンフォード大学医学部で精神医学のトレーニングを受ける。統合失調症と双極性障害の専門研究機関であるスタンレー医学研究所の研究部副部長を務める一方、精神疾患の患者が社会生活をスムーズに行うことを支援するＮＰＯの創設者でもあり、精神障害、精神医学などに関する多数の受賞歴がある。著書には、医療や精神疾患に関連する社会的、歴史的な作品があり、全米批評家協会などから、高い評価を受けている。

［訳者］
寺町朋子（てらまち・ともこ）
翻訳家。京都大学薬学部卒業。企業で医薬品の研究開発に携わり、科学書出版社勤務を経て現在にいたる。

神は、脳がつくった
――200万年の人類史と脳科学で解読する神と宗教の起源

2018年９月26日　第１刷発行

著　者――E.フラー・トリー
訳　者――寺町朋子
発行所――ダイヤモンド社
〒150-8409　東京都渋谷区神宮前6-12-17
http://www.diamond.co.jp/
電話／03･5778･7232（編集）　03･5778･7240（販売）
装丁――――bookwall
本文デザイン・DTP－岸和泉
校正――――鷗来堂
製作進行――ダイヤモンド・グラフィック社
印刷――――堀内印刷所（本文）・慶昌堂印刷（カバー）
製本――――ブックアート
編集担当――木下翔陽

ISBN 978-4-478-10295-4